마을을 품은 집, 공동체를 짓다

건축운동가 **류현수**의 소행주 이야기

마을을 품은 집, 공동체를 짓다

류현수 지음

성미산마을 지도

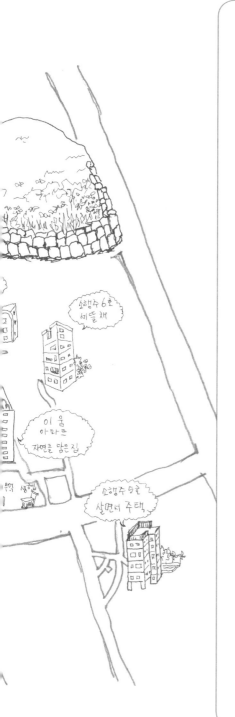

소행주 1호

소행주 2호

소행주 3호

소행주 4호

소행주 5호

소행주 6호

자담 이음아파트

하루한걸음

소행주는 미래입니다

박원순 서울시장

'소통이 있어 행복한 주택' 소행주 류현수 대표님과 저는 개인적으로 인연이 깊습니다.

세계인이 주목하는 국제적 도시 서울을 이끌어 가면서 그간 각계각층의 많은 분들을 만나고 교류했지만, 류 대표님만큼 저에게 깊은 인상을 주셨던 분은 드물었습니다.

지금까지 서울시장 임기 동안 두 번이나 소행주를 방문해 류 대표님의 고견을 들을 수 있었던 건 큰 행운이었습니다. 소행주 사례를 통해 '서울시 공동체주택 조례'를 만들어 도시주거모델을 바꾸려 했던 정책은 시장으로서 지금도 잘한 일이다 생각하고 있습니다. 동시에 대표님이 보여주신 소행주 건축에 대한 생각과 마을살이를 바라보는 철학은 평소 서울시민의 주거문제를 고민해왔던 저의 마음을 뒤흔들어 놓기에 충분했습니다.

소행주는 각박한 21세기 도시살이의 좋은 대안으로 자리 잡고 있습니다. '따로 또 같이', '마을 속 마을'을 통해 지속가능한 마을 만들기라는 대표님의 생각이 마포구 성미산마을에서 하나씩 구현되는 모습을 지켜보며 하나의 마을에서 일어난 조용한 혁명이 도시 전체로 확산될 희망찬 서울의 미래를 그려봅니다.

난개발의 틈바구니 속에서 이웃의 넉넉한 인심과 동네의 훈훈한 정을 잃어버리고 살아가던 시민들이 '더불어 함께' 살아가는 공동체의 미래.

이웃들이 한데 모여 축제를 벌이고, 공동 먹거리와 살거리를 지역에 공급하며, 어른은 아이를 아끼고 청년은 장년을 존경하는 인간미 넘치는 도시의 미래.

저는 소행주를 통해 타임머신을 타고 그 미래를 잠깐 보고 온 것 같습니다.

이 책에는 자신이 믿는 소신대로 건물의 벽돌 한 장 한 장 정직하게 올리는 대표님의 뚝심과 결기가 담겨 있습니다. '소행주는 어떤 방식으로 건축주와 소통할까?', '소행주에 살려면 실제로 어떤 절차들이 필요할까?'와 같은 현실적인 질문들에 대한 해답 역시 소상히 담겨 있습니다. 특히 서울시 공동체주택 인증제에 대한 사례를 설명해주셨는데요. 공동체주택으로 도시재생을 이끌어 지역공동체를 활성화하려는 서울시의 주거정책을 보다 많은 시민들에게 알릴 수 있는 기회여서 서울시장으로서 더욱 반가운 책입니다.

앞으로 이 책이 공동체건축 분야에 있어 하나의 교본으로서 오랜 기간 사랑받을 것이라 확신합니다. 나아가 소행주의 혁명이 도시의 외관뿐 아니라 도시민들의 정서와 생활 전반에 더욱 긍정적인 변화를 가져다주기를 소망합니다.

감사합니다.

행복한 추천사

이일훈 건축가

　그간 이런저런 사연·인연·청탁으로 여러 책에 추천사를 썼다. 내 추천사가 독자·저자·출판사에 도움이 되었는지는 잘 모를 일이다. 특정한 책을 응원하는 의미의 추천사에는 비판보다 칭찬과 덕담이 많아 주례사로 오해받기도 한다. 해서 이번에는 추천사 아닌 고백사를 쓰려 한다.

　십 년도 더 지난 옛날, 내가 아끼는 건축 후배 P가 자기의 후배라면서 저자류현수를 소개했다. 건축과를 졸업하고 작은 건설회사자담건설를 운영한다고 했다. 친환경·생태건축에 관심이 많다고 하면서 괜찮은 후배라는 말을 덧붙였다. 그 후 얼마나 지났을까, 어느 단독주택의 디자인을 끝내고 시공을 맡길 시공자를 물색할 일이 생겨 여럿 중에서 하나로 자담건설의 내역서를 받아보고 건축주에게 추천하고 일을 맡겼다. 자담건설은 규모는 작고 공간구성은 복잡한 그 주택을 불평 없이 열심으로 마무리 지었다. 그 집은 건축주(송승훈)와 건축가(이일훈)가 이메일로 소통하며 지은 것으로 세간의 화제를 모은 '잔서완석루'이다. 당시 주고받은 소통의 흔적이 훗날 『제가 살고 싶은 집은』(서해문집)이라는 책으로 출판되었다. 이 책의 저자와 나의 인연은 그렇게 시작되었다. 그 후 내가 디자인한 건축의 시공 관련 일이나 지인들의 건축공사와 관련된 문의·상담 등으로 자담건설과의 인연이 이어졌다. 그러던 어느 날, '소통이 있어 행복한 주택 만들기'를 시작한다면서 자문위원을 맡아달라고 청하기에 기꺼이 받아들였다.

　그간 나는 저자를 두 경우의 다른 입장으로 만났다. 하나는 시공회사인 자담건설 대표 류현수를 만날 때이다. 이때는 내가 디자인한 건축물을 자담건설이 시공하는 경우이므로 내 의견이 우선이고 까다롭고 주문사항이 많지만 그는 언제나 경청한다. 현장 경험을 앞세워 자기를 고집하는 법이 없다. 언제나 건축가의 디자인 의도를 먼저 묻고 파악하고 그 뜻을 존중하고 살리려고 애쓴다. 실제로 현장에서 진행상의 문제로 디자인 변경 요청이 오면 디자인 의도가 우선이라고, 현장이 힘들다고 바꾸지 말라고, 돈이 더 들어가는 것은 그다음 문제라고 직원들에게 말하는 걸 여러 번 듣고 보았다. 또 현장소장들은 건축주·건축가를 시어머니 대하듯 어려워하며 잘못(한)된 점이 생기면 자꾸 핑계 대고 변명하려고 한다. 그런데 저자는 자기가 불리해도 그렇게 하지 않는다. 잘못된 것은 잘못되었다 말하고 고칠 방법을 찾아보겠고 한다. 건설판의 현실에는 신축도 있지만 증·개축도 있다. 그럴 때도 그는 일반적인 시공자와 달리, 집주인에게 어떤 방향과 방법이 바람직한지 이해관계를 떠나 접근하고 대화한다. 얄팍한 꼼수를 부리는 건설시장에서는 보기 드문 자세다. 공사비까지 다 정하고 계약하는 공사에서 시공자가 원칙을 지키기 위해 원가를 더 들이겠다는 자세를 취하기란 말처럼 쉬운 것이 아니다.

　또 하나는 소행주 공동대표 류현수를 만날 경우다. 이때 나는 소행주의 여러 상황과 계획에 대해 설명을 듣고 자문·제안하거나 소행주의 여러 프로그램에 동참한다. 소행주에서도 그는 변함이 없다. 계획안에 대해 토론할 때면 그는 전례가 없고 낯선 제안이라도 경청하며 그 뜻이 좋으면 어떻게든 소행주에서 수용·반영·적용하려고 애쓴다.

　나는 소행주의 초기 검토 단계부터 입주예정 희망·지원자를 상대로 한 열린 대화의 자리에 갈 때마다 저자의 엉뚱한 모습을 자주 보았다. 소행주의 취지는 입주자의 희망에 따른 소통을 전제로 하지만 그것이 지나쳐 기술적 무리가 따르면 시공회사가 힘들다. 그래도 어떻게든 입주자들의 입장에서 구현하려는 자세가 그것이다. 예를 들면 공동주택은 여러 층이 같은 평면 구성으로 적층되는 것이 시공자 입장에서 제일 좋다. 아파트와 빌라가 다 그렇게 되어 있다. 그런데 소행주는 각 층별·세대별로 욕실·화장실의 위치가 제 각각이다. 각 층 세대는 원하는 대로 되어 좋지만 시공회사 입장에선 하자 발생 원인이 되기도 하니 힘든 공사다. 소행주는 각 세대가 공간 구성도 다른데 마감 재료까지 다르니 시공이 복잡하고 일은 더디며 이윤 폭이 줄어든다. 그래도 그것은 소행주의 특색이 되었다. 그런 소행주에서 자문을 청하면 나는 기꺼이 이러저런 아이디어를 제공한다. 세간에 소행주는 여러 시도와 모범적 선례로 거론되는데, 욕을 먹으면 나도 기분이 나쁘고 칭찬을 들으면 나 또한 기분이 좋다. 시절을 잘못 만나 그렇지, 저자의 엉뚱한 면모가 실은 진실함 아닌가. 그 바람에 나는 자문하다가 소행주와 정이 들었다.

어느 경우로 만나든 저자는 바빠도 너무 바쁘다. 그의 손전화기는 무시로 울려대는데 사무실·회의실·행사장·현장·출장길… 어디서건, 나와 같이 있을 때 조용한 적이 한 번도 없었다. (속으로 '잠시 꺼두서도 좋습니다' 말하고 싶다.) 저렇게 바쁜 시간이 다 돈으로 환산된다면 벌써 큰돈 되었겠다는 생각이 들지만 그런 것 같지는 않다. 그런 그가 추천사를 부탁하며 두툼한 원고를 보내왔다. 원고를 읽은 첫 느낌은, '아니 그렇게 바쁜 사람이 언제 글을 다 썼나. 참 부지런한 사람이구나.'였다. 원고를 읽을수록 건설회사 사장으로서 또는 소행주 공동대표로서 만날 때 그가 취하는 입장과 취했던 태도를 더 자세히 이해하게 되었다.

나는 평소 '속도보다 방향', '성취보다 태도'를 더 중시하는데 저자가 딱 그런 사고방식을 지닌 사람이다. 더하여 그는 '따로 또 같이'라는 공동체의식을 펼쳐 보이려 궁리한다. 그는 건축·건설이라는 행위를 구상·시공한다는 면에서 건축가이자 시공자이며, 공동체주택의 여러 유형을 시도·실천한다는 면에서 기획자이자 시행자이다. 하지만 그걸 다 버무려 '건축운동가'라 칭하니 또한 그와 어울린다. 이참에 나는 그런 그에게 짐을 더하여 원래 '운동'이란 희망이 보인다고 열심히 하고 절망이 보인다고 그만두는 것이 아니라는 훈수를 두고 싶은데, 그는 하마 그리 알고 있으리라. 나는 그런 방향과 태도의 '운동'을 기꺼이 옹호한다.

추천의 말

박경옥 충북대 주거환경학과 교수, 전 한국주거학회 회장

'주거의 시대가 왔다!'고 말해도 좋을 정도로 주택 관련 실내 디자인 기사나 주거공간의 사진들이 넘쳐나고 있습니다. 각종 포털사이트나 SNS에서 '주택'보다 '주거'라는 단어가 더 많이 사용되는 걸 보면, 이제 우리나라에서도 과거 양적 공급의 '주택'을 넘어서 생활 중심의 질적인 '주거'가 중요해진 듯 보입니다. 대도시 중산층 가정이 가구의 연소득을 모두 저축하여도 아파트 한 채 사는 데에 대략 10년 이상 걸리는 힘들고 어려운 현실을 감안하면 기이한 현상이 아닐 수 없습니다.

2000년대 초, 국내에 소개된 코하우징의 장점을 인식하면서도 서구의 개념이 그대로 적용될 수 있을지 의문스러웠는데, 이제는 한국적인 코하우징이 '공동체주택'이라는 명칭으로 자리를 잡으면서 주택 건설의 한 흐름이 되었습니다. 그리고 이러한 공동체주택이 사회에 반향을 일으키며 지속적으로 건설되기 시작한 것은 2011년 3월에 입주한 '소행주 1호'부터인 것에 이의를 달 사람은 없을 것입니다. 2019년 지금까지 이어진 소행주의 도도한 행진은 사람들이 '주택'에서 '주거'로 눈길을 돌리는 신호탄이 되었다고 생각합니다.

몇 년간 소행주 거주자들이 집 짓는 과정과 자신들의 생활을 기록한 책들이

12

여러 권 발간되면서 저를 비롯하여 공동체주택에서 살아보고 싶은 사람들에게 많은 도움이 되었습니다. 그럼에도 소행주를 탄생시킨 장본인의 철학과 원칙을 직접 들어볼 기회가 그리 흔치 않아서 내심 아쉬웠던 차였습니다. 그러다 드디어 그토록 '바쁘신' 류현수 대표가 마음잡고 그간의 소행주의 역사와 사상을 담은 책을 낸다 하여 마음속으로 응원해왔습니다. 그렇게 기다리던 책이 이렇게 멋진 작품이 되어 우리 앞에 탄생했습니다.

그것이 어떤 일이든지 전에 없던 새로운 작업을 진행할 때에는 상당한 용기와 추진력이 필요합니다. 이 책은 소행주를 건축한 저자가 신념을 지키면서 세워온 원칙과 지금까지의 공동체주택과 마을살이에 필요한 여러 시설들을 하나씩 건설한 내용으로 구성되어 있습니다. 류 대표는 공동체주택과 이를 둘러싸고 있는 공동체마을을 소행주라는 콘셉트로 건설하면서 건축가와 거주자의 소통, 무엇보다 거주자 간의 소통을 핵심 가치로 삼는 파격적 행보를 보였습니다. 그래서 많은 오해를 받았고 또 경제적으로도 많이 힘들었던 것으로 알고 있습니다.

소행주의 거주자 워크숍에 참여해보면, 류 대표는 거주자의 요구를 들어주고 해결해주는 시점을 따로 정하지 않아 결과적으로 공사 경비가 불어나는 상황을 자주 만들곤 했습니다. 대학에서 주거 요구의 공간 실현을 강조하는 저의 입장에서도 안타까운 순간이었습니다. 이전에 없었던 시도가 거주자에게 소소한 불만이 되는 부분도 있었을지 모르나, 결과적으로 커뮤니티실을 통해 집이 높은 단계의 주거 요구를 만족하고 즐거움을 주는 장소로 변신하는 과정을 보며 결국 류 대표의 판단이 맞았다는 생각이 듭니다. 그런 어려움의 대가가 10년이라는 시간이 지나면서 소행주를 신뢰의 이름으로 만들었다고 믿습니다.

그간 건축을 하면서 힘든 일이 있어도 좀처럼 내색하지 않는 류 대표는 이 책에서도 역시 힘들었다는 표현을 아주 간단히, 그것도 슬쩍하고 지나갑니다. 이유는 아마 자신의 신념을 지키며 하고 싶은 일을 마음껏 해내가는 데서 오는 즐거움 때문일 것입니다. 아직도 우리나라에 주거의 시대는 제대로 오지 않았다고 생각합니다. 이 책의 일독을 통해 사람과 삶, 그리고 소통이 중시되는 주거의 관점으로 동행할 사람들이 많아져서 바람직한 주거문화가 정립되고 진정한 주거의 시대가 하루빨리 오기를 기대해봅니다.

우리는 주택으로 충분히 행복해질 수 있습니다

편집부

류현수는 우리나라 공동체건축의 1세대이면서 현재까지 지속적으로 가치를 만들어내는 건축운동가이자 마을 만들기 운동의 산증인이다. 그의 손을 거쳐 전국 곳곳에 세워진 공동체주택들에는 '우리나라 최초'라는 수식어가 항상 따라다닌다. 그렇기에 류현수 대표를 이야기하려면 성미산마을을 언급하지 않을 수 없다. 서울시 마포 성미산마을은 한국을 대표하는 도시 공동체마을이다. 1994년 서울에서 공동육아를 고민하던 젊은 세대들이 '우리 어린이집'을 중심으로 모여들면서 성미산마을은 시작되었다. 마을 곳곳에는 '소통이 있어 행복한 주택'을 표방하며 ㈜자담건설 류현수 대표가 기획부터 시공을 마친 여섯 개의 소행주가 시간차를 두고 들어섰다. 소행주마다 저마다의 다채로운 특징들을 담을 수 있도록, 또한 하나의 소행주 내에서도 각 세대마다 다양한 콘셉트와 기능을 띠도록 설계되었다. 도면부터 커뮤니티 공간까지 모두 입주자들과 대화하고 협의를 거쳐 꼼꼼하게 시공되었고, 창문의 위치와 크기부터 문짝의 형태, 벽에 박은 못 하나에 이르기까지 각 세대들의 의견이 철저하게 반영되었다. 이처럼 공급자 중심이 아닌 수요자 중심의 건설 방식으로 세워진 소행주는 하나에서부터 열까지 주민이 주도적으로 참여하는 성미산마을의 철학과도 잘 맞아떨어졌다. 성미산마을 사람들은 류 대표에게 소행주 말고도 성미산 어린이집, 성미산학교, 성미산마을극장 나루, 자담 이음아파트, 셰어하우스 하루한걸음, 카페 작은나무, 동네부엌, 되살림가게 등 마을의 골격에 해당하는 다양한 작업들을 맡겼고, 이러한 인연으로 그도 역시 본사를 성미산마을에 두고 건축뿐만 아니라 마을에서 벌어지는 각종 대소사에 마을의 일원으로 직접 참여하고 있다.

류현수 대표는 성미산 이외에 다른 지역에서도 '더불어 함께'라는 기치 아래 도시에 마을을 되돌려주는 운동을 적극 벌이고 있다. 관계가 단절되고 껍데기뿐인 도시를 떠나 작은 공간으로도 풍요롭게 이웃사촌과 나눠 쓰며, 각박한 도심 한가운데에서 작은 마당과 녹지 공간을 함께 공유하는 마을 공동체 운동은 실상 단순한 건축이라기보다는 문사철文史哲 전반을 아우르는 인문학의 토대 위에서 행정과 정책이 어우러지는 전문적인 사회 참여 활동이다.

특히 저자는 일찍이 진안과 남원 등에서 귀농·귀촌마을을 조성하고 기획·시공한 경험을 가지고 있기 때문에 누구보다도 법과 제도를 통한 공동체 만들기에 해박한 지식과 실무를 갖추었다. 그는 거북이처럼 느리지만 끈덕지게 25년간 대안건축이라는 외길을 걸으며 건축운동을 이어왔다. 또 지금은 매년 한국건축가연합 선정 '건축 명장'의 반열에 오르며 옹골찬 성과들을 하나씩 내놓고 있다. 처음에는 미약하고도 무모한 시도였지만 성미산마을을 비롯하여 여러 도시에서 공동체건축으로 가정이 바뀌고 마을이 달라지는 무시할 수 없는 변화들을 가져오면서, 이제는 서울시의 정책에도 저자의 철학과 비전이 반영되기에 이르렀다. 특히 박원순 서울시장은 소행주를 서울시가 추진하고 있는 '마을 공동체 사업'의 대표적인 성공 모델로 꼽으며, 향후 서울시 주택 정책의 방향을 소행주의 사례를 가지고 확장하겠다는 포부를 밝히기도 했다.

이 책은 저자의 손을 직접 거쳐 간 성미산마을 구석구석의 특별한 건축 이야기는 물론이고 과천과 성남 같은 다른 도시에서 벌인 의미 있는 건축적 시도들,

진안과 남원 같은 시골에서 선보인 생태주택 단지 등의 구체적인 진행 과정을 풍부하게 담고 있다. 평소 공동체마을에 대한 궁금증을 가진 독자라면 어디서도 찾을 수 없는 귀중한 정보들을 얻을 수 있을 것이다. 더불어 함께 짓는 주택 가이드를 통해서는 대지 구입부터 설계, 시공, 인테리어까지 대한민국 건축 명장의 특별한 제안을 소개한다. 소통이 있어 행복한 주택소행주 만들기에 대한 실질적 대안들을 선명하게 인식할 수 있을 것이다. 여기에 더해 서로 다른 배경과 이해를 가진 사람들이 함께 한 지붕 아래에서 살아가기 위해 반드시 필요한 관계의 수칙과 배려의 정신도 책에 실었다. 실제로 공동체건축을 추진하려는 입장에서 유용한 기준들을 얻을 수 있을 것이다.

날아라, 거북이!
마을을 담은 집을 꿈꾸다

거북이, 운명이었을까?

　내 사주에 집을 짓는 업이 들어있던 것일까? 홍대 건축학과 85학번이었던 필자는 당시 어지러운 정치 시국과 맞물려 하라는 공부는 뒷전이고 매일 학생운동에 미쳐있었다. 돌이켜보면, 학생운동에서 배운 건 정치적 이념에 앞서 공동체에 대한 가치였던 것 같다. 당시 시위 현장에서 선배에게 들었던 '한 사람의 열 걸음보다 열 사람의 한 걸음이 중요하다.'는 명제는 필자가 훗날 건축가로서 공동체주택을 시대적 사명의 하나로 받아들인 운명의 화두가 되었다. 시내에서 시가행진이나 투석전이라도 있는 날에는 빠지지 않고 꼭 참석했다. 그런데 참석까지는 좋은데, 용케 달아나는 친구들과 달리 필자는 늘 백골단에 붙잡혔다. 이리 뛰고 저리 뛰어 봐도 어떻게 그렇게 길목마다 지키고 섰는지 졸업할 때까지 36계는 요령부득이었다. 행동이 굼뜨고 느리다 해서 선배들과 친구들이 내 이름에다 '거북구龜'를 붙여주었다. 별칭에 나름 선견지명(?)이 담겨 있었던지 학생운동을 하면서 본의 아니게 구치소 신세를 졌다. 필자의 학창 시절은 집을 짓는 건축 공부가 아닌 큰집에 들락거리는 시위와 투옥으로 점철된 나날이었다.

이후 대학을 졸업하고 나서도 필자는 건축에 대해 별 미련이 없었다. 솔직히 거리에서 지내느라 공부도 거의 하지 못했다. 또한 당시에는 졸업하는 것이 오히려 부끄러운 행동으로 여겨지기도 했다. 졸업과 관계없이 사회 진출을 모색할 즈음, 한 선배가 "혹시나 나중에 쓰임새가 있을 수도 있고, 그간 부모님에게 걱정만 끼쳐드렸는데 선물로 졸업장이라도 드려보라."라고 조언해주었다. "너는 술 하고 밥만 사라. 졸업 작품은 선후배들이 알아서 하겠다."라고 하여 우여곡절 끝에 졸업이라는 걸 하게 되었다. 이렇게 간신히 졸업장만 따고 나왔기 때문에 당시는 건축에 대한 사명도 지식도 일천했던 것 같다. 졸업 후 '노동운동을 지역운동으로 확장성 있게 하자.'는 마음에 구로공단에 위장취업을 하며 본격적인 사회운동을 시작하게 되었다. 노동문화단체 노동자민족문화운동연합에서 구로지부장을 맡게 된 것도 그즈음이었다. 명칭을 민족굿판 '사람사랑'으로 바꾸고 노동자뿐만 아니라 시민 문화교육을 담당하면서 그들에게 사물놀이도 가르치고, 노동운동과 함께 지역 문화운동을 조직적으로 전개했다. 나름 한계도 많이 느꼈다. 현실적으로 노동자들이 가난의 굴레를 벗어나기 힘든 사회 구조적인 문제들이 눈에 들어오면서 인간적인 좌절도 많았다.

그러다가 93년 초 문민정부가 막 들어서던 시절, 전노문협_{전국노동자문화단체협의}
_회 사건으로 전국 수배를 당하게 되었다. 당시는 국보법이 시퍼렇게 살아있던 시
대였다. 명단에 올라있던 나머지 멤버들은 새벽 같은 시간대에 일망타진됐고, 필
자만 6개월여 전국을 돌며 도피생활 끝에 불심검문에 걸려 다시 투옥되었다. 시
국사범으로 교도소 생활을 하면서 민주화 운동을 하던 대학생 때와는 다른 생
각들이 머리를 어지럽혔다. 사회에 나가 무엇을 하며 살 것인가 진지하게 고민하
는 시간을 가졌다고 할까. 부조리에 대한 저항이자 사회적 약자에 대한 정의로
운 행동이라고 여겼던 과거 운동가로서의 삶이 주마등처럼 스쳐갔다. '프롤레타
리아를 의식화하고 노동자를 역사의 당당한 주체로 일으키자는 게 공염불이 아
닐까?' 이미 공산권의 맹주였던 소련도 1991년 해체되고, 동유럽 공산권들이 줄
줄이 무너진 상태였다. '이념의 시대는 종언을 고했다. 이제는 삶이다. 노동자들의
삶을 바꾸자.' 어떻게 사회에 이바지하면서 인간답게 살까, 운동권 출신에게 사회
적 가치와 기여가 무엇일까를 고민하고 있을 때, 1994년 10월, 성수대교가 끊어
지고, 1995년 6월, 삼풍백화점이 허무하게 무너졌다. 건축에서 대안을 찾아야겠
다는 생각이 비수처럼 뇌리에 꽂혔다. '비리, 부실시공, 불신과 사기가 팽배한 건
축 시장을 바꿔보자.' 출소 후 다시 사회에 내던져지면서 했던 그 다짐이 지금까
지 이어졌다.

　필자는 아직까지 집을 짓는 일을 하며 먹고 산다. 전공서적 한 번 들춰보지 않
고 어떻게 졸업했는지 아무리 생각해도 거의 기적에 가까운 내가 집을 짓고 전
국 팔도를 돌아다니며 강의도 한다. 선후배가 합작(?)으로 만들어 준 졸업장이 이
렇게 요긴하게 쓰일 줄이야. 가만 생각해보면, 선배나 친구들의 안목이 정확했다.
난 정말 거북이 같다. 행동도 느렸지만 인생길을 찾아가는 데에도 남들보다 굼뜨
고 더뎠다. 출발도 늦고 성취도 늦었다. 인생에서 갖가지 기회들을 놓쳐 가며 건
축으로 삶의 방향을 선회하는 데에도 적잖이 많은 시간이 필요했다. 그래, 난 영

락없는 거북이다. 거북이를 보라! 거북이는 자신의 몸에 자신이 살 집을 이고 다닌다. 토끼처럼 굴로 펄쩍펄쩍 뛰어 달아날 필요가 없다. 위기의 순간에 몸을 웅크리고 집 속으로 들어가면 그만이다. 태어날 때부터 그 등껍질은 거북의 삶의 공간이면서도 동시에 감옥이다. 널찍한 등판은 필자에게 무한한 안락감도 주었으나, 동시에 까무러칠 정도로 나락에 떨어뜨리는 관棺도 되었다. 시지프스의 천형처럼, 필자는 이 무거운 운명의 굴레를 어깨에 지고 뛰고 또 뛰었다.

어디서 읽었는데, 고대 그리스어에는 짐을 뜻하는 단어가 두 개 있다고 한다. '바로스'와 '포르티온'이 그것이다. 바로스baros는 두 명 이상이 들어야 하는 짐, 꼭 짊어질 필요가 없는 짐, 그래서 돈이 넉넉하다면 사람을 사서 자기 대신 지울 수 있는 짐을 말한다. 반면 포르티온portion은 한 명이 들어야 하는 짐, 반드시 본인이 짊어지고 가야 할 짐, 그래서 누군가에게 떠넘기거나 맡길 수 없는 짐을 일컫는다. 포르티온은 군인의 군장, 어부의 그물, 임산부의 태아를 뜻하는 단어로 쓰였다고 한다.♦ 무겁다고 총을 내팽개치는 군인이나 힘들다고 어망을 바다에 던져버리는 뱃사람은 없을 것이다. 하물며 아무리 고통스러워도 산모는 절대 뱃속의 태아를 버리지 않는다. 그건 그냥 지고 가야 할 업보다! 필자에게 '건축'이란 두 글자는 바로 이 포르티온과 같다. 내 등에 붙은 거북이의 등딱지처럼 내가 평생 짊어지고 가야 할 십자가이자 카르마업이다.

사람 중심의 건축, 그게 어려워?

우리는 어떤 분야에서 남다른 성취를 이뤘을 때 흔히 그를 가리켜 '일가一家를

♦ 대표적으로 플라톤의 제자 크세노폰은 자신의 글에서 포르티온을 '군장'이나 '태아'의 의미로 썼다고 한다.

이뤘다'고 말한다. 말 그대로 '하나의 집을 세웠다'는 뜻이다. 어느 집단이나 유파에서 벗어나 자신만의 독립된 사상이나 관점, 기술을 보유한 사람은 자기 이름으로 집을 일으킨 것과 같다. 사람이 성년이 되어 배우자를 만나 결혼하는 것도 우리 조상들은 '장가를 가다' 혹은 '시집을 가다'라고 말하며 각기 상대의 '집'으로 들어가는 일로 인식했다. 서로 다른 배경에서 자란 성인이 다른 곳도 아닌 상대가 수십 년 살던 '본가'로 '들어감'을 통해 새로운 관계에 진입하게 된다.

이렇듯 집은 사람이 살아가는 데 필수적인 것 중에 하나다. 일상에서 집만큼 우리에게 깊은 영향을 미치는 것도 없다. 우리는 아버지의 성을 따라 이름을 짓고, 가계에 내려오는 족보에 그 이름을 올리며, 가문의 대를 이어 자녀를 낳는다. 가만 보면, 우리의 삶은 대부분 집과 연결되어 있다. 집과 사람은 분리될 수 없는 관계이다. 건축이 사람 중심으로 되어야 하는 이유다. 주변을 둘러보면 사람이 빠져 있는 건축이 너무 많다. 소유주의 집이 아니고 건축가의 명예가 되는 집, 건물주의 의도가 아니라 시공사의 의지에 따라 지어지는 집이 수두룩하다. 자기가 돈 내고 자기가 주인인데 건축 현장에 가보지 못하는 주인도 있다. 현장에서 일하는데 거치적거리니까 주인은 상량식 때 떡값만 내면 된다는 개인 건설업자도 만나보았다. 오늘날 모든 것이 공급자 중심으로 건축 논리가 돌아가다 보니 건축을 왜 하는지 어떤 모습의 건물인지 직접 집에 살 사람도 전혀 알지 못하는 현장이 많다. 이렇다 보니 건축 과정에 있어 불신이 팽배하고 잡음이 끊이지 않는 경우가 허다하다. 뭔가 단단히 잘못되어 있다.

잘못된 건축이 있다면 잘된 건축도 있다. 비싼 마감재를 쓴다고 잘된 건축이 아니다. 사용자의 뜻과 이상에 맞는 건축이 잘된 건축이다. 생태건축이나 소행주에서 가장 우선순위에 두고 일을 시작하는 게 바로 이 부분이다. "건축 과정에서 의뢰인이 빠져서는 안 된다. 사용자와 언제나 소통하라." 틈이 날 때마다 내가 직원들에게 항상 당부하는 내용이다. 무엇보다 사람을 위한 집이 되어야 한다. 설계 과정에서 작품성 있는 새로운 시도는 있을 수 있겠지만, 그보다 앞서 사람 중심의 건축이 되려면 행복한 집, 편안한 집, 무엇보다 주인에게 맞는 집이 되어야한다. 집주인이 방에 누워서 밖의 풍경을 바라보기를 좋아한다면 그를 위해 창문을 바닥 가까이 파주는 게 도리다. 마동석 같은 체형의 주인이라면 문짝의 폭을 넓혀야 하고, 서장훈 같은 키의 주인이라면 문짝의 고高를 높여야 한다. 사람을 떼어놓고 건축을 논할 수 없다. '사람과 유리된 건축은 기념물일 수는 있어도 주택일 수는 없기 때문이다.' 이를 두고 위대한 건축가 루이스 설리번 Louis Sullivan 은 "형태는 기능을 따라간다."라고 말했다. 기성복도 입는 사람의 체형에 맞춰 다양한 사이즈가 나오는데, 집은 사는 사람의 동선과 기호에 맞지 않아도 아무도 뭐라 하지 않는다. 우리나라 아파트 구조는 3베이에 화장실 두 개, 짧은 동선과 붙박이장, 다량의 수납공간, 그리고 유명 브랜드면 족하다. 시골에서 단독주택 설계를 기획하는 자리에서 뜬금없이 "래미안처럼 지어주세요."라고 말하는 건축주를 만나 당혹스러웠던 기억이 한두 번이 아니다.

집은 건축과 관련된 관계자들이 함께 소통할 수 있는 것이어야 한다. 사는 사람이 중심이 되어야 하고 살 사람이 표현과 설명이 부족하다면 그가 원하는 게 무엇인지 끄집어내서 반영해야 한다. 설계부터 참여하고 같이 머리를 맞대고 아이디어를 내놓고 그 아이디어가 3차원의 공간에서 하나씩 구현되는 것을 보고 싶어 하는 게 사람의 심리다. 필자는 이 심리가 충족될 때 비로소 건축의 가치가 만들어진다고 생각한다. 지금은 소행주에서 남편과 딸, 고양이들과 함께 재미있게 살아가는 '하이디'의 사례가 그렇다. 처음에 하이디는 단순히 이웃이 좋아 성미산마을에서 살려고 생각했던 사람이다. 그런데 얼마 전 그녀의 집을 고양이 미로 형식으로 리모델링하면서 보니 완전 다른 사람이 되어 있었다. 아니 소행주에 살면서 자신의 색깔과 건축주로서의 권리를 되찾은 것이다. 딸을 위해 행잉 hanging 다락방을 만들고 집에 카페를 방불케 하는 바bar를 놓으면서 필자가 주는 아이디어에 대해 그녀가 주체적으로 의사결정을 진행했다. 건축은 원래 그 안에 사는 주인과 함께 성장할 수밖에 없는 프로세스가 있다.

마을이 마음속으로 들어오다

예전에 우리 조상들은 직접 자신들이 살 집을 지었다. 이웃들이 함께 품앗이로 도와주긴 했지만, 모든 과정에 대한 책임은 전적으로 장차 집에 살게 될 주인에게 있었다. 어떤 규모로, 어떤 자재를 써서 집을 지을지 직접 판단하고 결정했다. 그래서 그 공간의 주인이 온전히 건축주 자신이 될 수 있었다. 그런데 오늘날 현대인들은 건축업자에게 주거 공간의 모든 권한을 넘겨주었다. 구조와 공간에 대한 어떤 정보도 결정할 권리가 없다. 대화를 나누다 보면, 정작 자신이 무엇을 원하는지조차 모르는 분이 의외로 많다. 시간의 주인은 여전히 자기 자신인데, 공간에 대한 결정은 살면서 한 번도 안 해봤기 때문에 그 권한을 행사하는 것도 굉장히 낯설어한다. 공간의 의미를 건축주에게 찾아주는 것도 건축가의 몫이다.

어떻게 하면 행복한 주택이 될 수 있을까? 행복의 기준은 저마다 다르겠지만, 필자에게는 마을을 찾아주는 것이다. 사실 대부분의 문제는 마을 안에서 다 해결될 수 있다. 도시를 가지며 마을을 잃은 탓에 현대인들은 육아 문제부터 주거 문제, 교육 문제, 관계 단절, 독거노인, 지역 이기주의, 공동체 해체 등 다양한 사회 문제들로 고통받고 있다. 놀이터에 아이들이 없는 아파트 단지, CCTV가 줄줄이 붙은 높은 옹벽, 관계 부재의 익명적 주상복합 주택, 몰개성의 다운타운은 현대인들의 주거를 단적으로 보여주는 바로미터다. '마을을 집 안으로 가지고 들어오자!'

사는 공간이 생활방식을 결정한다. 마을이 관계를 가져오고 마당이 소통을 이뤄준다. 물론 마을이 오늘날 도시가 안고 있는 모든 문제를 해결할 만능열쇠는 아니다. 주거 외에 우리들의 발목을 죄는 여러 문제가 많다. 하지만 주거 문제는 다른 것들보다 훨씬 파급력이 크다. 공동체는 다른 사회문제들의 근간을 이룬다. 사회학자 조한혜정이 주장한 '자공공自共公'이 필자가 현장에서 느꼈던 이러한 간절함을 잘 표현하고 있다. 그녀는 자신의 저서 『자공공』에서 이기주의로 파편화되어가는 세상을 살리고 지속가능한 삶으로의 전환을 위해 돌봄 공간으로서 '마을'을 되찾자고 주장한다. 자조自助·공조共助·공조公助, 즉 스스로 돕고 서로를 돕고 공공을 돕는 공동체를 만들어 우정과 환대의 '마을살이'를 이룩하자는 것이 '자공공'의 핵심이다.

'마을'은 삶을 조직화하는 매우 구체적인 방식이자 시대를 구하는 사유 방식입니다. 목적이 아니라 '방법/수단'이 지배하는 도구 사회를 사람이 주도하는 유기 사회로 전환해가는 방법인 것입니다. 내가 말하는 마을은 새로운 시대를 상상하기 시작한 사람들이 모여서 머리를 맞대고 서로 돌보면서 살아가는 곳입니다. 자발적 선택으로 시작된다는 면에서 전통 마을이나 농촌 마을과는 사뭇 다릅니다. 오히려 지지 집단, 준거 집단과 비슷한 느슨한 관계망으로, 한정된 장소에서 지속적으로 상부상조하는 신뢰와 협동 네트워크 같은 것입니다.

— 조한혜정, 『자공공』 중에서

이런 마음가짐은 필자가 남원 실상사 작은마을을 조성했을 때에도, 성미산 소행주를 만들었을 때에도, 성남 태평동락 커뮤니티를 만들었을 때에도 한 번도 잊어본 적이 없다. 마을에서 비자본주의적 삶을 넘어 탈자본주의적 삶으로 이행할 수 있는 용기가 생긴다. 물질적 빈곤, 관계의 단절, 노동 착취와 불평등, 환경 파괴, 우리 사회가 직면한 만성적 위기를 인식하고 함께 연대할 수 있는, 더불어 힘을 모을 수 있는 참호가 마을이고 공동체라는 깨달음이다. 마을이 마음속에 들어온 이후, 필자는 내 인생의 모든 업과 비전과 소명이 하나로 수렴되는 느낌을 받았다. 소행주는 그냥 하늘에서 뚝 떨어진 게 아니었다. 소행주는 태생적으로 내 안에 가지고 있었던 가치였다.

최근 여러 가지 일들로 많이 바빠져 실무자를 대신 현장에 보낼 일이 많아졌다. 그럴 때마다 건축이나 운영 문제 등을 입주자와 이야기해서 풀어야 하는데, 실무자들이 입주자와의 소통에 어려움을 많이 느낀다는 것을 알게 되었다. 설계하는 분들이나 입주자 등 관계자 모두 '소행주'에 대해서는 들어 알고 있지만, 누구도 정확히 무엇인지 몰랐다. 자담건설에서 20년 가까이 추구해왔던 지속가능한 생태건축과 공동체건축과도 아무런 연관을 찾지 못하고 있었다. 심지어 회사에서 필자와 함께 일하는 직원조차 소행주의 탄생 배경과 추구하는 가치, 그것을 실현하는 프로세스 등을 충분히 모르고 있다는 사실을 발견했다. 사회운동으로 건축운동을 시작한 이래, 생태건축과 생태마을에서부터 지속가능한 사회를 위한 공동체주거로써 마을 만들기와 소행주에 이르기까지 20년의 역사를 정리해야겠다는 생각이 들었다. 그래야 앞으로의 건축 사업에 방향을 제대로 설정할 수 있지 않을까 싶었다. 필자가 지금 이 책을 쓰게 된 이유다.

아무리 조잡한 글이라도 세상에 내놓는 건 하나의 산고에 비유할 수 있을 것 같다. 대학원 박사 과정을 밟으면서 책을 쓸까 논문을 쓸까 고심했다. 아무래도 대중적인 관심을 받기에 단행본이 낫겠다 싶어 먼저 작업에 들어갔다. 집필 과정이 쉬웠다면 거짓말이다. 쓰는 내내 몇 번이고 포기하고 싶을 만큼 힘들었다. 하지만 소행주에 입주한 후 온 가족이 웃음을 되찾았다고 말하던 소중한 분들 하나하나의 얼굴을 떠올리며 다시 용기를 냈다. 필자의 번잡하고 파편적인 생각들을 책으로 기획하고 이렇게 세상에 선보일 수 있게 도와준 정도준 북 코디네이터에게 감사드리고 싶다. 그는 대학 동기이면서 시위 현장마다 어김없이 함께 구호를 외쳤던 동지이기도 하다. 딱딱하고 전문적인 도면보다는 소박한 손그림이 책에 들어가면 좋겠다 싶어 부탁했는데, 그 부탁을 흔쾌히 들어준 박금옥 선배에게도 감사를 드린다. 무엇보다 그간 가장으로서의 역할을 제대로 못했는데도 끝까지 지지해준 아내 풀빛에게, 그리고 아빠가 일로 매번 늦게 들어오는 바람에 함께 놀아주지도 못했던 4남매, 호산, 호철, 호범, 민에게 이 자리를 빌려 미안함과 고마움을 전한다.

2019년 6월
류현수

그림 : 소행주 3호 입주자 오렌지 님

CONTENTS

제1장

소통이 있어 행복한 주택 —밀실에서 광장으로

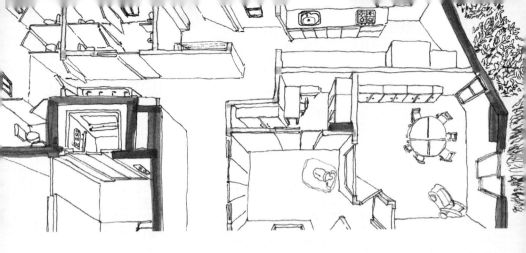

제1장

소통이 있어 행복한 주택

밀실에서 광장으로

행복은 성적순도 경제력도 아니다.

스스로 해결할 수 있는 자립과 자주에 있다.

이 자주를 위해 노력하는 사회가 필요하다.

— 애즈윈 커뮤니티

행복은 어디서 올까? 유엔이 발표한 「2018세계행복보고서」에 따르면, 한국은 전 세계 157개국 중에서 '행복한 나라' 57위에 올랐다고 한다. 1위는 북유럽의 선진국 핀란드가 차지했고, 노르웨이와 덴마크, 아이슬란드 등 스칸디나비아 반도 주변의 국가들이 그 뒤를 따랐다. 출처 : worldhappiness.report/ed/2018 전통적으로 경제 대국으로 분류되는 미국은 18위, 영국은 19위, 일본은 54위를 차지했다고 하니 물질적 기준이 행복의 절대적인 척도가 될 수 없다는 말이 된다. 같은 맥락에서, 영국 런던정경대LSE 경제학 교수이자 토니 블레어 정부의 경제 자문이었던 리처드 레이어드Richard Layard는 『행복, 새로운 과학에서 얻는 교훈』이라는 저서를 통해 '평균 개인 수입이 연간 2만 불이 넘는 나라에서 그 이상의 수입은 사실상 행복과 아무런 관련이 없다.'는 주장을 했다. 2차 세계대전이 끝나고 반세기 동안 미국인들의 1인당국내총생산GDP은 세 배 가까운 수준으로 늘었지만, '당신은 얼마나 행복한가'라는 질문에 '매우 행복하다' 하는 응답률은 거의 제자리걸음이라고 한다. 돈으로 행복을 살 수 없음을 통계가 보여주는 듯하다. 우리는 많이 가질수록 그만큼 더 행복하리라 생각한다. 집과 차, 자산이 있다면 훨씬 행복해질 거라고 예단하지만, 레이어드 교수는 그렇지 않다고 단언한다.

한때 젊은이들 사이에서 '헬조선'이라는 말이 유행이었다. 언제부턴가 우리 주변을 유령처럼 어슬렁거리던 이 신조어는 한국을 비하하는 자조적 표현으로 굳어진 지 오래다.◆ 취업 준비로 한창 바쁜 20대 남성들 사이에서 대한민국을 탈출하는 방법을 공유하는 사이트가 인기를 얻고 있을 정도다. 그래서일까? 지난

◆ 최근 한 통계에 따르면, 대한민국 20대의 90.7%, 30대의 90.6%가 헬조선이라는 표현에 동의한다고 답했다.

10여 년 동안 2만 명을 유지하던 대한민국 국적 포기자가 2018년 들어서며 10개월 만에 3만 명을 돌파했다는 뉴스가 들린다. 해외에 유학 중인 자녀가 대학 진학이나 군대 문제로 이중 국적을 포기하거나 느슨했던 재외동포법이 강화된 탓도 있겠지만, 저성장과 일자리 부족, 청년 실업, 각박한 사회 현실 등 부정적인 사회 요인으로 외국에서 새로운 삶의 가능성을 찾으려는 사람들이 전보다 늘어난 것이 지배적이라는 분석이다. 이번에 문재인 정부가 들어서며 사회 개혁에 대한 기대와 희망이 조금씩 싹트고 있어서 그나마 다행이다.

모두가 행복을 바라지만 아무도 행복하지 못한 이 시대. 행복을 찾아 떠나는 우리의 여정은 시작부터 잘못되었던 게 아닐까? 지속적인 만족은 물질이 아닌 관계에서 찾아야 하는데, 그간 우리들은 관계가 아닌 물질에서 행복의 조건들을 찾았던 게 아닐까? 탁 트인 광장에 모여 너와 나 서로 흉금을 터놓고 하나가 되지 못하고 자그마한 밀실에 자아라는 성벽을 쌓고 대답 없는 독백만 중얼거리고 있었던 게 아닐까? 소설가 최인훈은 공간을 광장과 밀실로 양분하고 개인의 공간이 관계의 공간과 맞닿아있을 때 진정 행복했노라 고백한다. 관계의 공간에는 개인의 공간이 필요하며, 분명 그 반대도 마찬가지일 것이다.

개인의 밀실과 광장이 맞뚫렸던 시절에, 사람은 속은 편했다. 광장만이 있고 밀실이 없었던 중들과 임금들의 시절에, 세상은 아무 일 없었다. 밀실과 광장이 갈라지던 날부터, 괴로움이 비롯했다. 그 속에 목숨을 묻고 싶은 광장을 끝내 찾지 못할 때, 사람은 어떻게 해야 하는가?

—최인훈, 『광장』 중에서

진정한 행복은 소통에서 출발한다. 그 소통을 가능하게 하는 공간은 밀실이 아니라 광장이다. 모스크바의 붉은 광장이나 북경의 천안문 광장만 광장이 아니

소행주 1호 입주민들의 단체 나들이 모습. —소통은 관계를 만들고, 관계는 행복을 만든다. 우리의 주택은 이렇게 어울려 삶으로써 더욱 행복한 공간으로 진화할 수 있다.

다. 내 집, 내 가정 안에도 광장이 있다. 내가 살고 네가 사는 건물에도 광장이 있고, 우리가 오순도순 모여 사는 동네에도 광장이 존재한다. 그 광장에 드리웠던 장막을 거둬내고 서로의 웃고 찡그린 얼굴을 마주하며 등을 돌리고 앉았던 자세를 바꿔 희망가를 불러야 한다. 사람들에게는 광장의 소통이 필요하다. 그 소통이 바로 건축의 전부이기도 하다.

소통,
행복,
주택

소통은 무엇일까? 소통은 탁 트여서疏 서로가 통하는通 상태다. 요즘처럼 소통의 부재, 대화의 단절을 겪는 때가 따로 없었던 것 같다. 옛날에는 집안은 물론 마을 전체가 마음을 터놓고 살았는데, 요즘은 가정 내에서도 각자의 방으로 들어가 버려 대화가 이어지지 않는다. 그래서 언제부턴가 건축을 이야기하면서 소통을 말하는 것이 어딘지 모르게 낯설게 느껴지는 시대가 되었다. 인간적인 주택 하나 짓는다고 사람들 사이의 대화를 잇고, 막힌 언로를 트고, 불통을 소통으로 바꾸는 공동체를 이루는 일이 가능할까?

1988년 '나시 스가모의 버림받은 4남매 사건'이라는 실화를 배경으로 만들어진 영화 「아무도 모른다誰も知らない」는 이웃 간에 소통이 단절된 현대사회의 민낯을 보여준다. 영화는 싱글맘 게이코가 아빠가 다 다른 아이 넷을 데리고 도쿄의 어느 동네로 이사하면서 시작된다. 이사 날, 게이코는 집주인에게 식구를 들키지 않기 위해 12살 장남 아키라를 뺀 아이 셋을 짐짝 속에 숨겨온다. 동네에 '성姓이 다른 애가 넷이나 딸린 여자'라는 소문이라도 나면 그나마 간신히 얻은 단칸방에서 쫓겨날 게 분명하기 때문에, 엄마는 둘째 교코, 셋째 시게루, 막내 유키까지 절대 밖에 나가 놀지 말라고 신신당부한다. 동생들을 단속하는 건 첫째 아키라의 몫이다. 함께 사는 것도 잠시, 크리스마스 전에 돌아오겠다는 메모와 약간의 돈을 쥐어준 채 엄마는 새로운 삶을 찾아 다른 남자에게 가버린다. 그때부터 네 명의 아이들에게 생존을 담보로 엄마를 기다리는 버거운 삶이 시작된다.

어찌된 영문인지 오겠다던 엄마는 겨울이 가고 봄이 와도 통 소식이 없다. 엄마가 보내온 돈도 바닥나고 편지마저 끊긴다. 밀린 각종 요금 명세서가 수북하다. 집에 전기며 수도며 끊긴 지 이미 오래였기에 아이들은 동네 공원에서 머리를 감고 빨래도 한다. 그러면서도 네 명의 아이들은 누구랄 것 없이 엄마 없이 산다는 사실이 이웃에 알려질까 두려워 사람들의 눈을 피해 살아간다.

이 영화의 감독 고레에다 히로카즈는 엄마에게 버림받은 네 명의 아이들이 배를 곯고 있다는 사실도 모른 채 살아가는 동네 사람들의 일상을 영상으로 담담하게 풀어낸다. 누가 상상이라도 했을까? 21세기, 그것도 국민소득 연 3만 불이 넘는 풍요로운 국가에서 네 명의 아이들이 쫄쫄 굶으면서 수돗물로 허기를 채우고 있는 기가 막힌 현실을. 네 명의 아이들은 섬에 유배된 채 살아가는 것이나 마찬가지였다. 감독은 그렇게 공동체의 사각지대에 내몰려서 아이들을 죽도록 유기한 건 엄마가 아니라 사회라고 고발한다. 행색이 꾀죄죄한 동네 아이를, 공원에서 머리를 감는 옆집 아이를, 먹을 게 없어 편의점 진열대를 들여다보는 이웃 아이를 보고 사람들은 왜 그냥 지나쳤을까? 영화는 이런 묵직한 질문들에 아무런 대답도 주지 않고, 사고로 죽은 막내 유키를 아이들이 가방에 넣어 근처 공터에 매장하는 모습으로 끝난다.

언제부턴가 우리 주변에서 공동체주의가 증발되었다. 이웃이 누구인지, 그들이 무엇을 하는지, 그들에게 어떠한 문제가 있는지 시쳇말로 '안물안궁안 물어보고 안 궁금'하다. '다른 사람의 사생활에 관심을 두는 건 현대인의 에티켓이 아니다.' 라는 말로 이런 '느슨한' 공동체를 정당화하기도 한다. 옆집에 누가 사는지 알고 싶지도 않고 몰라도 아무렇지 않은 사람, 집을 부동산으로만 여겨 프리미엄이 오를 것 같은 지역 아파트만 살피는 사람, 이웃집 아이가 어디서 어떻게 되든 아무 관심도 없이 오로지 내 자식만 무사하면 된다는 사람이 점점 우리 주변에 많아지고 있다. 만약 영화 속 네 아이가 이웃의 시선이 오가는 '촘촘한' 공동체 안에서 살았더라면 결과는 어떻게 되었을까? 조금 부족할지 몰라도, 하나의 공동체가 네 명의 아이들쯤은 십시일반 돌볼 수 있지 않았을까? 공동체주의의 부재는 한 개인, 한 지역을 넘어 한 국가의 실패로 낙착된다.

사람들은 기본 생활양식으로 의식주, 즉 '옷밥집'을 꼽는다.◆ 일단 옷밥집이 갖추어지면 삶의 안정을 얻고 행복의 토대를 확보하게 된다. 물론 옷밥집이 인간의 행복을 가늠하는 척도는 아니지만, 누구라도 이것들이 해결되지 않고서 행복하기는 힘들다. 옷밥집 활동은 다른 여가 활동이나 문화 활동에 선행한다. 영화 한 편 안 봐도 사는 데 큰 지장이 없지만, 밥 한 끼 안 먹으면 생존에 직접적인 위협이 된다. 문제는 옷과 밥은 쉽게 접근할 수 있는데, 집은 마련하기가 그리 간단치 않다는 데 있다. 심지어 우리나라에서 주택 문제는 어느 순간부터 행복의 원천이 아니라 불행의 진앙지가 되어버린 느낌이다. 연일 기록을 갈아치우는 부동산 가격 때문에 덩달아 국민들의 혈압 지수도 상승하고 있다. 매년 오르는 집값은 보통 직장인들의 월급으로는 도저히 따라갈 수 없게 된 지 오래다.

청년들은 주택을 마련하지 못해 결혼을 미루고, 중년들은 주택 융자를 갚느라 허리띠를 졸라매는 현실이다. 60% 이상 은행 빚을 끼고 겨우 내 집 마련의 꿈을 이뤄도 하루 종일 집 밖에 있다가 오로지 밤에 잠만 자러 들어오는 서른 평 공간. 그 공간 하나를 구매하는 데에 자신의 젊음과 인생을 노예처럼 저당 잡혀 살아가는 현대인들은 전혀 행복해 보이지 않는다. 흔히 로또에 비견할 만한 무시무시

◆ 건축가 이일훈 선생은 의식주(衣食住)를 순우리말인 '옷밥집'으로 표현하기 좋아한다. 필자 또한 의식주보다는 옷밥집이 훨씬 정확한 의미를 전달한다고 생각해서 바꿔 부르고 있다.

한 청약률을 뚫고 새로 지은 프리미엄 아파트에 당당히 입주해도 삶이 전혀 달라지지 않기 때문이다. 뭔가 심각하게 잘못되었다. 행복을 가져다줘야 할 집이 불행의 시작이 되었다. 이렇게 뒤틀린 주택 문제에서 자유로운 사람은 아무도 없다. 뭔가 대안이 필요한 시점이다.

이쯤에서 덴마크와 스웨덴의 주거 사례는 우리들에게 시사하는 바가 많다. 덴마크 정부는 이미 1970년대부터 도시화와 산업화의 영향으로 공동체가 해체되고 개인주의가 팽배해지는 사회적 문제들을 직시했다.자세한 내용은 부록B을 참고하라. 이를 개선하는 정책의 일환으로 주택 시장에 '함께 살아간다'는 의미의 보팰레스카버bofællesskaber를 도입한 건 그때쯤이었다. 흔히 코하우징cohousing으로 알려진 보팰레스카버는 거주자가 직장에서 퇴근하면 청소 및 음식 준비 등 가사의 걱정 없이 고용된 직원에 의해 서비스가 이루어지는 중앙집중식 부엌을 가진 집단적 주택을 가리킨다.◆ 중앙 부엌과 세탁실, 건조실, 다림질실 등의 공유 공간을 통해 대부분의 가사가 해결되었고, 중앙난방이나 온수 공급, 쓰레기 중앙처리 등의 서비스로 비용을 절감할 수 있었다. 이렇게 공동체를 부활시켜 주거 문제를 해결하니 자연스럽게 주민들의 삶의 만족도와 행복감이 급격하게 상승했다. 덴마크가 오랫동안 행복지수 1위를 계속하는 데에는 다 그만한 이유가 있다. 그중에서 1973년 코펜하겐에 세워진 **새트담먼**Sættedammen은 코하우징의 대표적인 이정표이자 랜드마크가 되었다.

스웨덴 정부 역시 도시에서 집단으로 '공동체를 이루며 살아간다.'는 콜렉티브후스kollektivhus 개념을 오래전부터 고민했다. 1935년, 건축가 스벤 마켈리우스Sven Markelius가 스톡홀름 시내에 공동육아를 실행할 수 있는 공동체주택을 설계하며 스웨덴의 코하우징은 시작되었다. ―그는 주택이 완공된 후 직접 입주하여 살

◆ 한민정 외, 「덴마크와 스웨덴 코하우징의 물리적 특성에 대한 연구」, 2005

사진: Dick Urban Vestbro

스웨덴 코하우징의 대표 사례인 스타켄

기도 했다.— TV 다큐멘터리로 국내에도 소개된 바 있는 스타켄Stacken은 1979년, 예테보리에 세워진 30세대의 타워형 임대주택으로 도시에 코하우징을 실험한 대표적 성공 사례로 꼽힌다. 건물 중앙에 위치한 엘리베이터와 계단을 통해 각 개별 호로 들어갈 수 있게 설계되었고, 5층에 공동생활 시설이 설치되어 공동체주의를 실현했다. 스타켄을 설계했던 교수 라스 아그렌Lars Ågren 역시 직접 공동체주택에 살았다.

덴마크와 스웨덴의 사례에서 볼 수 있듯, 옷밥집 대부분은 주택의 선택에 따라 결정될 수 있다. 뜻이 맞는 세대들이 모여 공동체주택을 지으면, 그 안에서 입는 것과 먹는 것의 대부분이 함께 해결된다. 특히 음식 조리에 들어가는 시간과 비용이 획기적으로 줄어들어 훨씬 많은 시간을 가족과 보낼 수 있는 여유가 생긴다. 공동식사로 얻어지는 따뜻한 인간관계는 덤이다. 주거의 형식을 바꾸면 다른 곳에서 찾을 수 없는 새로운 이웃들을 얻을 수 있다. 이웃은 단순히 '아는 사람'을 넘어서 각박한 도시 생활에서 서로 의지할 수밖에 없는 생사여탈의 관계다. 앞서 영화 이야기를 하며 언급했듯, 이웃에 문제가 발생할 시 공동체는 이를 완충하여 충격을 최소화할 수 있는 안전벨트와 같다. 이런 공동체는 주거환경을 조금만 바꿔도 확보될 수 있다. 바로 '소통'이 있어 '행복'한 '주택'이다.

소통이 있어 행복한 주택, 소행주는 덴마크와 스웨덴의 코하우징 개념과 일본의 **도쥬소**와 **넥스트21**의 사례를 참고하여 한국 상황에 맞게 현지화해서 출발했다. 공간을 가르고 나누는 단순한 작업만으로도 전보다 더 행복해질 수 있다는 사실은 이미 두 선진국의 사례에서 확인한 바다. 소행주는 건축을 바라보는 발상의 전환을 통해 웃밥집 모두를 건전하게 해결하는 사회운동으로 시작되었다. 대한민국 주거의 근본적인 문제들을 해결하기 위해서 말이다.

주거의
근본적 문제와
해결

경제학에서 말하는 첫 번째 원리가 있다. 자고로 '공급이 많으면 가격이 떨어진
다.'는 것. 애덤 스미스든, 케인즈든, 하이에크든, 수요와 공급의 원리는 절대 무너
지지 않는 경제학의 기본 골격에 해당한다. 하지만 이 원칙이 통하지 않는 곳이
지구 상에 딱 한 군데 있다. 바로 오늘의 대한민국이다. 눈을 씻고 찾아봐도 부동
산 수요는 미미한데 어떻게 된 영문인지 가격은 계속 오르는 기현상을 어떻게 설
명할 수 있을까? 2018년 9월 21일, 문재인 정부가 수도권 3기 신도시에 향후 30
만 호를 공급하겠다고 발표했지만, 서울시 아파트 값은 떨어질 기미는커녕 일절
요동하지 않았다. 아직 2기 신도시 아파트 물량도 다 채워지지 않은 상태지만, 관
망세인지 3기 신도시 다섯 곳이 발표되고도 매도로 돌아선 물량이 거의 없는 실
정이다. 2019년 2월 현재. 거래도 뚝 끊겨 전국 부동산의 한 달 평균 거래건수가 채
한 건을 넘지 못하고 있다. 이쯤 되면 대한민국 대도시 아파트 값은 난공불락의
철옹성과 같다.

　1970년대, 박정희 정권의 '다핵도시 개발구상'에 따라 서울 이남의 강남 지역
이 본격적으로 개발되기 시작하면서 생겨난 대한민국의 '부동산 불패 신화'는 이
렇게 21세기인 지금까지도 시퍼렇게 살아있다. 대한민국 부동산 시장에서 공급
자와 소비자는 일반적으로 판매자와 구매자의 관계다. 이 관계에서는 서로 소통
이 필요 없다. 단지 구매를 위한 시장 가격만이 중요하다. 공급자 입장에서는 이
미 만들어지거나 앞으로 만들 상품을 재고 부담 없이 일거에 판매해야 하고, 소

비자 입장에서는 가능한 한 좋은 위치의 건물을 되도록 저렴하게 사야 한다. 이런 상충되는 이해관계는 고스란히 시장에 반영된다.

그런데 현재 아파트는 어떤 이유에선지 똑같은 기성품을 사도 늘 비싸다. 얼마 전 우리나라 전국 최고가 아파트가 평당 약 2억 5천만 원이라는 기사를 신문에서 읽었다. 서울 시내 일부 단지들의 경우, 아파트 부녀회를 중심으로 매매가를 담합하려는 시도도 있다고 한다. 시장에서 아파트 가격 형성을 주도하는 작전 세력이 있다는 얘기다. 비싸면서도 구매자의 의사가 반영될 여지가 전혀 없는, 시장에서 거의 유일한 상품이 바로 우리나라 아파트다. 소유의 가치가 존재의 가치를 압도하는 현실이다. 매번 정권이 바뀌면서 새로운 부동산 정책을 들고 나오지만 근본적인 문제의 해결책은 제시하지 못하고 있다. 대한민국 주거 문제를 속 시원하게 해결해줄 단서가 어디 숨어있지 않을까?

홈은 하우스에 선행한다

일반적으로 '주택'이 물리적 형태와 공간의 문제를 의미한다면, '주거'는 주택을 비롯한 장소에 담기는 생활양식과 그와 관련된 사회·문화·경제적 의미를 포괄하는 용어로 사용된다. 영미인들은 이를 하우스house와 홈home으로 구분한다. 독일어의 하임heim, 불어의 메종maison, 이탈리아어의 까사casa 등 어떤 언어에서든 '집'은 가장 친근하고 따뜻한 말이며 아이들이 엄마, 아빠 다음으로 먼저 배우는 단어다. 이산가족 상봉 행사 때마다 불리는 동요 「고향의 봄」이나 존 덴버가 부른 팝송 「나를 집에 데려다주오, 시골길이여Take Me Home, Country Roads」는 우리에게 집을 '존재의 고향'으로 이해하게 만든다. 이렇듯 집이란 가족에게 없어서는 안 될 중요한 공간이며 사람들은 그 공간에서 즐겁게 살 권리가 있다.

발상의 대전환 : 홈은 하우스에 선행한다

하우스/주택	홈/집
물리적 공간	정서적 공간
유형 자산	무형 자산
경제 논리의 지배	관계 논리의 지배
구매 대상	거주 공간
숫자로 평가됨	유대로 평가됨
위치(목)가 중요함	시간(정)이 중요함
사는(買, buying) 공간	사는(住, living) 공간

그러나 언제부턴가 우리나라에서는 '홈, 스위트 홈'이라는 말이 무색해졌다. 집이 삶의 가치를 높이기보다는 투자의 수단이 된 지 오래기 때문이다. 시장에 실수요자는 없고 투기 세력들이 판을 친다. 차액을 노리는 소위 '갭투자'가 들끓는 지역 아파트 단지는 분양을 다 마쳤는데도 쏟아져 나온 전세매물을 미처 소화하지 못해 유령도시로 전락하기 일쑤다. 한 마디로 홈이 하우스에 매몰되어 버렸다. 수도권에 사는 대한민국 평균 가정의 모습을 떠올려보자. 가족 구성원 모두 하루 종일 밖에 있다가 집에 돌아와 머무르는 시간은 저녁 잠깐에 불과하다. 이 같은 공간을 사기 위해 아무 거리낌 없이 은행권에서 평생 갚아야 할 돈을 덥석 대출한다. 그래서 살고 있는 집이 '우리집이 아닌 ○○은행 집이다'라는 자조섞인 이야기를 서슴없이 얘기한다. 그렇게 가족 간의 유대에 전혀 도움이 안 되는 5~6억 나가는 30평대 아파트의 융자를 갚으며 거의 전 생애를 보내고, 자녀들이 장성하여 모두 집을 떠난 노후가 되어서야 겨우 빚의 늪에서 탈출한다. 그 사이 가족들, 자녀들과 같은 공간을 점유하고 누린 시간의 추억은 종잇장처럼 얄팍하다. 부모는 거실에서 TV를 보고, 자녀는 자기 방에 들어가 스마트폰을 한다. 하루가 다 가는 사이 가족들이 살을 부대끼며 나눈 대화는 손에 꼽을 정도다. 정말 불행

한 주거 방식이 아닌가?

'소통이 있어 행복한 주택', 일명 **소행주**는 이렇게 주거공간이 단순히 주거용 '상품'이자 구매대상으로만 인식되는 부동산 시장에서 발상의 전환을 요청한다. 하우스에 대한 홈의 유쾌한 전복을 꾀한다. 집은 '사는buying 것'이 아니라 '사는 living 곳'이다. 주거의 본질적인 의미인 구성원 간의 가치를 지향하고 공유하고자 하는 게 소행주의 기본 철학이다. '홈은 하우스에 선행한다.' 주거 가치에 대한 다양화와 삶의 질 향상에 대한 수요는 단독주택 등 주택의 물리적 측면에서 다양한 주택 상품과 유형으로 나타난다. 또 가치적 측면에서는 주민 참여, 공동체성 회복과 공동성을 지향하는 소규모 공동체주택의 건설 및 운영 프로그램의 발굴 등 수요로 나타날 수 있다. 일찍이 시정을 펼치며 두 차례나 소행주 건물들을 직접 둘러본 박원순 서울시장은 "소행주가 서울시가 가지고 있는 주거 문제에 대한 종합적인 해결책을 제시했다."라고 말했다.

집에 문제가 있으면, 해결책도 집에 있다

박원순 서울시장은 하우스에 앞선 홈의 관점에서 소행주를 도시 주거 문제의 대안으로 꼽았다. 공동체주의가 실종된 오늘날, 소행주가 새로운 주거의 대안으로 주목받는 이유는 무엇일까? 여러 가지가 있겠지만, 크게 4가지 정도로 그 이유를 찾을 수 있을 것 같다.

첫째, 경제적 측면에서 주택 시장의 변화를 들 수 있다. 투기의 대상으로만 여겨졌던 아파트가 새 정부의 규제와 법적 제도에서 가격 하락의 기대 심리를 받고 있으며, 예전에 비해 오를 대로 올라버린 전세금으로 차라리 내 집을 소유하고자 하는 수요자들 또한 많이 생겼다. 전세보증금 2~3억 원대의 아파트 전세 거래가 연간 4만 5천 건에 달하여 전체 아파트 전세 거래량의 약 33%를 차지한다고 한다. 이 전세금을 빼서 차라리 공동체주택에 투자하면 세입자는 최소한의 비용으로 합리적인 자가 소유의 꿈을 이룰 수 있다. 전세금을 공동체주택을 짓는 데 투자함으로써 2년에 한 번씩 이사 다니며 겪는 지긋지긋한 전월세난을 극복할 수 있다는 뜻이다. 또한 주택을 '삶을 담는 그릇'으로 생각하는 사람들이 증가함에 따라, 천편일률적인 아파트 생활 대신 단독주택이나 개성을 반영한 나만의 주택을 원하는 수요자가 급증하는 것 또한 시장 변화에 한몫하고 있다.

둘째로, 다양한 협동조합이 뜨고 있으며 협동조합을 경험한 이들이 많아지고 있다. 시·군·구 단위의 마을 만들기를 통해 젊은 부부들을 중심으로 협동조합에 대한 이해도가 상승하고 있으며, 공동육아 어린이집·대안학교·마을기업·생활협동조합 등의 필요성으로 인해 소행주가 시간이 갈수록 점점 더 많은 사람들의 주목을 받고 있다. 처음엔 단순히 육아 및 교육, 먹거리 생활협동조합에 대한 관심에서 출발했지만, 네트워크가 형성·확장되고 다양한 문화 활동이 접합되면서 결국 마을과 주택 문제로 귀결되는 정형화된 사이클을 보이고 있다. 실제로 소행주에 접근하는 대부분의 부모들은 공동육아를 실천하는 등 진보적인 성향을 가졌다. 마을 안에서 주택 문제를 해결한 주민들이라면 교육이나 생활 전반에도 동일한 철학을 적용하면서 여타의 다른 마을 이슈에 대해서도 충분히 함께할 자질을 갖췄다 하겠다.

셋째로, 정부나 지자체의 주거 대책 다양화를 들 수 있겠다. 서울시가 공동체주택조례를 마련하며 목적별로 같은 특징의 사람끼리 거주하는 공동체주택을 모델로 내세움에 따라 각 시도와 지자체에서 토지임대부주택이나 사회주택, 공유주택 등의 사업이 활성화되고 있다. 빈집을 리모델링해주거나 귀촌 시 주택 건축자금을 저리로 대출해주는 사업이 정부와 지자체에서 현재 다양하게 시행되고 있다. 이밖에 대규모 협동조합주택, 사회주택, 인증을 통한 분양형·임대형 서울시 공동체주택이나 대학생 주거, 예술인 협동조합주택 등 다양한 형태의 공동

직접 소행주에 방문하였던 박원순 서울시장과 함께. 가장 왼쪽이 필자다.

체주택 사업이 활발하게 진행 중에 있다.

넷째로, 사람들이 공동체성을 찾으려고 한다. 사회적·문화적 측면에서 보면, 1인 가구 증가를 비롯한 가족 구성의 다양화로 셰어하우스 등의 공유 개념이 확산되고 있고, 층간 소음 분쟁이나 각종 사회 문제에서 보듯이 잃어버린 공동체성을 회복할 필요성이 점차 대두되고 있다. 소유의 개념에서 공유의 개념으로 바뀌면서 젊은 세대를 중심으로 부동산을 획득하는 데 더는 목을 매지 않는 추세가 확산 중이다. 깨어있는 3040세대들을 중심으로 가지는 것에서 함께 쓰는 것으로 가치관이 바뀌고 있다. 주거와 사회를 바라보는 사회 전반의 인식의 변화로 소행주 같은 마을 만들기, 이웃 만들기 사업이 앞으로 더 많은 관심을 받을 것이다.

소행주는 집을 지어 공급하는 공급자 중심에서 그 집에 살게 될 사람들의 소소한 공간적 욕구를 살리는 수요자 중심으로 관점을 이동하자는 운동이다. 지금까지 많은 주택들을 지으면서 필자는 소행주 정신을 통해 집에 대한 사람들의 일반적인 욕구를 최대한 반영하고자 노력했다. 집만을 보는 것이 아니라 집에 살 사람에 초점을 두었다. '사람이 먼저다.' 소행주는 우리 삶의 일상에서 어느 하나 떼어서 생각할 수 없는 소통, 행복, 주택에 관한 고민의 산물이기도 하다. 소통이 없는 주택에 행복이 드물고, 행복을 느끼지 못하는 주택에서 소통이 이루어질 수 없다. 현실적으로 집은 개인과 가정의 행복에 크게 작용한다. 땅값이 비싸고 단독주택을 짓기 어렵고 이웃이 사라지는 시대, 이 모든 고민들을 의사소통의 과정을 통해 이루어낸 소산물이 바로 소행주다. 한마디로 하우스에 매몰된 현대인들에게 홈을 찾아주는 운동인 것이다. 집에 문제가 있다면 다른 곳에서 해답을 찾지 말라. 해결책은 집에 있다.

단절된
공동체생활의
회복

예전에는 어른들에게 "문지방에 앉지 말라."는 말씀을 종종 들었다. 문지방은 안과 밖을 나누는 경계다. 예로부터 집을 지을 때 문과 함께 문지방을 세우는 행위는 익숙한 공간과 낯선 공간을 나누고 용도에 따라 개별 공간들을 구획하는 중요한 의례였다. 특히 우리 조상들은 바깥 문지방을 이승과 저승의 경계선으로 보았다. 그래서 상喪을 당했을 때, 상주는 문지방에 바가지를 올려놓고 관을 운구하면서 그 바가지를 깨고 지나갔다. 망자가 저승으로 들어가는 것을 드라마틱하게 시각화한 행위다. 따라서 산 사람이 문턱을 밟고 앉는 행위는 저승의 화액禍厄을 부르는 상서롭지 못한 짓으로 여겼던 것이다. 이런 심리는 야구나 농구 같은 스포츠 종목에서도 흔히 볼 수 있다. 선수가 코트나 운동장 안으로 걸어 들어갈 때 의식적으로 경계를 밟지 않으려고 라인을 뛰어넘는 모습을 본 기억이 있을 것이다.

단절된 공동체를 넘어서

건축에서 문지방은 어떤 의미가 있을까? 문지방이라는 공간의 기능과 의미에 천착했던 영국의 사회인류학자 빅터 터너Victor W. Turner는 '경계'란 뜻의 리미날리티liminality를 언급했다. 리미날리티는 문지방을 뜻하는 '리멘limen'에서 파생한 단어다. 그에 따르면, 문지방은 평소 사람들에게 금기로 여겨지는 공간으로 아무나 쉽게 넘나들 수 없는 무소불위의 경계다. 안에 있는 사람과 밖에 있는 사람은 문지방을 사이에 두고 주인과 나그네로, 자아와 타자로 그 지위와 존재가 나뉜다. 하지만 그렇기에 문지방은 신분을 뛰어넘는 해방의 공간이기도 하다. 문지방은 이도 저도 아닌 경계 between and betwixt 이며, 그 위에서 평소 하지 못했던 일탈이 일어나는 장소다. '나'와 '너'가 구분이 되지 않는 혼돈과 일탈의 순간이면서 동시에 둘이 '하나'가 되는 평등과 통합의 공간이기도 하다. 이 경험을 터늬는 공동체성을 의미하는 말로 '코뮤니타스 communitas'라고 불렀다.

그는 이러한 코뮤니타스적인 상황에서 일어날 수 있는 현상으로 자유와 평등, 동료애, 동질성 등을 지적했다. 이 경계에 서 있으면 누구나 사회·경제적 지위의 종적 관계에서 벗어나 횡적으로 평등한 관계를 맺을 수 있다. 이 속에서는 자신과 어떤 친밀한 관계를 갖지 못했던 사람과도 단번에 진한 동료애를 느낄 수 있다. 흔히 미성년자가 성인이 되는 성년식이나 특정 집단에 들어가는 입회식, 일정한 자격을 얻기 위해 치르는 통과의례 등이 이러한 리미널리티를 지나면서 코뮤니타스를 경험하는 대표적인 의식이다. 문지방에 섰을 때, 위세와 지위, 서열과 같은 세속적인 구분은 사라지고 모두 동등해지는 것이다.

나는 소행주에서 신분이 드러나는 이름을 자발적으로 버리고 모두가 별칭으로 동등하게 호명하는 장면에서 종종 이런 코뮤니타스를 느낀다. 여자는 여자라서 소외되지 않고, 아이는 어리다고 무시되지 않고, 노인은 늙었다고 괄시받지 않는 커뮤니티. 어른은 삶의 지혜를 가르치고, 젊은이는 삶의 의욕과 패기를 전달하고, 직업이 있으면 있는 대로, 지위가 높으면 높은 대로, 성격이 급하면 급한 대로, 느긋하면 느긋한 대로 서로를 평등하고 동등하게 대할 수 있고, 또 그러기를 기대할 수 있는 그런 마을. 이것이 소행주라는 공동체주택에 있는 문지방, 바로 커뮤니티실의 유일한 이상이며 준칙이자 교리인 셈이다.

우리말에 '문턱이 낮다'라는 표현이 있다. 누구나 쉽게 드나들 수 있는 공간을

소행주는 따로 또 같이라는 공동체의식을 현실화하고 있다.
사진은 '따로 또 같이 더불어 사는 집'이라는 별칭을 가진 소행주 4호의 현판.

일컬을 때 쓰는 말이다. 대학 입학이나 회사 입사, 사업 진입 따위를 설명할 때도 우리는 '문턱이 낮아졌다'는 말을 쓰면서 진입 장벽이 낮거나 없는 경우를 우회적으로 표현한다. 그런데 소행주는 정말 문턱이 낮다. 내가 소행주를 기획하면서 가장 먼저 하고 싶었던 것은 문지방을 없애는 것이었다. 아니 엄밀히 말하면, 각 세대를 나누는 문지방은 터 버리고, 모두가 함께 둘러앉아 평등한 관계를 나눌 수 있는 문지방은 커뮤니티실로 크게 늘려 놓았다. 소행주에서 살아가는 입주자들은 자녀들이 어디를 가도 걱정 없고, 파자마 차림으로 이웃에 놀러 갈 수 있으며, 고민거리가 있으면 함께 술잔을 기울이며 조언을 구할 수 있는 공간을 얻은 것이다. 이러한 소박함은 다른 동네에서는 보기 드문 장면이다.

2011년 성미산마을에 지어진 소행주 1호에는 씨실이라는 커뮤니티실이 있다. 이 공간은 십시일반의 정신으로 입주자들이 한 평씩 갹출하여 만든 공용공간이며 관계의 문지방이다. 설계 과정에서 대부분은 내 소유 공간이 아닌 곳에 별도의 돈을 지불한다는 데 적지 않은 부담감을 가진다. 하지만 입주 후에는 그 어느 곳보다도 주민 모두가 아끼고 사랑하는 공간이 된다. 그 공간 안에서 끊어졌던 모든 관계가 이어지고, 단절되었던 모든 소통과 대화가 시작된다. 사라졌던 관계가 만들어지고, 서로에 대해 미약했던 관심이 생겨난다. 직접적인 내 일이 아니어도 마치 내 일인 것처럼 이웃이 당한 문제를 같이 끌어안고 밤새 이야기하고 고민을 들어줄 수 있는 마음자리가 만들어진다.

가구마다 한 평 값을 분담해서 커뮤니티 공간 씨실을 만든다고 했을 때 이렇게까지 요긴하게 쓰일 거라고는 생각하지 못했었다. … 내 것을 챙기려 들면 오히려 작아지고 마음을 열어놓고 받아들이면 한없이 크고 넓어진다. 씨실은 이용하면 할수록 모두에게 이익이었고, 집을 찾아오는 친구, 가족들에게 보여주고 싶은 공간이 되어갔다. … 공간은 우리를 한 자리에 모여 앉게 만드는 힘이 있다. 한 자리에 모여 앉는 것은 새로운 것을 시도하도록 이끈다. 저녁식사 함께하기가 그랬고 품앗이 육아나 어린이집 등하원을 돌아가면서 전담하기가 그랬다.

— 소행주·박종숙, 『우리는 다른 집에 산다』 중에서

소행주 1호 커뮤니티실을 만들면서 유념했던 첫 번째 건축적 핵심은 "공용공간이 각자 개인 집보다 더 좋아야 한다."는 것이었다. 함께 여가를 즐기고 편안하게 영화 한 편 볼 수 있는 공간이 되기 위해 빌트인 주방과 가구, 좋은 마감재를 쓰도록 설득했다. 아무도 찾지 않는 별 볼일 없는 공간이 되지 않도록, 그래서 시간이 갈수록 천덕꾸러기 신세로 전락하지 않도록 '내 것'보다 '우리 것'에 돈을 더 썼다.

소외론에서 관계론으로

필자는 2017년 신영복 선생님을 경남 밀양에 있는 선산에 수목장으로 모시는 일에 참여하면서 선생님의 관계론을 다시 생각하게 되었다. 신 선생님은 "대상을 아무런 관계없이 바라보는 관조의 자세는 온전한 인식을 가져다주지 못하며, 오로지 상호 간 그 대상을 철저하게 육화하고 받아들이는 관계가 있어야만 수용의 이해가 온다."라고 말씀하셨다. "대상과 인식 주체가 구별, 격리되어 있으면 시종 양자의 차이점만 발견하게 된다. 시대와 사회를 공유하고 있는 사람들은 각자의 처한 위치가 아무리 다르다 하더라도 차이점보다는 공통점이 더 많은 법이다. 그러므로 우리의 어떤 대상에 대한 인식의 출발은 대상과 내가 이미 맺고 있는 관계의 발견에서부터 시작되어야 한다." 신 선생님은 이러한 깨달음을 역설적으로 타인과 철저히 격리된 독방에서 홀로 글씨를 쓰다가 얻었노라고 밝히셨다.

> … 실상 획의 성패란 획 그 자체에 있지 않고 획과 획의 '관계' 속에 있다고 이해하기 때문입니다. 하나의 획이 다른 획을 만나지 않고 어찌 제 혼자서 '자(字)'가 될 수 있겠습니까. 획도 흡사 사람과 같아서 독존(獨存)하지 못하는 '반쪽'인 듯합니다. … 그중 한 자, 한 획이라도 그 생김생김이 그렇지 않았더라면 와르르 얼개가 전부 무너질 뻔한, 심지어 낙관(落款)까지도 전체 속에 융화되어 균형에 한몫 참여하고 있을 정도의, 그 피가 통할 듯 농밀한 '상호연계'와 '통일' 속에는 이윽고 묵과 여백, 흑과 백이 이루는 대립과 조화, 그 '대립과 조화' 그것의 통일이 창출해내는 드높은 '질(質)'이 가능할 것입니다.
>
> — 신영복, 『감옥으로부터의 사색』 중에서

신 선생님은 우리 사회의 가장 중요한 뿌리가 바로 사람이라고 가르치셨다. 나무가 숲이 되는 방법, 사람이 개인이 아닌 진정한 숲이 되는 방법은 서로를 인정하고 받아들이며 더불어 함께 살아가는 길밖에 없다. 비록 흠집 있는 나무, 부러진 나무, 키 작은 나무, 열매를 맺지 못하는 나무도 있지만, 숲은 모든 나무를 품을 때에만 비로소 숲을 만들어낼 수 있다. 숲은 나무의 완성이다. 떨어지는 꽃이 최후가 아니라 씨를 만드는 과정이듯, 나무 역시 숲으로 가는 도상에 있다. 나무가 혼자서 살 수 없듯, 인간도 혼자서 살 수 없다. 나무가 더불어 숲을 이루듯, 인간도 더불어 사회를 만든다.

더불어 숲의 가치는 소행주가 추구하는 가치와 일맥상통한다. 나무와 나무가 모여 숲이 되듯 한 집 한 집이 소행주를 이루고 소행주는 마을을 이루어 더불어 이웃이 만들어진다. 함께 사는 이웃을 형성하는 것이 바로 더불어 숲이 아닐까? 신 선생님에 비할 바 못되지만, 한동안 의지와 상관없이 영어囹圄의 몸으로 지내야 했던 나 역시 그의 관계론에 동의한다. 이 세상에서 가장 가혹한 형벌은 관계의 단절, 즉 독방이다. '소외에서 관계로 나아가야 한다.' 건축에서 발생하는 많은 문제들 역시 소통의 부재, 관계의 단절에서 생겨난다.

대한민국이 '한강의 기적'으로 불리는 빠른 경제 성장에도 불구하고 사회 양극화와 주민 간의 갈등, 지역 내 여러 사회 문제들—이를테면 생활 안전, 고령화, 복지, 일자리 창출, 실업, 다문화 가정 등—을 안고 있는 이유가 여기에 있다. 개인 간 이기주의는 지역으로 확대되고, 지역 간 이기주의는 또 다른 집단 이기주의를 낳고 있다. 동네의 품격과 집값이 떨어진다는 이유로 납골당이나 장례식장, 장애인 학교, 노인 복지 시설 등이 들어오는 것을 결사적으로 반대한다. 심지어는 소방서나 유치원 같이 지역민의 편의를 도모하는 공공시설조차 거부하는 지역 이기주의는 '님비 현상'이나 '바나나 현상'과 같은 심각한 사회 문제로까지 비화되는 추세다. 중증외상센터에 들락날락하는 헬기 소음이 시끄럽다며 민원을 넣는 지역 주민들로 인해 골든아워 안에 사고 현장까지 도착하기가 너무 힘들다고 담당 의사는 하소연한다. 이와 반대로 교육기관이나 지하철, 쇼핑센터와 같은 부동산 개발의 호재로 여겨지는 시설들은 지역주민들이 기를 쓰고 유치하려는 소위 '핌피

현상'도 벌어진다. 지방 자치 시대가 열리면서 개발에 유리한 공공시설들을 적극적으로 끌어오려는 부끄러운 쟁탈전이 지역단체들을 중심으로 빈번하게 일어나는 요즘이다. 쓰레기 처리장이나 고압 전선탑 같은 지역 혐오시설을 반대하는 것만큼 지역 발전에 좋은 영향을 미치는 정부 청사나 산업시설을 따내려고 전방위로 로비를 하는 것도 어찌 보면 똑같은 지역 이기주의 중 하나다.

조금이라도 자신들이 사는 지역 내에서 금전적인 피해를 볼 수 있는 일은 피하고 보자는 입장이 꼭 나쁜 것만은 아니다. 가족과 자녀를 위해 보다 쾌적하고 안전한 동네를 만들겠다는 의지 또한 비난할 수 없다. 하지만 나 혹은 우리가 일정한 공간을 점유해 들어가는 행위는 불가피하게 타자의 공간을 침범할 가능성을 지니고 있다. 우리는 혼자서는 살 수 없다. 우리는 반드시 '함께' 살아야 하며 '더불어' 같은 공간을 나누어야 한다. 신 선생님의 말씀처럼, 한 획의 존재는 다른 한 획의 버팀에 의해 확보될 수 있다. 내가 '나'이기 위해서는 반드시 내 옆에 '너'가 있어야 한다. 영어의 '나누다'라는 단어 '셰어share'는 '공유하다'라는 의미를 함께 가지고 있다. 집단 이기주의와 지역 이기주의 모두 발을 디디고 서 있는 일정한 공간에 독점을 선언하고 있기 때문에 '셰어'는 불가능하며 '나눔'과 '공유'는 비현실이 되고 만다.

시대가 지나갈수록 개인주의나 개별성 내지 개인의 의미가 커지며 점점 공동체 의식에서 멀어지는 삶이 정착해가고 있다. 이러한 사회적 의식의 변화로 인해 사회 관계망에서 소외된 사고와 사건들은 반비례로 늘어간다. 이를 해결하기 위해서는 지역 공동체의 중요성이 강조되어야 한다. 이런 사회적 요구에 발맞추어 소행주는 도심에서의 공동주거를 바탕으로 공동체의식을 실현하는 모델이 될 것이다.

작은 마을
만들기라는
실험적 시도

"소유가 없다고 상상해보세요." 존 레넌의 불후의 명곡 「이매진Imagine」의 가사이다. "욕심도 굶주림도 없고, 형제애와 인간애만이 있을 뿐이죠. 모든 인간이 서로 도우며 산다고 상상해보세요." 이런 공동체가 있다면 얼마나 좋을까? 돈도 경쟁도 없이 모두가 다 같은 형제자매로 내일도 어제도 아닌 오직 오늘만을 위해 정성껏 살아가는 행복한 세상. 이런 철학을 고스란히 담고 있는 공동체가 있다. 꿈같은 얘기처럼 들릴지 모르겠지만, 일본 미에카현 스즈카시에서 작은 마을을 이루고 살아가는 '애즈원 커뮤니티'가 그들이다.◆ 「이매진」 후렴구의 가사 "세상이 하나로 살게 될 거예요.The world will live as one."에서 '애즈원'이라는 명칭을 따왔다는 이들은 신자유주의가 정점에 달한 21세기의 흔한 현대인들과는 정반대 삶을 살아가고 있다.

애즈원 커뮤니티는 스즈카 농장과 어머니 도시락이라는 두 축을 기반으로 성장한 자급자족 도시형 공동체마을이다. 놀라운 사실은 공동체 내에서는 남녀와 연령, 지위고하를 가르는 기준이나 일체의 규율이 없다는 것이다. 공동체 내에서

◆ 애즈원 커뮤니티는 1953년 일본의 교토에서 양계업으로 시작한 야마기시즘(Yamagishism)에서 파생된 공동체마을이다. 청년 시절부터 마르크스주의나 선불교, 인도의 아힘사(비폭력주의) 등을 탐독하던 야마기시 미요조(山岸巳大藏)에 의해 만들어진 야마기시즘은 모든 사람이 경쟁 없이 평등하고 행복하게 살 수 있는 이상적인 사회를 꿈꿨다. 야마기시즘은 무엇보다 돈이 필요 없는 사회, 공동생산, 공동분배를 실현하는 공동체를 통해 불행한 사람이 한 명도 없는 '전인행복사회'를 지향했다.

통용되는 돈도 없다. 농장에서 공동으로 키운 농작물은 서로 나눠 먹고, 남는 것들을 도시락으로 만들어 외부에 판매한다. 농장이나 도시락 가게에서 일하지만, 그 또한 마음이 내키는 대로 하면 된다. 근태를 기록하는 장부도 딱히 정해진 출근 시간도 없기 때문에 하기 싫으면 안 해도 그만이다. 책임자가 있긴 하지만 누가 뭐라는 사람도, 간여하거나 명령하는 상사도 없다. 노동에 대한 수당도 급료도 따로 없다. 마을에서는 내 아이 남의 아이 가리지 않고 돌보며 모두가 주인이고 모두가 이웃이며 가족이다.

애즈원은 '커뮤니티'라고는 하지만 규약이나 제약도, 의무나 책임도 없다. 따라서 정식 멤버 규정도 없다. 100% 이곳에 몸담은 이도 있지만, 시간제로 일하는 이도 있다. 특정할 수는 없지만 어른 150명 등 200명가량이 함께한다. 이 가운데 70여 명은 어머니 도시락이나 농장에서 일해도 센터 격인 '오피스'에 급료 전액이 자동 입금되게 해 놓았다. 집세와 신용카드 비용이나 세금은 오피스에서 지불하고, 필요한 돈은 오피스에서 타다 쓴다. 농장과 어머니 도시락 생산품 등을 가져다 놓은 가게 '조이'에서 식료품 등을 무료로 가져다 먹을 수도 있다.

— 조현, 『우린 다르게 살기로 했다』 중에서

보는 관점에 따라 너무 극단적인 형태의 공동체라고 느낄 수도 있을 것 같다. 하지만 이들이 추구하는 숭고한 공동체의 삶은 그 방식이 어떠하든 물질주의가 팽배하고 관계가 실종되어 버린 이 시대에 커다란 의미를 지닌다. 내가 공동체주택을 만들어야겠다고 마음먹었을 때 가장 먼저 찾아보았던 몇몇 사례 중 하나가 야마기즘이었다. 한국의 야마기즘 실현지를 방문하고 세대수가 많이 축소된 여러 이유를 들으면서 공동생산, 공동분배의 사상이 지닌 한계를 느끼고 있었다. 그런 와중에 '개인의 행복을 위해 사회가 복무해야 한다.'는 애즈원을 만난 것은 행운이었다. 실제로 현지 견학도 갔는데, 살고 있는 사람들로부터 많은 감명을 받았다. 소행주 또한 내 삶의 행복과 사회의 행복을 추구한다는 공통의 목표를 가지고 있다. 이를 통해 애즈원의 철학에 관해 많이 생각하게 되었다. 필자가 지나온 뒤안길을 돌이켜보면 소행주로 귀결될 수밖에 없었던 필연적 만남과 계기들이 여럿 있었다.

공간 : 자기 성찰적인 이야기

필자는 서울 신설동 평범한 중산층 가정에서 태어났다. 어려서는 중구 황학동에서 오래 살았는데, 도깨비시장 골목골목을 누볐던 기억이 난다. 어디서 기어 나왔는지 골동품 축에 끼지도 못하는 잡동사니를 길거리에 늘어놓고 팔던 사람들, 빈티지나 구제를 가장한 보세 중고, B급 짝퉁들을 들고 흥정하는 사람들 틈바구니 속에서 자랐다. 없는 물건 빼고 다 있다는 도깨비시장은 내게 훌륭한 배움터였다. 골목이 나를 키우고 성장시켰다. 거대한 전당포를 연상시키는 황학동 골목은 이름도 모르는 기상천외한 물건, 어디에 쓰이는지조차 모를 제품들이 국적 불명의 공산품과 뒤섞여 끊임없이 흘러들어왔다 빠져나가는 거대한 물류기지였다. 필자는 다양한 군상들이 어우러져 아름다운 모자이크처럼 빚어내는 삶의 편린들을 보며 사회와 경제, 인생과 삶을 익혔다. 이런 경험은 훗날 마을을 조성하고 공동체주택을 세우는 일을 하는 데 많은 도움이 되었다.

암울한 군사정권 때 학창 시절을 보내면서는 닭장 같은 학교보다 길거리와 사회, 사람들에게서 더 많은 걸 배웠다. 획일화된 학제와 숨 막히는 입시제도는 청소년기 무형무량無形無量한 나의 감수성을 갉아먹었다. 그렇게 대단한 신앙을 가지고 있진 않았지만, 중고등학교 때 성당에 다닌 경험이 없었더라면 그리고 고등학교 때 미술부를 했던 경험이 없었더라면, 아마 지금과는 많이 다른 모습이 되었을 것 같다. 성당 건물과 스테인드글라스가 주는 건축미는 입시 경쟁으로 말라비틀어진 나의 예술성에 생기를 불어넣었다. 또한 미술부는 전문적으로 미술을 배울 기회가 없었던 내가 훗날 디자인과 건축의 길을 걷는 데 큰 도움이 되었다. 먹고사는 일에 바빴던 터라 전문적인 교육을 받는 호사를 누리기란 거의 불가능했던 시절이다. 미술부에서 4B연필을 들고 선이라도 끼적거렸던 경험은 다른 것과 바꿀 수 없는 값진 기억이었다. 물상物像을 관찰하고 스케치했던 과정에서 그간 무심하게 지나쳤던 사물들을 새롭게 보게 되는 안목을 얻었다고 할까?

이러한 어린 시절 경험들이 어우러지면서 필자는 묘한 긴장감 속에서 홍대 건축과로 진학했다. 사실 방랑벽에 가까운, 이곳저곳 싸돌아다니는 취미와 아그립바 데생 정도 그리던 얄팍한 수준의 미술적 기교는 건축학이라는 조합을 만날 필연적 조건이 되지 못했다. 다만 사람 냄새 좋아하는 기질과 그것을 하나의 형태를 지닌 구조물로 형상화하고 싶은 끼가 건축과를 선택한 원동력이었음은 부정할 수 없다. 그런 건축과 진학, 시대 상황이 맞물리면서 인문학과 건축, 협동조합과 건축으로 나는 마치 운명처럼 이끌렸다. 그리고 건설노동자 공동체 우리건설에서 함께 일하면서 협동조합을 통해 집을 짓는 건축 패러다임에 깊이 매료되었다. '어떻게 하면 더불어 함께 행복한 집을 지을 수 있을까?' 이 물음은 지금도 여전히 내 뇌리에 가장 빈번하게 떠올려지는 질문이다.

처음에는 엄두조차 내지 못했다. 공동체마을은 꼭 시골이나 전원에서 해야 한다고 생각했다. 그래서 자연에서 마을을 만든다, 자연을 담은 집을 짓는다는 포부로 자담건설을 세우게 됐다. 물론 경험치를 쌓아가면서 공동체마을을 꼭 시골에서 하지 않아도 된다는 깨달음, 자연을 담는다는 것이 반드시 전원을 의미하지는 않는다는 생각에 이르렀다. 그 과정 중 진안에서 생태마을을 조성한 초기의 경험이 내게는 성공과 실패, 보람과 좌절을 함께 가져다준 훌륭한 반면교사가 되어줬다.

당시는 국내에 생태건축이 거의 알려지지 않았던 때다. 고작 외국 논문 몇 편이 번역되어 소개되었을 뿐이었다. 참고할 만한 레퍼런스를 찾아봐도 나올 리 만무했다. 막연하게 '방향은 맞는데'라는 생각에 유사한 건축 사례를 얻기 위해 도서관과 서점을 닥치는 대로 뒤졌다. 그렇게 한참을 백방으로 뛰던 중 우연한 기회에 1993년, 오사카 덴노지에 위치한 지하 1층, 지상 6층짜리 **넥스트21**Next21이라는 '실험적' 주택을 알게 되었다. 이곳의 흥미로운 점은 각층에 인공적으로 지반을 조성하고 여기에 녹지 네트워크를 구축하여 다양한 수목을 심었다는 점이다. 특히 단위 주택마다 입주자가 설계에 직접 참여하여 고유한 라이프스타일에 맞는 테마를 정하고, 그에 맞게 건축한 과정은 소행주를 시작하는 데 많은 영향을 미쳤다.

더불어 1975년부터 오사카 덴노지 도심부에 단계적으로 세워진 '도시주택을 자신의 손으로 창조하는 모임'의 약자인 **도쥬소**都住創 주택들 역시 나에게 많은 영감과 함께 고민을 던져 주었다. 나는 소규모 자본을 가지고 함께 공동으로 주택을 짓고 정주하면서 공동체를 만들어가는 **도쥬소**의 아기자기한 방식에 매료되었다. 특히 **도쥬소** 9호를 지을 때 전체 **도쥬소**와 마을의 앵커 역할을 하는 '도쥬소 센터'를 마련한 것이 인상적이었는데, 다양한 주민 모임과 취미 활동을 통해 공동체성이 살아나 마치 마을 전체가 건물 안으로 들어온 듯한 느낌이 들었다. **도쥬소**는 소행주를 짓고 성미산마을극장을 세우는 데 여러 아이디어를 제공해주었다.

거의 같은 시기에 일본의 '제3의 주거공간'으로 자리를 잡은 **컬렉티브하우스**collective house에 대해서도 알게 되었다. 2003년, 도쿄 닛포리에 세워진 **칸칸모리**かんかん森는 공동식사, 공용공간을 특화시킨 일본 내 1세대 공동체주택이었다.

전체 가구수는 28가구로 원룸, 셰어룸, 패밀리타입 등이 있으며 거주자도 돌이 지나지 않은 아이부터 80대의 건강한 고령자까지 여러 연령에 걸쳐 있다.

— 고야베 이쿠코, 『컬렉티브하우스』 중에서

길을 먼저 걸어간 선구자가 있으면 그의 발자취를 따라가면 된다. 하지만 일본의 공동체주택 사례는 여러 면에서 필자에게 고민도 안겨 주었다. 무엇보다 일본과 한국의 건축 실정과 주택 정책이 상이하며, 특히 삶의 양태와 주거문화가 많이 다르다는 게 문제였다. 모든 면에서 축소지향적인 일본인들과 달리, 우리나라 사람들은 특히 공간에 대한 욕심이 남달라서 일본의 사례를 그대로 접목하기에는 힘든 부분이 있었다. 고심 끝에 모델링할 수 있는 대안건축의 방향은 찾았으나 실제로 구현 가능한 현실적 접점을 찾기가 힘들었다. 그렇게 시간이 흘러, 자담건설이 창업 10년째가 되는 시점이 왔다. 더 늦기 전에 도심 속 공동체주택 사업을 시작해야겠다고 다짐했다.

만남을 통해 마을을 가꾸다

생태마을을 만들고 도시형 공동체주택을 시도해야겠다고 생각했을 때, 충북대 주거환경학과 박경옥 교수를 만났다. 책장 한편에서 『세계의 코하우징』이라는 책을 우연히 발견했을 때의 기쁨은 지금도 마치 어제 일처럼 생생하다. 정말이지 필자에게는 가뭄에 단비와도 같았던 책이다. 주거학연구회에 속한 회원들이 공동 저술한 그 책은 당시로선 코하우징에 관한 유일무이한 한국어 교본이었다. 어둠 속에서 한 줄기 빛을 본 나는 기쁜 마음에 저자 중 한 명이었던 박 교수를 찾아갔다. 그 무렵 박 교수는 대학원생 제자를 안 받고 있었는데, 나는 다짜고짜 '교수님 밑에서 논문을 쓰겠다.'며 제자로 받아달라고 매달렸다. 이런 내게 박 교수는 대뜸 "한국에서 공동체주택은 완전히 불모지인데도 하시겠어요?"라고 되물었다. 나는 1초의 망설임도 없이 하겠다고 말했다. 이미 농촌에서 공동체주택을 지어본 경험이 있었고, 도시에서도 소행주를 준비하고 있었기 때문이다. 한국에서 공동체주택을 시작하려면 무엇보다 학문적 근거가 뒷받침되어야 한다고 생각했기 때문에 박 교수에게 결심을 보였다.

박 교수와의 인연은 지금도 내게 매우 소중하다. 이후 나는 박 교수와 여러 현장 사례들을 연구했으며 현재는 공유주택협의회 소속으로 함께 활동하고 있다. 소행주 자문위원으로 있으면서 박 교수는 자신의 이론이 실제 건축으로 구현되는 것을 보고 매우 감명받았고, 필자는 그분으로부터 일본과 유럽의 공동체주택 사례들을 소개받고 이론적 토대를 얻으며 내 생각이 맞았다는 확신을 얻었다.

그리고 거의 같은 시점에 멋진 건축가를 만났다. 자담건설 초기에 사무실을 같이 쓰던 홍대 선배인 박명협성미산학교 설계자 건축가의 소개로 운명처럼 이일훈 건축가를 알게 된 것이다. 처음에는 그저 김중업 건축가의 제자이자 설계 잘하는 건축 선배로만 생각했으나, 시간이 가면서 점점 그의 진가를 체감하게 되었다. 유쾌한 건축가이며 건축계에서 이름난 이야기꾼인 선생님과는 만날 때마다 항상 즐거운 자리가 만들어지며 술자리는 새벽까지 웃음이 만발한다. 선생님과 대화를 나눠보니 생각의 결이 나와 비슷하고 사람을 귀중히 여기는 디자인과 다양한 경험에서 우러나오는 진중한 맛에 점점 시간이 흐를수록 선생님의 매력에 빠져든다. 필자에게는 좋은 스승이며 건축은 물론 생활에서도 큰 가르침을 주는 인생 선배이다.

특히 그는 '채나눔'이라는 개념을 정립했는데, 그 개념은 소행주에 많은 영향

◆ 여기서 '채'는 사랑채나 안채, 본채를 말할 때 쓰는 '채'를 말한다.

을 미쳤다.◆ 그는 '조금은 불편하게, 바깥과 소통하며, 늘려서 살자.'는 모토를 가지고 한 덩어리의 집을 여러 채의 여러 공간을 나누어 쓰는 건축을 하고 있었다. 필자의 건축 콘셉트도 '더불어 함께'지만, 작업 역시 더불어 함께할

필자를 비롯한 소행주의 초창기 멤버들

때 더 멋진 집을 지을 수 있다고 믿고 있었다. 필자는 정중하게 자문위원을 제안했고, 이에 의기투합한 이일훈 건축가는 지금까지 소행주 자문위원장으로 내게 많은 도움을 주고 있다.

여기에 더해 소행주를 만드는 데 신의 한 수가 되어준 만남이 더 있다. 생태건축 이후 공동체건축을 시작하려 할 때 만난 '박짱'이 그이다. 박짱은 **자담 이움아파트** 조합장이었는데, 대학생협에서 나와 다른 일을 모색하고 있던 때였다. 마침 생태건축 이후 공동체건축을 시작하려고 한 필자와 시기가 맞아떨어졌던 것이다. 협동조합 전문가이자 평생을 생협활동과 성미산마을을 만드는 데 중추 역할을 한 박짱은 성미산마을에서 공동주택을 짓고자 마을 사람들과 의기투합했다가 토지비가 올라서 포기한 경험이 있었다. 두세 번의 시도가 그렇듯 실패로 돌아가긴 했으나, 함께 살아보자고 꿈을 꾸어본 경험 덕분에 공동체주택의 필요성을 알고 있었다. 그렇게 건축 전문가인 필자와 협동조합 전문가인 박짱은 공동대표가 되어 힘을 합쳐 마을기업 소행주를 만들었다. 마침내 도심 속 소규모 공동체주거를 현실화시킨 것이다. 박짱은 소행주 1호 입주자이기도 하다. 지금도 마을에서 대동계 및 각종 협동조합의 이사와 감사를 하면서 성미산마을의 큰 어른 역할을 하고 있다.

자담건설의 역사는 소행주를 비롯한 필자의 건축운동 역사이기도 하다.

　도시에서 작은 마을을 만들려는 실험적 시도는 이렇게 시작되었다. 처음에는 고생도 많았다. 사람들의 오해와 편견도 극복하기 힘든 일이었다. 입주자와 건축에 대한 이견이 생길 때나 주변 민원이 들어와 공사가 중단될 때에는 정말 고통스러웠다. 『논어』「학이편」에 보면, "남들이 나를 알아주지 않을까를 걱정하지 말고, 내가 남을 알아보지 못할까를 걱정하라.不患人之不己知, 患不知人也."는 말이 있다. 사람이다 보니 때로는 자신을 인정해주지 않는 세상이 야속하게 느껴지기도 했다. 일은 버틸만했지만, 사람이 어렵게 할 때는 견디기 힘들었다. 그럴 때일수록 남의 평가나 시선에 의미를 두지 말고 내가 함께 걸어갈 수 있는 동반자를 찾는 안목을 가지려고 노력했다. 실험적 시도를 하던 이 시기는 스스로 내면을 들여다보고 내공을 다지는 시기였다. 건축의 의미 있는 접근과 건축적 대안을 찾을 때 무엇보다 자본력이 필요하다고 느꼈다. 진정 내가 하고 싶은 대안건축을 하기 위해서는 자담건설을 운영하면서 나오는 수익으로 소행주를 만들어가야만 했다. 이 과정에서 소행주가 탄생하였으니 어쩌면 내가 반드시 겪어야 할 고난이 아니었을까 싶다.

영어로 '고난'은 '패션passion'이다. 그런데 그 단어는 동시에 '열정'이라는 의미도 담고 있다. 내가 겪은 고난이 나에게 그만큼 커다란 열정으로 되갚아 주었다고 생각한다. 이제는 그 열정에 대한 이야기를 해볼까 한다.

제2장

성미산마을의 특별한 건축 이야기

첫 번째

소행주

모든 훌륭한 건축적 가치는 인간의 가치들이며,

그 밖의 다른 모든 건 무가치하다.

── 프랭크 로이드 라이트 Frank Lloyd Wrigh

건축은 기억의 궁전이다. 기억은 인간이 발휘할 수 있는 가장 큰 효용력이다. 호모 사피엔스가 몸집이 더 크고 힘이 셌던 네안데르탈인을 극복하고 궁극적으로 현생인류의 패자로 군림하게 된 건 바로 기억의 추상화가 가능했기 때문이다.

그 비결은 아마도 허구의 등장에 있었을 것이다. 서로 모르는 수많은 사람이 공통의 신화를 믿으면 성공적 협력이 가능하다. 인간의 대규모 협력은 모두가 공통의 신화에 뿌리를 두고 있는데, 그 신화는 사람들의 집단적 상상 속에서만 존재한다. 현대 국가, 중세 교회, 고대 도시, 원시부족 모두 그렇다.

— 유발 하라리, 『사피엔스』 중에서

일정한 공간을 점유하는 모든 유기체 중에서 유독 인간만이 그 공간에 시간을 묶어두려는 욕망을 가진다. 이렇게 공간은 시간을 만난다. 공간이라는 씨실이 시간이라는 날실을 만나 인간은 삶이라는 정교한 직물을 짠다.

공간에 기억을 묶어 놓은 구조는 기억의 내용에 따라 다양하다. 박물관이나 전쟁기념관처럼 한 국가의 집단기억을 건물로 형상화한 것도 있지만, 아우슈비츠 수용소나 그라운드 제로처럼 아픔과 비극을 상징하는 기념물들도 있다. 공간의 기억에는 개인적인 것들도 있다. 한여름 서리해온 수박을 깨 먹던 원두막에도, 비 온 뒤 맨드라미 피어오르던 학교 흙 담장 위에도, 누렁이가 여물을 먹던 다 쓰러져가는 헛간에도 어김없이 기억은 묻어있다. 하지만 급속한 산업화와 경제 개발, 새마을운동에 매몰된 우리나라는 근대화의 과정 속에서 이러한 공간이 지니는 기억의 DNA를 지우는 작업을 해왔다. 소싯적 먼지를 내며 소달구지 굴러가던 시골 논두렁길은 양쪽으로 트럭 두 대는 거뜬히 지나갈 만큼 널찍하게 시멘트로 포장된 신작로로 바뀌었고, 학창 시절 친구들과 말뚝박기를 하며 놀던 동네 공터의 키 낮은 전봇대는 흔적도 없이 뽑히고 언제부턴가 그 자리에 '근면 자조 협동'이라는 낯선 구호가 적힌 조형물이 들어섰다. 할아버지 세대가 살았던 고택을 아버지 세대가 물려받고, 아버지 세대가 한 평생 살았던 동일한 공간을 다시금 자식 세대에 물려주는 일은 우리 주변에서 거의 찾아볼 수 없게 되었다. 공간의 대물림은 가족이라는 결속력을 강화하고 가족의 기억을 공유하는 중요한 의례이다. 그러나 우리는 좁은 반도 땅, 그것도 등허리가 절반이나 잘려나간 남한이라는 제한된 공간에서 진득하게 같은 공간에 기억을 묻고 가족이라는 관념을 나누기에는 너무 숨 가쁘게 살아왔다. 전쟁과 기아, 산업화의 톱니바퀴 속에서 생존만을 위해 살아온 우리에게, 어쩌면 세대에 걸쳐 공간을 소유하는 일이란 사치와 같은 만용이었을지 모르겠다. 언제나 더 새로운 것, 더 큰 것, 더 나은 것을 손에 쥐려는 욕망으로 인해 과거 따뜻한 가족공동체와는 결별이 되었다. 그래서 서구의 여느 가정처럼 똑같은 집, 똑같은 가구 앞에서 부자 3대가 50여 년의 터울을 두고 같이 찍은 사진을 우리나라에서 찾기란 거의 불가능하다.

상황이 이렇다 보니, 부모들은 자녀들에게 공간의 기억을 물려주기 궁색해졌다. 엄마 아빠는 어린이집과 학원에 자녀를 맡기며 같은 공간을 공유할 기회조차 잃어버린다. 저녁이 되어도 가정에서 함께하는 시간은 채 한두 시간도 되지 않는다. 그렇기에 부모들은 자녀들이 어린이집이나 유치원에서 어떤 걸 배우는지, 어떤 음식을 먹는지, 어떤 친구와 뭘 하고 노는지 하나에서 열까지 모두 알고 싶어 한다. 김치가 맵다고 안 먹거나 식판에 음식을 남긴다는 이유로 원생이 보육교사에게 귓방망이를 맞고, 간식이랍시고 유통기한이 한참 지난 냉동음식을 튀겨주어 집단 설사로 역학조사까지 받는 어린이집이 있는 현실에서 부모들은 마음 놓고 아이를 맡길 수 있는 보육시설이 간절하다. 봉고차 뒷좌석에서 조는 아동을 뙤약볕에 그대로 방치하여 졸지에 죽게 하는 사건이 보도될 때마다 부모들은 놀란 가슴을 쓸어내린다. 유치원의 갑질과 횡포가 사회문제로 대두되면서 이런 마음은 더욱 커져만 간다.

지도에도 없는 마을, 성미산마을. 서울 마포구에 위치한 성미산마을은 1993년, 성미산을 중심으로 성산동 일대 사람들이 공동육아를 꿈꾸며 자리 잡은 우리나라 최초의 공동체마을이다.◆

성미산마을 사람들은 많은 것을 공동으로 한다. 혼자보다 공동으로 하는 것에 더 익숙하다. 피를 나눈 사촌보다 더 가깝다는 '이웃사촌'이라는 말을 이곳에서는 어렵지 않게 실감할 수 있다. 모르는 사람이라도 길을 걷다 마주치면 반갑게 인사를 나눈다. 눈길 한 번 마주치지 않고 살아가는 대도시의 일반적인 풍경과는 다르다. 이들 중 몇몇 주민들이 공동육아를 꿈꾸기 시작했다. 믿을 수 있는 곳에 아이를 맡기고 싶지만 그간 여건이 허락하지 않았던 몇몇 386세대 부모들이 십시일반 모은 돈으로 어린이집을 세워 공동육아를 시작하며 꿈은 현실이 되었다. 이후 자연스럽게 학교와 생협, 카페, 마을극장 등 공동 프로젝트를 꾸준히 벌이면서 어린이집이 마을로 확대되었다. '마포두레생활협동조합'과 '동네부엌'이 차례로 설립되고, '성미산지키기운동'◆◆이 극적으로 성공하면서 마을공동체가 형성되었다. 마을살이가 지역으로 확대되면서 자연스럽게 사람들이 모여 사는 것을 생각하게 됐다. 2년마다 전세 계약이 끝나면 퇴거하는 세대가 많았기 때문에 같은 공간에서 공동체를 지속하려면 무엇보다 안정적인 정주 공간이 필요했다. 이렇게 다시금 공간에 기억을 붙들어 매는 시도가 시작되었다.

나는 이런 필요에 공감한 사람들에게 '작은 집, 넓은 공간'이라는 공동체 개념

◆ 성미산은 높이 66m에 불과한 뒷동산이다. 산이라 하기보다는 야트막한 언덕 같다. 성미산은 본래 성뫼(성메)라는 이름으로 불렸는데, 일제시대 때 성산(城山)으로 변경되었다고 한다.

◆◆ 2001년도에 서울시에서 성미산에 배수지 개발 계획을 발표한 이후부터 이를 보류한 2003년까지 서울시를 상대로 한 주민들의 반대활동과 투쟁.

을 대안으로 제시했다. 작은 집과 넓은 공간이라는 말은 '동그란 네모'처럼 서로 어울리지 않는, 양립 불가한 말장난 같은 개념처럼 들린다. 그러나 조금만 관점을 바꾸면 현실에서 충분히 구현할 수 있다.

마포구 성산동에 경제성 낮은 부지가 나타났다. 일반 빌라업자가 보기에는 사업성이 전혀 없는 땅이었다. 80평 전후의 부지에 8세대를 짓는 게 사업성이 제일 좋은데, 119평 정도의 땅에 같은 세대를 넣으면 분양가가 높아지기 때문에 입주자에게 경제적 부담을 줄 수 있었다. 설계사나 부동산업자 모두 미친 짓이라고 했지만 나는 2층에 근린생활시설근생을 넣어 분양가의 적절성을 찾았다. 마을기업과 협동조합, 그리고 성미산마을 사람들의 요구를 모르면 불가능한 일이었다. 큰길에서 월세를 내는 것보다 마을 안에 들어와서 안정적으로 마을기업을 유지할 방안이 필요했기 때문이다. 또한 건축에 필요한 공간을 적절히 계산하여 집 크기는 줄이되 공동으로 사용할 공간을 늘리기로 했다. 입주자가 욕심을 버리고 한 평씩 비용을 부담하여 커뮤니티실을 만들면 더 큰 공간을 만드는 마법을 부릴 수 있다. 가진 것을 조금만 내려놓으면 내가 사는 '집' 안에 '마을' 전체를 담을 수 있다. 소유가 나눔으로, 독점이 공유로 확대되면서 집안에 마을이 들어간다. 언어도단이 아니라 상상 속의 현실이다. 각 가정에는 각자의 개성이 존중되고, 공동의 공간에는 함께 닮고자 하는 취향과 가치관이 그대로 반영된다. 이번 장에서는 성미산마을 속에서 꽃처럼 피어난 여섯 채의 소행주를 만나보자.

성미산마을의
특별한
이야기

소행주 1호가 들어선 서울시 마포구 성산동 249-6번지는 우리나라에서 공동육아 어린이집이 처음으로 둥지를 틀었던 곳으로 그 의미가 깊다. 마을 사람들은 공동체성에 대한 기본적인 이해를 가지고 있었고 협동조합을 통해 함께 나누는 마을살이에 대한 자부심도 대단했다. 건축운동가로서 필자가 성미산마을을 만난 건 운명과도 같았다. '마을 만들기'라는 개념조차 낯설었던 시기에 '소행주'라는 공동체주택이 여섯 채나 뿌리내릴 수 있었던 건 오로지 성미산마을이라는 토양이 있었기에 가능했다. 만일 소행주가 성미산마을을 만나지 못했다면, 내가 박짱을 만나지 못했거나 마을의 여러 건물들을 지으면서 신뢰를 쌓지 않았더라면 지금과 같이 전국적인 규모로 확대되기 힘들었을지 모른다. 아마 동호인주택 정도로 남지 않았을까?

집이란 인간의 삶의 가치를 높이고 생활방식을 바꾸는 그릇과도 같다. 음식도 어떤 그릇에 담느냐에 따라 맛과 형식이 달라진다. 구들장 꺼진 차디찬 집에서 따뜻하고 단란한 새해 분위기를 기대하는 가족은 없다. 철학을 갖고 잘 지어진 집에 사는 건 무미건조한 사람에게 사고의 계발을 가져오고 생각의 틀을 완전히 바꾸어 놓을 절호의 기회가 된다. 사람은 집이라는 공간에서 행복하게 살 권리가 있다. 그 집에 사는 사람들의 소소한 공간적 요구를 반영하고, 집을 설계하는 단계부터 집을 짓는 과정, 짓고 난 다음 팔로우업후속조치까지를 다르게 접근해보고자 시도한 결실이 소행주 1호다. 나는 소행주 1호부터 11호까지 짓는 과정에서 다음과 같은 고민 속에서 만들었던 원칙들을 가능하면 유지하려고 했다. 때로 뜻하지 않는 시비에 휘말리며 시류와 타협하고 싶은 유혹이 들 때도 있었으나, 적어도 소행주를 이끌어가면서 이 철학과 원칙만큼은 절대 양보하지 않으리라 다짐했다.

내가 가지고 있었던 고민과 문제의식은 이랬다.

첫째, 불확실성과 불신이 특징인 건축 문제를 어떻게 하면 상호 간의 신뢰를 바탕으로 믿음직하고 재미있는 작업으로 바꿀 것인가? 건축주는 시공사를 믿지 못한다. 건설사는 눈앞의 개발 이익만을 따진다. 이러한 건축시장 업계에 팽배한 불신과 불확실성을 해소·완화하기 위한 방법으로 입주자와 전문가의 적절한 협업과 조화, 건축주의 예산에 맞는 건축 기획과 설계, 입주자의 참여를 통해 함께 집 짓는 작업으로 건축의 방향을 잡았다. '전문 영역'이라는 미명 하에 입주자를 소외하기 십상인 관행에서 벗어나, 소행주는 입주자와 건설 과정 전반을 함께 한다. 이렇게 건축 전 과정에 주체적으로 참여함으로써 입주자의 만족도는 매우 높아진다. 상호 간 믿음과 신뢰가 확보되면 자연스럽게 사소한 어려움들은 상쇄되고 잦은 분쟁들은 잦아들게 된다.

둘째, 똑같은 구조^{평면}에서 성장하는 우리 아이들이 과연 집에서 공간적 창의성을 느낄 수 있을까? 붕어빵 찍어내듯 동일률을 지키며 솟아있는 몰개성의 아파트 숲에서 동호수의 넘버로 불리는 'ㅇ동 ㅇㅇ호의 아이들'은 창발적인 감수성을 발휘할 수도, 표현할 수도 없다. '무조건 다르게 가자! 다른 것도 경쟁력이다.'라는 생각으로 기존의 것, 상식적인 것, 좋아 보이는 것과 결별하고 의도적으로 다른 공간 구성, 다른 건축 공법과 자재를 선택했다. 필요한 것에는 돈을 쓰지만 치장하는 데는 덜 쓰는 방법으로 선택과 집중을 하였다.

셋째, 설계 따로, 건축 따로, 인테리어 따로, 예산 따로 등 작업이 파편화되어 서로 간 오해와 불신이 배가되는 상황을 어떻게 막을 수 있을까? 사공이 많으면 배가 산으로 가는 법이다. 여러 주체가 만나면 전문성은 올라갈지 몰라도 응집성이 떨어질 수밖에 없다. 공동의 목표인 하나의 집을 짓는 것도 마찬가지다. 정해진 예산에서 여러 업자들이 한 푼이라도 더 긁어가다 보면 결국 땅따먹기 싸움으로 변질되고, 거듭되는 하청에 재하청은 고스란히 불가피한 부실시공과 건축주의 금전적인 부담으로 떠넘겨지기 일쑤다. 그에 대한 대안으로 나는 애초에 코디네이터, 즉 프로젝트 매니저라는 PM방식을 통해 집 짓는 모든 과정을 믿음직한 조정자가 담보하는 형태의 시행을 고민했다. 여기에 더해, 소행주의 첫 삽을 뜰 때만 하더라도 공동체주택에 대한 이해가 전혀 없었기 때문에 건축주와 설계부터 함께 소통하여 시행과 건설을 모두 총괄하는 '턴키 방식'으로 진행할 수밖에 없었다. 이 방법이 정해진 예산 안에서 약속한 공사기간을 책임질 유일한 접근이었다.

넷째, 건축의 갑·을·병이라는 수직적인 관계가 전문가와 참여자 간의 수평적인 관계로 품앗이나 협동조합하듯 바뀔 수는 없을까? 이런 고민의 결과, '참여와 소통을 통해 함께 집을 만들어가는 방식으로 해보자.'라는 것이 바로 소행주의 핵심 철학이 되었다. 소행주는 크게 3가지의 소통을 말한다고 볼 수 있다. 건축주와 전문가 사이의 소통, 소행주 안에서 살아가는 거주자들 사이의 소통, 소행주 세대주와 마을 주민들 사이의 소통 말이다. 건축에서는 참여자의 정성과 마음이 모아져 전문가의 신뢰를 기반으로 좋은 집을 짓고, 입주자 입장에서는 소행주에서 좋은 공간을 함께 사이좋게 나눠 쓰는 인생의 도반道伴을 만나고, 마을 전체 입장에서는 멋진 이웃을 새로 얻어 '마을살이'의 즐거움을 발견한다. 삼박자가 다 좋은 건축이 가져다준 멋진 소통인 셈이다.

다섯째, 소행주는 커뮤니티가 살아있는 지역에서만 추진해야 하지 않을까? '지속가능한 사회, 정주하는 마을을 만들자.'는 소행주의 취지에 맞게 소행주는 마을 속 작은 마을을 지향한다. 싼 땅을 사서 싸게 공급하는 것이 목적이 아니라

소행주의 3가지 방향의 소통 구조

첫 번째 소통 창조	입주자와 시행사·시공사 사이의 소통은 소행주를 잉태한 첫 번째 소통이다. 건설업계의 불신과 부당한 관행을 타파하는 선도적 과정이라 할 만하다.
두 번째 소통 유지	소행주에 입주한 세대 간의 소통은 소행주를 유지시키는 두 번째 소통이다. 공동체성을 회복하여 행복한 마을 만들기의 초석을 다지는 중요한 결속의 과정이다.
세 번째 소통 확산	소행주 입주민과 마을 전체와의 소통은 소행주를 확산시키는 세 번째 소통이다. 이 소통은 사회운동의 하나로 이어지며 마을 전체가 새로운 마을살이로 진입하는 확산의 과정이다.

는 것이다. 기존 마을살이에서 한 축의 역할을 하고 그 동네를 떠나고 싶지 않은 사람들이 공동으로 만들어내는 것이다. 단순히 내 집 마련의 꿈을 실현하는 것을 넘어서서 좋은 이웃과 함께 마을살이를 할 수 있는 집을 만드는 것이 소행주의 목적이다.

마지막으로, **굳이 시골이 아니어도 도심에서 함께 모여서 즐겁게 공동체주택을 만들 수는 없을까?** 소행주의 강력한 장점 중 하나는 전원단지나 외딴 시골에서 이뤄나가는 종래의 귀농·귀촌사업이 아니라 도시 한복판에서 마을을 만들어가는 도시공동체 운동이라는 사실이다. 현재의 회사와 육아, 교육과 문화, 주거환경과 활동범위를 바꾸거나 제약하지 않아도 얼마든지 도시 속에서 따뜻한 공동체와 마을을 만들고 지속 가능한 이웃관계를 형성할 수 있다. 마음만 먹으면 도시에서도 얼마든지 품앗이하듯 공동육아와 공동식사를 실천할 수 있으며, 이웃 간에 훈훈한 정이 넘치고 시골 인심이 느껴지는 사람들과 오순도순 살 수 있다. 한 마디로 소행주를 통해 마을살이와 도시살이의 장점들을 모두 구현할 수 있다는 뜻이다. 최근에는 도심에서의 성과를 이어 자연환경이 우수한 수도권에서 소행주 철학을 실현해볼 수 있는 커뮤니티가 활성화된 지역을 물색하는 이른바 '자연 속 소행주'를 추진하고 있다.

소행주는 건축 과정 자체가 공동체성을 강화시킨다. 그렇기에 한 층 한 층 지어나가는 것도 즐거운 작업이지만, 필자는 여기서 더 나아가 소행주라는 공간에 함께 살면서 마을 사람들이 더욱 행복해지기를, 소행주가 더욱 행복한 마을의 기틀이 되기를 소망했다. 입주자들과 시행사는 여러 차례 토론과 워크숍을 통해 입주자들이 생활할 공간의 구성과 구조에 대해 의견을 나누고 조율했다. 브레인스토밍 과정에서 모든 이야기가 다 나와야 나중에 뒷말이 없기 때문이다. 입주자들은 자신이 살 집에 대해 설계부터 시공까지 하나하나 고민한 것이 다른 무엇과도 바꿀 수 없는 소중한 경험이었다고 고백하곤 한다. 입주자들의 선택과 참여는 소통의 의미를 더욱 빛나게 했다. 그 과정에서 얻게 된 나눔의 경험은 훗날 입주자와 입주자, 인근 주민과 입주자 사이에 긍정적인 소통의 문화로 확산되었다. 이제 각기 시차를 두고 성미산마을에 세워진 소행주들의 면면을 들여다보자.

소행주 1호,
씨실과
날실

직물을 짜면 씨실과 날실이 서로 교차하는 지점에 그물코가 만들어진다. 서로 직각을 이루며 서로의 위아래를 타고 흐르는 실은 그렇게 얽히고설키는 과정을 거쳐 정사각형의 좁은 공간을 메우고, 그 메워진 공간들이 차곡차곡 쌓이고 쌓여 하나의 천이 완성된다. 아무리 세월이 바뀌고 기술이 발달해도 씨실과 날실이 서로 탐하고 갈마드는 이 과정을 생략하거나 뛰어넘을 수 없다. 나일론이든 모시든 면이든 인간에게 쓸모 있는 직물이 되려면, 그렇게 실이 서로 부대끼고 교차하여 그물코의 누적을 만들어가야 한다. 인간사도 그렇다. 나 홀로 살아가는 외줄 타기 인생은 결코 관계라는 그물코를 형성할 수 없다. 나와 너의 교차점이 만들어지고 서로의 존재를 잇대는 왕복운동 속에 관계의 면적과 지층이 형성되는 법이다. 때로 나와 전혀 다른 방식으로 세상을 바라보는 상대와 다투고 갈등 속에 있을 때라도 서로를 튼실하게 붙잡아주는 그물코와 식서◆는 만남과 소통 속에 더욱 견고해진다.

소행주 1호는 필자에게 이 같은 공동체주택의 속성을 가르쳐준 소중한 공간이다. 지방을 돌면서 생태건축을 하던 필자가 도시에 공동체 주택을 만들어야겠다 다짐하고 뛰어든 첫 번째 작품이기도 하다. 소행주는 생태건축과 공동체건축

◆ 식서(飾緖) : 직물을 잡아당겼을 때 잘 늘어나지 않는 방향. 즉 올이 풀리지 않도록 짠 천의 가장자리를 말한다.

이 씨실과 날실처럼 짜여 내게 멋진 모자이크를 선사했다. 그래서인지 입주 후, 소행주 1호 입주민들은 커뮤니티실을 **씨실**로, 옥상정원을 **날실**로 명명했다. 이 씨실과 날실의 교차가 없었다면, 어쩌면 소행주라는 개념은 필자의 몽상 속에서 만 존재하는 한낱 이상적인 아이디어에 머물렀을지 모른다.

　기획과 설계 단계부터 시공 과정, 완공까지 입주자들이 능동적으로 참여한 소행주 1호는 대지 선정부터 구체적인 자재까지 일일이 대화와 합의 과정을 거친

옥상정원이 날실, 커뮤니티실이 씨실이다.

산물이다. 모든 것을 필자가 독단적으로 진행했다면 일이 더 빠르게 진행될 수도 있었겠지만, 스스로 밭을 가는 농부의 심정으로 천천히 의견을 취합하고 묻고 합의하는 과정을 진득하게 밟았다. 물론 필자도 처음으로 해보는 과정이었기에 서투른 점도 많았다. 이 과정에서 건축가로서의 기득권(?)과 프리미엄을 다 던져 버리는 건 필수적인 요건이었다. 세대와 수십 번에 걸친 회의와 논의를 거쳐 서로 에게 가장 바람직한 중간 지대를 찾으려고 꽤 노력했던 기억이 남아있다.

주택이 완공되고 입주자들은 스스로 입주자 모임조합형태을 구성하여 주택의 대소사를 함께 처리하는 뚝심을 보여주었다. 특히 건물 2층에 자리 잡은 33.6㎡ 의 커뮤니티실 씨실이 이러한 공동체를 이루는 데 결정적인 역할을 했다. 씨실은 월 1회 반상회와 정기회의가 이뤄지는 장소이자, 평소에는 각자 다양한 취미 활동을 선보이는 공용공간 겸 손님을 맞이하는 사랑방 역할을 톡톡히 한다. 세대 중 축하할 일이 있다면 파티가 열리기도 하고 군대 가는 자녀가 있다면 송별회도 얼마든지 열릴 수 있다. 공동육아, 공동식사 및 공동놀이방의 기능을 담당한다. 특히 커뮤니티실에 셰프를 초빙해 원하는 세대가 하루 한 끼를 해결할 수 있는 공동식사는 소행주 1호에서 없어선 안 될 중요한 공동체 기능을 담당하고 있다. '저녁 해방 모임'의 준말인 '저해모'는 맞벌이 부부들이 저녁 식사 준비 부담으로 부터 해방되는 모임이기도 하다.

뭐니 뭐니 해도 공동체주택에 입주한 기쁨의 첫 번째는 '저녁 해방 모임'의 성사다. 올 5월 입주했더니, 4월부터 이사 들어오기 시작한 이들이 벌써 저녁을 같이 먹는 문화를 마련해놓고 있었다. 밥과 반찬 두 가지씩을 가지고 내려와 같이 먹는 거였다. … 요리할 능력도 의욕도 없는 나, 급식을 받고 싶은 꿈이 있는 이, 집에서 부엌을 없애고 싶은 소망을 가진 이. 이렇게 셋이서 뭉쳐 꿍짝 꿍짝 저해모를 탄생시켰다. 서울여성노동자회에서 가사도우미 일을 하시는 분께 밥과 국, 반찬 두 가지를 부탁드리게 된 것이다. … 여기에 저해모를 같이 하지 않는 집에서 가지고 내려오는 반찬까지 그 수를 더하니 매일 저녁 이 뷔페고 잔치인 저녁식사 자리가 만들어지고 있다.

—김우, 「성미산마을하고도 소행주 1호에서 살아가기」 중에서

또한 '성미산공방'이나 '비누두레'와 같은 각종 공방들이 근린생활시설근생로 들어서 있어 마을 전체를 미너어처로 축소시켜 한 건물 안에 담아 놓은 느낌이 든다. 성미산공방은 이를 위해 장애를 가진 자녀를 둔 한 부모가 주축이 되어 조합을 구성했고, 비누두레는 주택가 가운데 2층에 근생에 입주하는 것은 무리라는 주변의 말을 극복하고 계약자 중에서 제일 먼저 계약을 진행했다. 현재 마을 생협에 제품들을 직접 납품하며 성공적인 기업으로도 성장했다. 처음에는 주거 공간에 근생이 들어오는 데 부담을 느꼈던 세대들도 비누두레가 백화점 문화센터의 역할을 하게 되면서 취미생활도 덤으로 할 수 있다며 자연스레 팬이 되었다. 또한 아이들과 동네 사람들에게 서예를 가르치는 진부서당은 과거 마을에 하나씩 자리하고 있으면서 천자문이나 사서삼경을 가르치는 옛날 서당의 기능을 기품 있게 담당하고 있다. 2017년 방과후가 커지면서 소행주 1호에 있던 방과후 학교가 면적을 늘려서 소행주 4호로 이전하였고, 4호에 있던 진부서당이 1호로 이전하게 되었다. 또한 건축 초기에 커뮤니티실의 크기를 정할 때 고민이 있었다. 한평씩 부담하여 만드는 커뮤니티실 9평과 그 옆에 있는 방과후 학교는 공통으로 면적이 좁아 아쉬움이 있었다. 레이아웃을 잡다 보니 2평 정도가 남아 커뮤니티실이 커질 수밖에 없었다. 이때 공동대표인 박짱이 묘수를 내었다. 방과후 학교가 낮시간에 커뮤니티실을 사용하는 조건으로 일부 부담하면서 현재의 커뮤니티실이 완성이 된 것이다.

소행주 1호의 또 다른 자랑거리 중 하나인 **날실**은 각 세대의 빨래를 함께 말리고 텃밭을 가꾸며 저녁에는 함께 모여 고기도 구워 먹는 다용도 옥상 공간이다. 아이들은 흙을 밟으며 놀이를 하거나, 화창한 날이면 책 한 권 들고 올라가 도시 속 잠깐의 여유를 즐긴다. 서울 시내 다세대 주택 가운데 이렇게 옥상정원을 갖고 세대주들이 합의 하에 민주적으로 운영하고 있는 곳이 얼마나 될까? 이렇게 소행주 1호는 2층에 위치한 **씨실**과 옥상에 위치한 **날실**이 함께 만나 소통하는 커뮤니티 장소로 활용되면서 이상적인 공동체주택의 견본이자 국내 대안주거의 성지가 되었다.◆ 이밖에도 옥외에 있는 주차장과 자전거 보관소도 함께 쓰는 공동공간으로 활용된다. 주차장은 차량이 없는 낮 시간 동안에는 아이들의 놀이공간으로도 손색이 없다. 각 층에는 공용창고와 공동 신발장이 설치되어 있어 공동으로 사용할 수 있는 물품들을 보관하는 수납장으로 쓰인다. 건물 내 복도와 계단 역시 세대를 오가며 공동공간으로 쓰일 수 있다. 일반 아파트의 경우, 복도와 계단은 단순한 보행 공간에 머무를 뿐이지만, 소행주에서는 이 공간 역시 공동체의 공동성을 확보할 매우 중요한 공용공간으로 거듭났다. 특히 복도와 계단에 책장과 상당수의 책을 비치하여 누구나 도서관으로 활용할 수 있다.

◆ 사실 옥상정원 날실은 소행주 1호가 세워질 때만 하더라도 층수의 제한을 받았기 때문에 엘리베이터가 올라갈 수 없는 불법 건축물이었다. 건축법은 언제나 시장의 요구보다 보수적일 수밖에 없다. 잘 쓰려면 불편하지 않아야 하며 아이들의 접근이 용이해야 하는데, 법적으로는 최상층에서 내려 어두운 계단을 통해 올라가야지만 옥상에 진입할 수 있었다. 제대로 활용하기 위해서는 진입이 편해야 하기에 편법을 하면서까지 반드시 만들어야만 했던 것이다. 당시에는 어쩔 수 없이 준공 검사 후에 재시공해야 했다. 그러던 차에 2015년, 필자가 필요로 한 요구와 마찬가지의 이유로 인하여 건축법이 바뀌고 나서야 옥상에 바로 출입이 가능한 장애인 엘리베이터를 합법적으로 설치할 수 있게 되었다.

당시에 소행주 1호는 입주자 선정을 선착순으로 했다. 서로의 형편과 여유만큼 면적을 정해서 호수를 정하는 것이다. 제1차 계약은 비누두레가 했으며 주택은 초기에 모인 사람끼리 상의해서 잡아나갔다. 34평 복층형도 나오고 11평의 작은 평수도 나왔다. 층수와 면적을 순조롭게 정해나가던 중 2층 방과 후 교실과 커뮤니티실의 면적을 나누다 보니 자투리 한 평 반 정도의 면적이 남게 되었다. 애매한 공간이라 고민을 거듭하게 되었고 결국 3층 입주 예정자인 '느리'가 자기 집

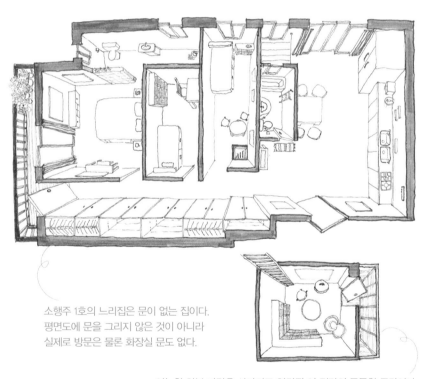

소행주 1호의 느리집은 문이 없는 집이다.
평면도에 문을 그리지 않은 것이 아니라
실제로 방문은 물론 화장실 문도 없다.

아늑한 하부 다락은 사다리로 연결된 이 집만의 독특한 공간이다.

벽화가 있는 주차장은 아이들이 자유롭게 놀 수 있는 공터이기도 하다.

밑의 면적을 구입하기로 했다. 그렇게 마음이 더해져서 전체 규모가 맞춰졌다. 그 공간은 아이 방의 하부 공간으로 꾸며 사다리를 연결하니 아주 아늑한 장난감 방이 되었다. 이 곳은 소행주가 방송에 나올 때 자주 등장하는 공간이기도 하다. 또한 느리네 집은 '문 없는 집'이라는 아주 특이한 모습도 가지고 있다. 방문은 물론이거니와 화장실 문도 없다. 거실에는 춤을 추기 위한 대형 거울이 마치 춤 학원처럼 당당하게 자리 잡고 있기도 하다. 이렇듯 소행주에는 참으로 다양한 개성들이 살아 숨 쉬고 있다.

소행주 1호는 변호사를 비롯하여 회사원, 영화감독, NGO단체 직원 등 다양한 직종의 사회인들이 세대를 이루고 있다. 입주하고 6년이 지난 시점에서 조사한 주거 만족도에 있어 79% 이상이 '만족스럽다'는 평가를 내릴 만큼 소행주 1호에 사는 세대원들의 점수는 후하다. 소행주 1호의 퇴거율이 극히 적은 이유를 알 수 있는 대목이기도 하다. 특히 공동체성에 있어 만족도는 더 높게 나타났는데, 그 이유 중 하나는 소행주를 통해 덤으로 얻은 이웃사촌들이다. 소행주 1호에 거주 중인 '피터_{윤상석}'의 이야기를 들어보자.

> 너무 행복해요. 연령대가 다양한데도 소통이 잘 되니 밖에서 술 먹는 횟수가 현저히 줄었어요. 외로움이 사라졌고, 집에 오는 게 즐거워졌어요. … 앙금이 있으면 늘 바로 모여서 한잔하며 풀어 싸운 기억이 없네요. 갈등이 깊어지기 전에 아빠들이든 엄마들이든 출동해서 풀어요. 형이나 누나도 명절이나 생신 때나 한 번씩 보는 게 전부이지만, 이곳에선 늘 볼 수 있고 의지가 되는 이웃들이 곁에 있지요. 그래서 훨씬 가깝게 느껴집니다.
>
> — 조현, 『우리는 다르게 살기로 했다』 중에서

말이 그냥 이웃사촌이 아니고 진짜 가족, 친척들보다 더 가깝다. 그래서 소행주 내에서는 남녀노소 구분 없이 모두 다 별명이나 별칭으로 서로를 부른다. 아이들도 어른을 별명으로 부른다. 명칭에서 오는 위화감과 지위고하, 계급이 공동체의 단합을 해친다고 봤기 때문이다. 흔히 상대를 부를 때 그 명칭 속에 상대의 사회적 계급이나 지위, 직업 등이 노출되기 마련이다. 누구누구 '선생님'이나 누구누구 '교수님'으로 불리는 건 직업이나 직장이 있는 사회에서나 필요하지 서로 매일 얼굴을 마주 보고 살아가는 원초적이고 1차적인 관계로 들어선 주거공간에서까지 그러한 자취를 묻어올 필요가 없다는 생각에서다.

소행주 2호,
느티재

예로부터 마을의 정자亭子는 느티나무로 만들었다고 한다. 수명이 길고 단단한 목질을 자랑하기도 하지만, 여름에는 더위를 피할 그늘을 제공하고 겨울에는 보온성도 있었기 때문에 느티나무를 가지고 마을의 각종 건물들을 많이 지었다. 그래서 마을 중앙에 서 있는 느티나무를 마을을 수호하는 신목神木으로 여겨 제사를 지내는 곳도 많다. 이런 느티나무의 정기를 받은 공동체주택이 바로 소행주 2호다. 소행주 1호에 **씨실**과 **날실**이 있다면, 소행주 2호에는 **느티재**가 있다.

소행주 1호가 만들어지고 성미산마을을 중심으로 좋은 소문이 나기 시작했다. '소행주에 사는 사람들이 행복해 보인다.'는 것. 그래서 소행주 2호는 생각보다 금세 만들어지게 되었다. 필자는 1호에 이어 연달아 2호가 세워지면서 소행주 철학에 확장성이 있다는 사실이 입증되어 내심 기뻤다. 세대 구성도 일사천리로 진행되었다. 소행주 1호에 입주하지 못했던 세대들4세대과 지인들을 통해 소행주에 관해 듣고 온 외부 사람, 방송을 보고 온라인 카페를 검색하여 찾아온 사람이 모여 자연스럽게 세대를 채웠다. 여기에 더해, 소행주 2호를 통해서는 그동안 해보고 싶었던 1인 가구를 위한 공동주택, 쉐어하우스를 실험할 좋은 기회를 얻게 되었다.

마을 기업 소행주는 가족을 이룬 세대만이 아니라 주거 복지 수혜의 사각지대에 놓여 있다고 할 정도로 등한시되어온 독립생활자들의 주거 고민을 함께 풀어가고자 했다. 혼자 사는 사람들의 주거 마련에 대한 경제적 부담도 공동주거를 통해 일부 해결할 수 있다. 거실과 주방, 욕실을 함께 사용하면서 비용을 절약할 수 있고 공간의 쾌적함을 더 높일 수 있다. 이외에도 안전 문제를 손쉽게 해결할 수 있는 장점이 있다. 이러한 생각에서 마을 기업 소행주는 2010년 9월, 2012년 1월에 한 차례씩 '1인 가구 공동주택 이야기 마당'을 진행했고 마침내 소행주 2호에 독립생활자 5인이 한 가구를 이루어 입주하게 되었다.

— 소행주·박종숙, 『우리는 다른 집에 산다』 중에서

소행주 2호를 설계할 때는 특히 1호를 건축하는 과정에서 발생한 여러 가지 문제점들을 보완하는 데 초점을 맞추었다. 소행주 1호와 2호는 외관과 구조에 있어 거의 쌍둥이 건물을 방불케 하지만, 세부적으로 들어가면 적지 않은 차이점을 찾을 수 있다. 계단과 엘리베이터를 중심으로 만들어진 곳곳의 작은 공용공간들의 배치가 소행주 1호보다 훨씬 아기자기한 느낌이 든다. 소행주 1호의 공용물품보관소는 옥상 출입구 쪽에 조그마한 공간으로 있었던 것과 달리, 2호에는 지하의 넓은 공간을

소행주 1호의 성공 덕분에 지을 수 있었던 소행주 2호. 소행주 2호에서는 공용현관을 처음으로 시도했다.

적극 활용했으며 이를 입주자들이 많이 사용하게 되면서 이후 소행주에도 그대로 적용하게 되었다.

특히 소행주 2호는 지하가 생기고 1층에 마당이 있는 29.4㎡의 커뮤니티실 느티재를 중심으로 공동체 활동을 이어가도록 구성되었다. 이밖에 옥상정원과 주차장, 자전거 보관소, 공용현관, 공용창고 등은 소행주 1호와 크게 다르지 않다.

소행주 1호의 성공이 낳은 동생과 같은 존재가 소행주 2호다. 기존 모델의 업그레이드 버전이라 할 수 있다. 필자 역시 1호 때보다 더 욕심을 가지고 건축 과정과 운영에서의 장점과 단점을 파악하여 소행주 2호를 기획할 때 그대로 반영하고 구현하려고 노력했다.

기획 단계부터 완벽하게 가구별로 세대를 구성하여 입주한 소행주 1호와 달리 2호의 특징 중 하나는 1인 가구가 모여 사는 **특집** 세대를 구성한 것이다. 복층으로 구성된 **특집**은 소행주 2호에 들어간 여성 전용 셰어하우스를 일컫는데, 싱글녀 다섯 명과 반려묘 두 마리의 공동체살이는 2014년 단행본 『유쾌한 셰어하우스』로 묶여 세상에 소개되기도 했다.

특집에 살게 되면서 혼자 불 꺼진, 서늘하게 식어 있는 집으로 들어오지 않아도 된다는 안도감이 들었다. 친구들을 만나려면 며칠 전부터 일정을 맞춰 가며 일부러 약속을 잡고 차려입고 나가야 한다. 반면, 특집에선 집 안에서 자연스럽게 편안하고 친숙한 사람들과 함께할 수 있다는 점이 생각보다 큰 위안이 되어 주었다. 대선 멘붕도, 실연 멘붕도, 취업 멘붕도 식구들과 함께했기에 훨씬 더 수월하게 극복할 수 있었다. 누군가 화가 나고 힘든 일을 겪을 때마다 특집 식구들은 식탁에 둘러앉아 귀 기울여 들어주었다. …

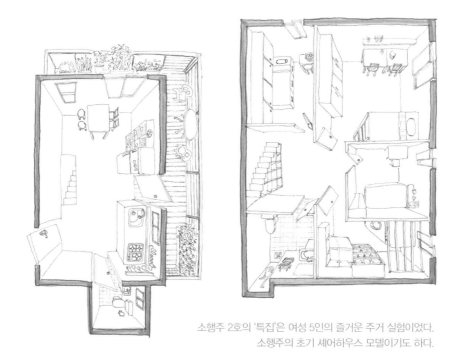

소행주 2호의 '특집'은 여성 5인의 즐거운 주거 실험이었다.
소행주의 초기 셰어하우스 모델이기도 하다.

그렇게 지금까지 일상 속에서 예상치 못한 즐거움들을 수도 없이 만나고 있다. 그것이

너무 일상화되어 버려 그 소중함과 고마움을 잊어버릴 정도로 말이다.

— 김미애 외, 『유쾌한 셰어하우스』 중에서

셰어하우스를 집어넣으면서 1인 가구를 배려하는 공용창고의 필요성이 부각

되었다. 소행주 1호 때에는 각 세대를 조성하고 비어있는 공간에 창고를 만들었

다면, 소행주 2호 때에는 아예 설계 단계부터 공용창고를 염두에 두고 설계를 진

행했다. 1층에 있는 커뮤니티실 **느티재**는 집회실·공동거실·공동부엌·놀이방으

로 활용할 수 있도록 설계했다. 마당과 연계된 커뮤니티실은 아이들이 놀기에 적

합하며, 공용화장실은 외부 공간인 마당에서도 진입할 수 있도록 만들었다. 개인

집마다 독특한 문패를 다는 소행주의 전통은 소행주 2호부터 시작된 것이다.

적으로는 건설 시 공동체생활을 높이기 위해 전체 공용신발장을 1층 주 현관 앞에 놓았던 것과 마당과 연계된 커뮤니티실을 만들었던 게 특히 기억에 남는다. 신발장을 주 현관에 모두 두어 9세대를 한 집처럼 꾸민 것은 당시로선 획기적 시도였다. 소행주 1호가 각 층마다 엘리베이터 홀에 신발장을 배치해서 큰 호응을 얻은 경험 덕분이었다. 2호는 보다 공동성을 높이고자 입주민들과 공용공간 워크숍 시간에 열띤 토론을 통해 결정했고 현재 잘 사용하고 있다. 덤으로 전체 계단실이 깨끗해져서 맨발로 다니기도 하고 물건을 적재하기도 해서 활용도가 매우 높아졌다. 이 공용신발장은 공유주택을 기획하는 사람들에게 큰 이슈가 되었고, 많은 이가 이 개념을 적용하려고들 하고 있다. 소행주 2호에는 기자를 비롯해서 PD 등 다양한 분야의 사회인들이 함께 세대로 들어와 공동체를 구성했다. 예상했던 것보다 완공이 늦춰지면서 입주자들 사이에 어려움도 많았지만, 소행주 2호를 건축하면서 나름 공동체주택에 대해 자신감을 갖게 되었다.◆ 경사지에 세워진 소행주 2호를 통해 덤으로 얻은 건축적 성과는 첫째, 넓은 공용물품보관소가 지하실 안쪽 공간에 나왔다는 것이고 둘째, 세대 전용마당을 가질 수 있게 되었다는 점이다. 덕분에 101호와 102호는 마당이 딸린 집이 되어서 만족도가 높았다. 셋째, 커뮤니티실 또한 흙놀이 등을 할 수 있는 마당과 연계되었다. 넷째, 법적으로 주차 공간이 지하실로 들어가면서 1층의 활용도가 높아졌고 지하는 용적률에서 빠지는 장점을 활용하니 자체 사용 면적이 넓어지는 효과가 있었다. 이때부터 경사지의 땅을 적극적으로 활용하게 되었다. 소행주 3호, 4호, 6호, 7호 모두 성미산 자락에 있으므로 대부분이 경사지인데, 소행주 2호의 경험을 바탕으로 한 경사지 건축의 노하우가 이후 소행주에서 발휘되었다고 하겠다.

특히 소행주 2호부터는 준공 전에 입주민들이 함께 모여 문패를 만드는 작업을 시작했다. 1호는 입주 후 각자 개성에 따라 재료를 선택해 문패를 만들었다면, 2호부터는 집의 콘셉트와 취지, 바람, 가족의 특징 등을 이야기하며 타일 위에 집 이름을 짓고 새기는 작업을 했다. 이때부터 이것이 소행주의 전통이 되었다.

◆ 법적으로 초기에는 커뮤니티실을 근생으로 허가받을 수밖에 없었다. 그런 까닭에 소행주 1호, 2호의 커뮤니티실은 전 세대가 n분의 1로 출자해서 공동 소유한 근생으로 등록되었다.

소행주 3호,
소삼팔가

소삼팔가疏三八家는 '소행주 3호에 사는 여덟 가구'라는 의미로 붙여진 이름이다. 2013년 초 착공해서 같은 해 10월, 이름처럼 8세대가 함께 입주했다. 소행주 1호와 2호를 거치며 필자가 다양한 건축적 실험을 하게 되었던 건물이 **소삼팔가**다. **소삼팔가**는 외관상 두 가지 큰 특징이 있다. 1층 공용현관으로 들어가는 입구에 누구라도 앉아서 쉴 수 있는 튼튼한 나무 평상과 외부 테라스에 심어져 있는 멋들어진 단풍나무가 그것이다.

소행주 1호와 2호의 경우 설계 시 건물 자체에 집중했다면, **소삼팔가**는 기획단계부터 소행주 안에 거주하는 세대들뿐만 아니라 주변에 마을을 이루고 살아가는 이웃들 모두를 염두에 두고 설계에 들어갔다. 1층에 이웃 주민들을 위해 평상을 둔다는 것은 사실 자신들의 공용공간을 그만큼 희생한다는 의미이므로 입주자들에게 요구하기 쉽지 않은 발상이다. 그럼에도 **소삼팔가**는 다른 소행주에 비해 언덕배기에 위치해 있어 그 앞을 지

언덕배기에 위치한 소행주 3호의 평상은 산책하는 동네 어르신, 통근하는 이웃들의 공동쉼터이다.

소삼팔가는 경사지에 세워진 특징을 살려 네 집이 다양한 복층과 다락을 만들었다.
덕분에 전체적으로 아기자기한 집이 완성되었다.

나가는 사람들이 힘들어한다는 사실을 너무도 잘 알고 있었기에, 세대 모두가
흔쾌히 동의해주었다. 단순한 나무 평상 하나지만 여름날이면 평상에 둘러앉아
같이 수박도 쪼개 먹고 두런두런 이야기도 나누던 그 옛날 시골 마을의 풍경을
추억할 수 있게 해 주는 귀한 공간이다. 등산과 산책을 하는 어르신들이 매번 지

나갈 때마다 "이곳에 사는 사람들은 복 받을 거야! 이렇게 우리에게 쉼터를 줘서 산에 올라가는 길이 한결 좋아졌어!" 하신다.

2층 커뮤니티실과 연결된 외부 데크에는 큰 단풍나무가 있다. 이 단풍나무를 옮겨 심는 것도 여의치 않았지만, 나무가 예쁘고 정도 많이 들었으니 꼭 살려달라는 주인의 간곡한 부탁이 있었기에 추가비용을 더 들여서라도 옮겨심기를 하게 되었다. 다행히 텃밭으로 쓰던 공간이 있어서 그쪽으로 나무를 옮겼고, 이후 단풍나무는 **소삼팔가**의 자랑거리가 되었다.

소삼팔가의 또 다른 특징은 2층 25.08㎡의 커뮤니티실이 외부 공간으로 이어지는 작은 테라스가 있다는 점이다. 이 테라스를 나오면 계단과 함께 자연스럽게 단풍나무가 심어진 공간으로 이어진다. 2층 테라스에서 밖으로 이어진 데크는 **소삼팔가**의 건축미를 한 단계 끌어올려준 일등 공신이다. 입주 세대 중 목공에 조예가 있는 분이 있어서 입주민들이 사용하는 공용공간에 직접 나무로 틀을 만들어주기도 했다. 1층에 공용신발장과 공용공간, 택배함 등을 설치하여 함께 이용할 수 있게 배려했으며, 6층 공용세탁실에서는 한 분의 세탁기 기증으로 누구나 이불이나 담요 같은 큰 빨래를 할 수 있게 되었다. 옥상정원에는 빨래를 말릴 수 있는 건조대와 공용텃밭이 자리하고 있으며, 이는 소행주 1호와 2호에 있던 구조와 동일하다. 다만 옥상 공간은 최대한 비워두자는 입주자들의 의견을 적극 반영하여 구조를 단순화했다.

다른 곳에는 없고 **소삼팔가**에만 있는 특별한 집은 201호이다. 제일 늦게 들어오게 된 입주자는 소행주에서 꼭 함께 살기를 원했지만 면적이 적어 고민하고 있었다. 그때 필자가 경사지 때문에 발생한 높은 층고를 활용하여 하부 다락을 만들면 좁은 면적을 해결할 수 있을 것이라고 제안했고 입주자가 흔쾌히 받아들여 공사를 하게 되었다. 준공 후 공사로 인한 어려움은 있었지만, 필요하면 만들어지고 고민을 집중해 목적을 이루고자 하면 못 할 일도 없다 느꼈다. 해당 세대의 하부 다락은 아이 놀이방으로 주로 쓰다가 지금은 아빠의 기타 연습실과 서재로 활용이 잘 된다 하니 다행이다.

프롤로그에 언급한 402호 하이디네 또한 독특한 구조를 가지고 있다. 2018년에 리모델링을 한 이 집은 거꾸로 된 복층이다. 4층 거실에서 3층 방으로 내려가는 복층인 것이다. 처음 지었을 때는 딸이 어리고 부모와 안 떨어지려 해서 3층

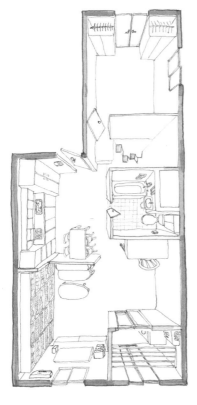

소행주 3호의 201호 또치네는 경사지의 높은 층고(필로티)를 활용, 하부 다락을 만들었다. 징검다리 계단으로 내려가면 아담한 공간이 나타난다.

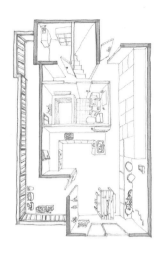

소행주 3호의 402호 하이디네의
처음 모습(상단)과 리모델링 후(하단)

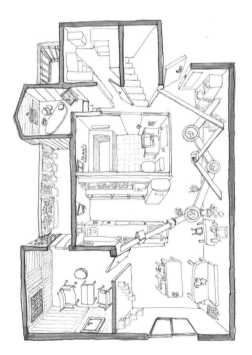

세 식구가 고양이 2마리와 함께 거주하는
현재의 하이디네 모습.
3층에는 부부 방과 아이 방을,
4층에는 카페 스타일의 고양이 집을 만들고, 주방과 수납공간은 간소화했다.

카페를 집 안으로 들여놓은 듯 독특한 인테리어의 하이디네는 고양이 두 마리가 함께 사는 '고양이집'으로 리모델링했다. 입주 후 살면서 가족 구성원들의 필요에 맞게 다시 집을 고친 사례이다.

에 방 하나만 만들어서 공동침실로 사용했으며, 화장실을 크게 만들어 목욕을 딸과 함께 즐기고자 했다. 평수에 비해 화장실의 크기가 두 배는 되었을 것이다. 긴 복도에는 붙박이장과 빌트인 냉장고를 배치했으며 주방은 작고 아담하게 꾸몄다. 한편, 빌라를 지으면 일조권의 영향으로 건물이 줄어들면서 베란다가 통상 1m 정도 나온다. 이렇게 만든 베란다에는 에어컨 실외기나 화분 정도 놓는 것이 고작으로, 대부분은 청소도 안 하는 지저분한 공간이 되기 일쑤이다. 그래서 자기 전용공간을 1m 줄여서 베란다를 크게 만들기를 권유하였고 그렇게 시공했다. 별 쓸모없는 공간이 4명이 둘러앉아 차를 마실 수도 있는 아담하고도 멋진 테라스가 된 것이다.

그런데 작년, 그 공간을 잘 사용하던 하이디에게서 전화가 왔다. 딸이 자기 방을 갖고 싶어 한다는 것이다. 3층에 방 2개를 분리하는 문제를 논의하다 보니 하이디가 주방에서의 불편함을 포함하여 그동안 살면서 조금씩 개선했으면 좋겠다고 생각했던 몇 가지를 주문해왔다. 그래서 새로운 집의 콘셉트를 고양이집으로 잡고, 필요 없는 공간은 과감히 없애고 꾸미고 싶은 공간 위주로 임팩트 있게 디자인해 카페 같이 튀는 집을 만들게 되었다. 수납 공간을 줄이고 손에 닿지 않아 잘 안 쓰는 싱크대 상부장 또한 과감히 없앴다. 여기에다 큰 냉장고도 작은 냉장고로 바꿔 슬로 푸드도 함께 실천하는 공간을 마련했다. 몰루와 하지라는 고양이 2마리와 함께 즐겁게 사는 딸을 보며 만족해하는 하이디는 지금도 계속 조금씩 자기 공간을 꾸미는 주체가 되어 아기자기하게 살고 있다.

소행주 4호,
따로 또 같이
더불어 사는 집

따로 또 같이 더불어 사는 집이라는 명칭을 가지고 있는 소행주 4호는 성미산 마을을 먹여 살리는 근린생활시설이 들어선 각별한 주택이다. 사실 소행주 4호를 짓기 시작한 당시 자담건설은 경제적으로 매우 힘든 시기를 지나고 있었다. 개인적으로 돈을 융통하는 것도 힘들었고 건설 현장에서 일어나는 크고 작은 문제들이 필자를 괴롭혔다. 설상가상으로 한창 공사를 진행하던 중간에 본의 아니게 설계를 변경하며 뜻하지 않은 난관에 봉착하게 되었다. 확장형 발코니의 개념이 바뀌는 시점에서 초기 입주자들에게 분양한 면적보다 발코니만큼 넓게 쓰는 것을 제안하게 되었고, 공사 도중 이를 설계에 반영하다 보니 공사기간과 비용이 늘어났던 것이다. 이렇다 보니 입주자도, 설계자도, 시공자도 모두 힘들어졌다. 그러나 '어려움은 잠시지만 사용은 평생이다.'라는 생각을 가지고 설계 변경을 강행했고 각 집마다 발코니가 내부로 확대되어 실내가 넓어졌다. 지금 힘들다고 피해 가면 최선을 다하지 않았다는 후회를 할 것 같았고, 도시에서는 한 평도 아깝기에 과감히 진행하였다. 덕분에 현재는 쓰임새가 많은 공간이 되었다.

소행주 4호가 들어선 대지는 다른 곳보다 넓었기 때문에 계단부터 커뮤니티실까지 넓게 마련할 수 있었다. 확실히 넓은 공간이 주는 넉넉함과 편안함을 느낄 수 있는 주택이 되었다. 지하 1층 1호에는 2018년 유기농 식당 '문턱 없는 밥집'이 들어섰다. 원래는 대표적인 마을기업인 '동네부엌'이 영업을 하던 자리였으나, 유기농 반찬가게를 운영한다는 경제적 어려움과 맛깔나게 반찬을 만들었던 '대장금'이 은퇴하면서 부득이 문을 닫게 되었다. 반찬가게가 폐점한 것을 아쉬워하던 차에 똑같은 자리에 문턱 없는 밥집이 입점하면서 다시 마을에 활기가 생겼다. 2007년 처음 서교동에 문을 열었던 문턱 없는 밥집은 유기농 식재료로 비빔밥을 내놓는 식당으로 꽤 유명세를 탔다. 경영난으로 폐점 위기에 처했다가 2018년 6월 14일, 소행주 4호로 자리를 옮기고 새롭게 단장했다. 매주 월요일에서 금요일까지 오후 12시부터 1시 30분까지 맛있는 비빔밥을 먹을 수 있고, 저녁에는

소행주 4호에는 독특한 근린생활시설들이 입점해 있어, 마치 마을을 건물 안으로 옮겨놓은 듯하다.

발효 강좌나 공간 대관, 지역사회 반찬 나눔 등을 실천하고 있다.

지하 2호에는 '소풍가는 고양이소고'가 입점했다. 최근 개봉한 이숙경 감독의 다큐 영화 「길모퉁이 가게」의 실제 모델이기도 하다. 청년 사회적 기업인 '소고'는 도시락을 만들어 납품하는 것을 주요 아이템으로 잡았다. 뜻있는 여러 청년들의 땀과 노력, 열정과 도전이 함께하는 곳이며 지금도 성업 중에 있다. 지하 3호에는 택견을 가르치는 '우리마을 꿈터'가 들어섰다. 마포 생협 부설교육기관으로 출발해서 **성미산학교**뿐만 아니라 마을 전체 아이들을 대상으로 택견과 자전거 여행을 꾸준히 가르치고 있으며, 지금은 대한택견회 성미산택견전수관으로 활발하게 활동하고 있다.

지하뿐만 아니라 2층에도 근생이 들어섰다. 2층 1호에는 방과 후 학교가 들어와 있다. 원래 2층 1호는 지금은 소행주 1호로 자리를 옮긴 진부서당이 있던 자리였다. 소행주 1호에 있던 방과 후 학교가 소행주 4호 방과 후 학교와 합쳐지면서 규모가 확대되었고, 진부서당과 공간을 맞바꾸게 된 것이다. 성미산마을에는 어린이집이 5곳이나 있지만, 방과 후 학교는 2곳밖에 없는 실정이라 학생들이 계속 늘고 있다. 이처럼 마을에서 필요가 있으면 서로 합의해 없던 공간도 창출하는 상생의 나눔이 필요한데, 소행주 4호는 이런 면에서 모범사례로 꼽힌다. 2층 3호에는 모두의 공간인 커뮤니티실이 들어서 있다.

소행주 4호는 여러모로 나에게 많은 도전이 되었던 건물이다. 주택 설계는 허가 당시에 어느 정도 완결되었으나, 근생이 늦게 분양되는 바람에 설계 레이아웃을 다시 잡을 수밖에 없었다. 이 때문에 하수 배관이 설계와 달라지면서 뜻하지 않던 하자가 발생했다. '동네부엌'이나 '소풍가는 고양이' 모두 음식을 만드는 곳이었기 때문에 무엇보다 건물의 배수가 중요했는데, 그리스트랩이나 집 수정 공간도 확보하지 못해서 입주 후에 크고 작은 어려움을 겪었다. 또한 준공 후 베란다 확장공사를 해서 좁은 공간을 넓게 쓰는 장점은 있었으나, 건물 준공을 마친 다음 추가로 하는 공사이다 보니 결로 및 누수 같은 하자가 생겼다. 이런 경험의 결과, 소행주 4호는 추후 소행주가 준공 후 공사를 최소화하는 방침을 정하는 계기가 되었다.

소행주는 친환경 건축을 시도했다. 가능한 녹지 공간을 확보하여 저에너지 하우스를 실현하려 했다. 4호 602호에는 자연채광을 할 수 있는 광덕트 시스템을 시공했다. 옥상을 뚫어 천정에 돔을 만들어 빛을 모아 자연채광을 하는 것이다. 이처럼 하나씩 친환경 건축 요소들을 실험해 가면서 소행주 건축의 다양성을 시도했다. 4호는 심하지 않은 경사지 사거리에 위치해 있어서 코너에 있는 커다란 거인 의자인 '야단법석'은 동네사람 모두의 쉼터이자놀이터로 잘 애용되고 있다.

소행주 5호,
살면서
주택

2015년 12월, 마포구 서교동에 세워진 소행주 5호 **살면서 주택**은 이전과는 다른 방식으로 지어진 공동체주택이다. 사실 주택을 물리적 건물의 개념으로 생각하는 경우가 많은데, 주택협동조합 '잔다리'를 결성한 이들은 '사람이 바로 주택'이라는 발상으로 처음부터 주택의 개념을 뒤집어 보았다.◆ 주택은 '사람이 사는 곳'이며, 그렇기에 단순히 지어진 게 주택이 아니라 '살면서 주택이 되는 것'이다. 그래서 잔다리 주택협동조합은 그들이 살고 있는 공동체주택을 **살면서 주택**이라고 불렀다.

2015년 12월에 입주를 시작한 **살면서 주택**은 주거 공동체 활성화와 주거비 부담을 줄이고 서민들의 주거 안정에 기여하고자 서울시와 민간이 공동 출자해 짓는 새로운 형식의 '토지임대부주택'이다. 협동조합으로 도심지에 집을 지으려고 할 때 가장 문제가 되는 건 언제나 높은 땅값이다. 이런 상황에 정부나 지자체, 비영리단체가 소유한 공공의 땅을 장기 저리로 빌려주는 토지임대부주택이 하나의 대안으로 모색되어 왔는데, **살면서 주택**이 바로 이런 공공 토지를 서울시로부터 임대받아 세워진 공공주택인 셈이다. 소행주에 살고 싶은데 돈이 없는 사람들에게 안성맞춤인 기획이다. 이를 위해 소행주는 사업자로 선정이 된 후 설계,

---

◆ 잔다리는 현재 마포구 서교동과 동교동을 나누는 창천에 있던 작은 다리를 '세교(細橋)', 즉 '잔다리'라고 부른 데서 유래한 명칭이다.

시공뿐 아니라 주택협동조합을 구성하여 입주민 스스로가 주체로 설 수 있을 때까지 지원하기로 했으며, 입주민들은 잔다리 주택협동조합을 결성하여 직접 주택의 관리와 운영을 주도한다. **살면서 주택**은 생협을 비롯해 사회운동을 하는 지역 활동가가 70% 이상 차지할 정도로 지역에 애착이 있는 도시민들의 주거 실험이었다. 토지를 구매할 여력이 없는 이들이 건축비만 충당하면 40년 장기로 살 수 있는 시스템이기 때문에 재정이 열악한 세대도 일부 대출을 받아 전세보증금 정도로 입주할 수 있었다. 땅값은 매달 월세 형식으로 조금씩 내면 충분했다. 이들은 한 발 더 나아가 **살면서 주택** 자체의 조합을 만들어 스스로 건물을 투명하게 운영하고 있다.

잔다리 주택협동조합을 구성하여 관리하고 있는 **살면서 주택**은 입주 전부터 매주 월요일, 일주일에 한 번 입주자 회의를 진행하기로 정하는 등 커뮤니티 형성에 적극적으로 임했다. 특히 소행주 1호의 사례를 참고하며 **다방**이라는 커뮤니티실을 조성했는데, 28.5㎡ 규모의 **다방**은 건물 내 공동체 활동뿐 아니라 외부에 공간을 대여할 것을 염두에 두고 ―다른 소행주 주택과 달리― 1층에 만들어졌다. 각종 마을 행사나 대관을 하려면 2층보다는 외부 접근성이 용이한 1층이 적당하다고 판단한 것이다. 게다가 외부 테라스로 바로 연결되어 있어 텃밭을 가꾸기에도 좋다.

살면서 주택이 필자에게 의미가 있는 또 다른 이유는 분양형이 아닌 다른 모델이라는 점과 소행주가 성미산마을을 넘어 다른 지역으로 본격적으로 확산되기 시작했다는 데 있다. 소행주가 도시 주거 문제를 직접적으로 건드리는 하나의 운동으로 진화를 거듭하고 있다는 뜻이다. 이제 소행주는 서울을 벗어나 수도권과 위성도시, 과천과 부천으로, 그리고 부산으로 확산되고 있다.

소행주 5호는 3층에 공용물품보관소가 들어섰고, 다른 소행주들과 달리 토지임대료를 부담하기 위한 세대 분리형 주택으로 세대에 딸린 원룸을 설치하게 되

소행주 5호 '잔다리 협동조합주택'은 토지임대부 공동체주택으로, 입주인이 협동조합을 구성하여
40년 동안 사용한다.

었다. 관리비 등의 부담으로 엘리베이터는 설치하지 않았지만, 서교동이라는 특성 때문인지 커뮤니티실 활용이 많고 매우 활발한 교류가 일어나고 있는 소행주 중 하나다.

사업자 소행주가 서울시에 사업계획서를 제출하여 입주자 모집, 설계, 시공, 입주, 그리고 조합 설립을 거쳤다. 이후 소행주에서 잔다리조합으로 SH와 계약주체를 변경했으며 모든 과정이 순조롭게 잘 진행되고 있다. 이 사례에서 보듯이 40년 동안 사업체가 운영하는 것보다는 주거협동조합이 스스로 운영하는 것의 장점이 훨씬 많다. 앞으로 소행주는 임대형 주거와 관련, 민관협력을 통해 주거약자에게 더욱 좋은 주거를 공급하는 일을 해 나갈 것이다.

소행주 6호,
세뜰채
그리고 계속되는 이야기

서울 마포구 성미산로7길 21에 들어선 소행주 6호는 '세 자매가 성미산에 지은 봄이 가득한 뜨락', 줄여서 **세뜰채**로 불린다. 말 그대로 세 자매가 오순도순 함께 모여 소행주를 결의하고 직접 공동체주택을 지었다. 제일 먼저 큰 언니가 성미산 마을학교에 아이를 보내며 학부모로서 성미산마을과 인연을 맺었고, 1년 뒤 둘째가 아이를 맡기면서 성미산마을에 들어왔다. 그 뒤를 이어 같은 이유로 셋째가 합류하면서, 지금은 세 자매 모두 성미산마을에서 다양한 동아리 활동을 열심히 하는 주체이며, 소행주 철학을 잘 이해하는 마을살이 주민이 되었다.

자매 중 가장 먼저 소행주에 관심을 보인 이는 첫째였다. 소행주 1호부터 5호까지 성공사례를 곁에서 목도하며, 이들처럼 알콩달콩 살아가는 삶이 얼마나 행복한지를 체감했던 것이다. 물론 걱정이 없었던 것은 아니다. 아무리 자매지간이라지만 같이 사는 건 선뜻 용기가 나지 않았고, 땅을 사고 집을 짓는다는 엄청난 일 앞에 걱정을 많이 하는 동생들의 한숨소리가 커지기도 했다. 이에 첫째가 적극적으로 두 동생을 설득하고 나섰다. 세 자매의 어머니는 강화도에 사시는데 원래 손이 크서서 한 번 김장을 하면 넉넉하게 하여 딸들에게 들려 보내곤 했다. 그렇게 매번 어머님이 바리바리 싸서 나누기도 힘드니, 차라리 한 곳에 냉장고를 마련해놓고 같이 먹으면 좋겠다고 의지를 비쳤다. "같이 한 지붕 아래에서 살면 좋겠다." "한 층에 원룸 세 개를 들여서 월세를 받아 노후 대책까지 마련하자." 이런 큰 언니의 제안에 두 동생이 화답하며 일이 일사천리로 진행되었다. 바로 소행주

에 의뢰가 들어왔고, 주변에 땅을 알아보니 금세 적당한 땅이 나왔다. 건축하는 입장에서 공사를 하기에 조금 어려운 땅이었지만 도전의식을 일깨우는 공사였다. 지하에는 커뮤니티실 및 주차장, 1층에는 근생으로 공방이 들어왔고, 2층에는 원룸 3개를 만들었다. 그리고 5층복층에는 첫째가, 3층에는 둘째가, 4층에는 셋째가 들어왔다. 지하 커뮤니티실에는 냉장고를 여러 개 놓을 수 있을 만큼 수납공간에 신경을 썼으며 공동작업을 할 수 있고 함께 모여

세 자매가 함께 사는 소행주 6호 '세뜰채'에는 근생과 원룸 또한 있어 자매들의 노후 대책에 일조하고 있다.

서 책도 읽고 술도 마시는 그런 자리가 되었다.

이처럼 어느 정도 시차를 두고 성미산마을에 들어선 소행주들은 각기 다양한 모습과 특징을 갖춘 아기자기한 마을의 보석들로 빛나고 있다. 하나하나가 성미산마을의 하나의 지체肢體를 이루는 동시에 그 자체로 작은 마을을 지향한다. 내가 공동체주택을 염두에 두면서 구상한 마을 속의 마을village within village을 구현한 것이다. 소행주를 통해 성미산마을은 지속가능한 마을의 문화와 정서를 유지하고 확장할 수 있었다. 또한 성미산이라는 마을이 없었다면 소행주 역시 확장성

이 없는 외딴섬에 머무르며 '그
들만의 잔치'로 끝나버렸을 것
이다.

성미산마을은 서울의 북촌
마을이나 서래마을처럼 특이
성singularity 있는 도시 속 마을
로 건재하다. 서울시를 비롯한
각종 지자체와 여러 대학 건축
과와 주거학과, 도시재생 건축
가들과 홍콩, 대만 등 여러 민
간단체 관계자들이 찾는 명소
로 떠오르면서 유명세를 톡톡
히 치르고 있다. 지역 주민들에

다양한 인연, 다양한 직업과 색채를 지닌 이들이 정다운
이웃이 되어 오순도순 공동체살이를 일궈나가는 주거
공간이 바로 소행주이다.

게는 누구에게나 소개하고픈 랜드마크가 되었고 공동체주택이나 컬렉티브하우
스에 관심 있는 전문가들에게는 성지가 되었다. 하지만 '더불어 함께' 소행주는
단순히 공동체주택에만 적용될 수 있는 철학이 아니다. 다음 장에서는 소행주
철학을 구현한 성미산마을에서 소행주 이외의 다른 건축물들의 사례를 살펴보
도록 하자.

지금까지의 성미산마을 소행주

	집이름 (특징)	주소	입주	대지면적	지역	건물규모	세대수
소행주 1호	씨실과 날실	서울시 마포구 성산동	2011년 4월	386㎡	2종 일반	지상 6층	9세대 / 근생 4개
소행주 2호	느티재	서울시 마포구 성산동	2012년 8월	267㎡	2종 일반	지상 5층	9세대
소행주 3호	소삼 팔가	서울시 마포구 성산동	2013년 10월	277㎡	2종 일반	지상 5층	8세대
소행주 4호	더불어 사는집	서울시 마포구 성산동	2014년 12월	436㎡	2종 일반	지하 1층, 지상 6층	11세대 / 근생 5개
소행주 5호	살면서 주택	서울시 마포구 서교동	2015년 12월	290㎡	2종 일반	지상 5층	8세대
소행주 6호	세뜰채	서울시 마포구 성산동	2017년 5월	222㎡	2종 일반	지하 1층, 지상 5층	6세대
소행주 7호	오르막	서울시 마포구 성산동	2020년 8월 입주 예정	264㎡	2종 일반	지상 5층	6세대

총인원	커뮤니티실 면적 / 위치	근생현황	공용물품 보관소 면적	설계	기타특징
38명 / 근생근무 6명	33.6㎡ / 2층	성미산 방과 후, 성미산공방, 비누두레	7층 E/V홀 앞 2평	은화건축사사무소 안범승	우리 어린이집 터
30명	29.42㎡ / 1층		지하 7평	은화건축사사무소 안범승	특집(여성 전용 셰어하우스)
24명	25.08㎡ / 2층		1층 4.5평	은화건축사사무소 안범승	1인 비혼세대
36명 /근생근무 12명	29.8㎡ / 2층	소풍가는 고양이, 꿈터, 마을 방과 후, 진부서당	1층 4평	경희건축사사무소 조종일	1인 가구 존재
20명	28.5㎡ / 1층		4층 2.5평	은화건축사사무소 안범승	토지임대부 공동체주택
15명	90㎡ / 지하 1층	마을공방	지하 6평	믹스토리 건축사사무소 강경욱	원룸 임대 3세대
24명	28.83㎡		지하 / 옥상 3평	믹스토리 건축사사무소 강경욱	공동체주택 인증

제3장

성미산마을의 특별한 건축 이야기

두 번째

일반건축

마을이 세계를 구한다.

— 마하트마 간디

빈 유리잔을 생각해보자. 유리잔은 채워질 수 있는 가능성을 갖고 있다. 채워지지 않은 빈 공간이 있다는 사실이야말로 그 유리잔의 용도와 쓰임새를 말해준다. 다른 액체로 채워진 유리잔에는 더 이상 물을 채울 수 없다. 빈 공간이 많을수록 채울 수 있는 용량도 더 많아진다.

필자는 빈 잔에 대해 자주 이야기한다. 잔은 차서 넘쳐야 하는데, 그래야 더 큰 잔으로 옮겨 더 큰 비움에 이를 수 있기 때문이다. 사람의 그릇 또한 마찬가지다. 내면을 채우고, 그것이 차고 넘치도록 함으로써 자신의 그릇을 점점 더 크게 키워나가야 한다. 그렇지 못하면 아무리 큰 집에 살며 막대한 지위를 갖고 있다 해도 보잘것없어 보이는 사람이 된다.

유대교 신비주의에서는 비움이 창조의 시작이라는 신화를 전한다. 태초에 신은 세상 어디에나 존재했다. 바늘 하나 들어갈 틈이 없을 정도로 완전히 충만한 상태, 한 방울의 습기도 더 들어찰 수 없을 정도로 완벽하게 세상 모든 공간을 점유한 상태로 존재했다고 한다. 더 이상 채울 공간이 없을 만큼 충만하게 존재하던 신은 갑자기 자신을 비워 공간을 만든다. 스스로 물러남을 택한다. 이렇게 물러나지 않고서는 단 한 뼘의 공간도 만들어지지 않기 때문이다. 이렇게 만들어진 빈 공간에 신은 세상을 창조한다. 그리스도교 역시 이 비움에 대해 말한다. 예수 역시 완전한 신이기를 포기하고 스스로를 비워 종의 모습을 갖췄다. 그가 자신을 비우지 않았다면 구원의 메시아가 되지 못했을 것이다.

동양사상에서도 비움은 얻음의 또 다른 말이라고 가르친다. 『도덕경』에서 노자는 "만물이 있음에서 나고, 있음은 없음에서 난다.萬物生于有 有生于無"라고 했다. 수레의 바퀴통이 비어 있어야 굴러가며, 그릇이 비어 있어야 음식을 담을 수 있고, 창문이 뚫려 있어야 쓰임새가 있다면 '있음有'의 유익은 '없음無'의 작용에서 나오는 것이다. 三十輻共一轂 當其無 有車之用 埏埴以爲器 當其無 有器之用 鑿戶牖以爲室 當其無 有室之用 故有之以爲利 無之以爲用. 『무소유』를 쓴 법정스님 역시 자기 비움의

117

뜻을 설파한다. 어쩌면 불교만큼 마음의 욕심을 비우는 종교는 또 없을 듯하다.

> 행복의 비결은 우선 자기 자신으로부터 불필요한 것을 제거하는 일에 있다. 사람이 마음 편하게 살기 위해서 무엇이 필요하고 무엇이 필요하지 않은지 크게 나누어 생각할 줄 알아야 한다. 진정한 자기 자신이 되려면 자기를 억제할 수 있어야 한다. 인간을 멍들게 하는 분수 밖의 소유욕에 사로잡히게 되면, 그 소유의 좁은 골방에 갇혀 드넓은 정신세계를 보지 못한다.
>
> — 법정스님, 『새들이 떠나간 숲은 적막하다』 중에서

비움은 종교에서만 강조하는 미덕이 아니다. 나는 건축에 있어서도 매우 중요한 개념이라고 생각한다. 과거 건축이 공간을 채워나가는 방식이었다면, 현대 건축은 공간을 비워나가는 방식이라고 할 수 있다. 독일의 근대 건축가 반 데어 로에Ludwig Mies van der Rohe가 "적을수록 더 많다.Less is more."는 유명한 말을 남긴 것 역시 이와 같은 맥락일 것이다. 막혀 있었던 벽과 공간을 뼈대만 남긴 채 파내버리는 그의 건축 양식은 지금도 보는 이로 하여금 충격을 느끼게 만들 정도다. 그가 남긴 "악마는 디테일에 있다."는 발언은 건축물에서 불필요한 장식을 걷어내는 것이 도리어 그 건물이 풍성해지는 지름길임을 가르쳐준다. 최근 각광받고 있는 미니멀리즘 역시 그의 건축 철학이 반영된 사조의 하나다.

멀리 갈 것도 없다. 일찍이 우리나라 마을과 동네에는 빈 공간이 많았다. 각 가정마다 마당이 존재했고, 집들이 모여 사는 동네 중앙에는 공터가 있었다. 예로부터 마당은 주인의 허락 없이 누구나 들락날락할 수 있는 만인의 공간이며 동시에 제사나 축제 같은 마을의 대소사가 열리던 공개 무대였다. '마당madang'은 '온돌'과 함께 건축계에 통용되는 한국어로 된 용어 중 하나다. 오늘날 아파트에는 이런 전통적인 마당의 개념이 생략되어 있다. 아무리 조경이 그럴듯하게 꾸려

진 단지 내 공원이라 해도 마당이 주는 그 푸근하고 정겨운 느낌을 얻기 힘들다. 그 이유는 아파트 단지의 공간에는 마당이 갖는 소통 기능이 없기 때문이다. '타작마당'이라는 말에서 알 수 있듯이, 추수철이면 삼삼오오 마당에 모여 거둬들인 곡식들을 털었다. 내 아이 네 아이 할 것 없이 동네 코흘리개들은 어느 집 마당에서나 마음껏 뛰놀았고 담벼락을 스케치북 삼아 그림을 그렸다. 마당은 혼례나 장례의 무대였으며 가족과 이웃들을 위한 소통의 공간이었다.

마당을 내려다보는 한옥의 구조 역시 비움의 미학을 고스란히 담고 있다. 본채와 별채로 나뉜 한옥의 구조는 따로 독립된 공간이 없을 정도로 앞뒤가 훤히 틔어 있다. 집안의 모든 문을 열면 각 공간이 고유하게 가지고 있던 경계가 허물어지고 하나의 커다란 본채만 남는다. 한옥은 애써 건물로 공간을 채우지 않고 여백을 둠으로써 그 공간을 오롯이 인간이 채울 수 있도록 배려한다. 공간의 효율성에 집착하는 산업화 시대 아파트 건축과 정반대의 철학을 보여준다. 그래서 요즘 사람들은 몸에 스치는 바람의 추억이 없다고 한다. 집안에 있는 문이라는 문은 모두 활짝 열어놓고 맞바람을 온몸으로 경험하는 그 느낌을 잊고 산다. 아파트의 방은 언제나 두 개 혹은 세 개의 벽으로 막혀 있으며, 주로 고층이기 때문에 창문도 안전의 문제로 방창이라는 크기로 한정이 되며 방바닥에서 1m 20cm 높이 위에 존재한다. 많이 열어도 반만 열리며, 열려 있어도 방문이 닫혀 있으면 집안에 바람이 통하지 않는다. 방문을 연다 해도 맞바람이 부는 경우가 드물다.

마당과 같은 비움의 미덕이 점점 사라져 가고 있다. 아파트는 건폐율이라는 미명 하에 있는 공간도 벽과 옹벽으로 둘러치며 공공시설이나 기물에서 한 뼘이라도 자신의 사적 공간을 전유하려는 욕망이 꿈틀대는 건축물이다. 내 옆에 사는 사람은 모두 익명성 속에 숨은 타자들이며, 내 위에 사는 사람은 내 삶의 질을 저해하는 타계의 존재들이다. 담배 연기로 고성이 난무하고, 층간소음으로 칼부림이 난다. 어느 순간 비움의 미덕은 사라지고 우리 주변에 채움의 욕구만 시퍼렇게 도사리고 있다. 마당이 사라지면서 '이웃사촌'이라는 말도 자취를 감췄다. 내 옆에 누가 살고 있는지, 내 위에 누가 자고 있는지, 관심도 배려도 없다. 그렇게 모든 이웃을 끊어내고 현대인들은 외로움에 눈물을 훔친다.

'없음'은 '있음'의 창조적 모태로 우리 삶을 움직이는 가장 강력한 동력이 될 수 있다. 그래서 무소유적 정신은 무한한 상상력이며 가능성이자 공존이며 미소다. 내가 소행주를 통해 이루고 싶은 꿈은 없음이 있음이 되고 그 있음이 행복이 되는 비움의 마을을 만드는 것이다. 이번 장에서는 주거공간 이외에 마을의 사랑방 내지 마당의 역할을 수행하는 건물들을 하나씩 살펴볼 것이다. 이 건물들이 어떠한 철학으로 세워지고 어떠한 이들에 의해 운영되고 있는지, 이 건물들을 통해 마을은 또 얼마나 소통이 있어 행복한 동네, 비움이 있어 채움이 느껴지는 공동체로 변모했는지 찬찬히 들여다보자.

마을 전체의 교육, 성미산학교

건축은 우주를 만드는 작업이다. 건축은 공간을 열고 닫고 접고 펼치며 그 위에 다양한 건물들을 올리는 행위예술이다. 그래서 건축은 공간과 떼려야 뗄 수 없는 관계에 놓인다. 공간을 영어로 스페이스space라고 한다. 스페이스는 공간이라는 의미 외에 우주cosmos라는 뜻도 가지고 있다. 결국 건축은 공간 위에서 하나의 세계, 하나의 우주를 만드는 창조행위다. 프랑스의 철학자 가스통 바슐라르Gaston Bachelard는 『공간의 시학』에서 말했다. "우리 집은 세계의 모퉁이다. 집은 우리의 첫 번째 우주유니버스이며 말 그대로 진짜 우주코스모스다." 신이 태초에 천지를 창조한 것처럼, 건축가는 건물을 창조한다. 자연스럽게 건축은 한 공동체의 세계관코스모로지, cosmology을 담고 있으며, 공간의 활용을 통해 공동체가 추구하는 철학을 드러낸다. 이를 가장 잘 보여주는 건물이 바로 학교다. 학교는 단순한 배움의 공간이 아니라 한 공동체가 가진 가치관을 응축시켜 전수하는 우주인 것이다.

대한민국에서 교육은 무척 중요한 화두다. 교육은 공간에 붙어 있는 여러 가치들 중에서 절대 무시할 수 없는, 무시해서는 안 되는 요소다. 특히 학령기의 자녀를 둔 가정은 넓게는 좋은 학군, 좁게는 좋은 학교 근처에 집을 장만하려고 발버둥 친다. '맹모삼천지교'를 몸소 실천하는 부모 세대는 자녀가 좋은 교육을 받을 수 있다면 주거를 여러 번 옮겨서라도 명문 학교에 보내려 한다. 자신의 출퇴근 시간이 더 걸리더라도 아이가 좀 더 편안하게 통학할 수 있는 곳이라면 땡빛을 얻어서라도 이사를 가려고 한다. 정권을 막론하고 장관 후보자들의 인사청문회가 있는 날이면 자녀 교육을 위한 위장전입 문제가 어김없이 등장할 정도다. 이렇듯 극성스러운 대한민국의 교육열은 세계가 다 알만큼 유명하지만, 교육과 공간의 관계를 명쾌하게 풀어나간 정치가, 행정가, 건축가는 이제껏 많지 않았다. 비극이 아닐 수 없다.

'아이 하나를 키우는 데에는 마을 전체가 필요하다.'는 아프리카 속담이 있다. 지난 미국 대선에서 힐러리 클린턴이 들고 나와 새삼 유명해진 말이다. 어찌 마을만 필요할까? 아이를 원만한 성인으로 키우는 데는 우주코스모스 전체가 관여한다. 교육은 혼돈카오스을 질서코스모스로 바꾸는 일이기 때문이다. 그런데 요즘 학부모들을 보면 자녀를 학원에 맡김으로써 자신의 할 일을 다했다 착각하는 것같다. 입시 학원에, PC방에, 휴대폰 게임에 자녀들을 의탁한 채 그저 잘 자라 주리라 바라는 건 뭔가 앞뒤가 맞지 않는 모순처럼 보인다. 긍정적인 영향을 줄 수있는 주변의 모든 가치들을 걷어내고는 마치 트랙 위의 경주마처럼 눈가리개를 씌워 놓고 '넌 공부만 해!'라고 외치면서 자녀들이 인성과 감성을 고루 갖춘 정상적인 성인으로 커가기를 기대하는 건 너무 욕심꾸러기 같은 발상 아닐까?

모든 학교는 원래 가족들의 학교였다. 산업혁명과 근대의 물결이 찾아오기 전까지 그랬다. 농업 사회에서는 가정과 학교와 일터가 하나였다. … 18세기부터 가정이 조각나기 시작했다. 논밭이나 집에 딸린 상점 대신 공장이 일터가 되면서 부모들은 공장이 있는 도시로 '출근' 해야 했다. 그리고 집에 남겨지는 아이들의 교육은 국가가 맡았다. 소위 공교육이 시작된 것이다. … 사회 통합은 이뤘는지 모르지만 개인과 가정에는 오히려 분열을 가져왔다. … 이렇게 일터와 학교가 가정의 영향권에서 벗어나면서 부모는 자녀교육의 주도권을 상실하게 되었다. 자녀들과 함께할 시간 자체가 부족해졌을 뿐 아니라 빠르게 발전하는 기능적인 지식을 가르칠 수도 없었다. 불과 100년 사이에 벌어진 일들이다. 교육에서 공동체가 사라졌다. 불변하는 것들이 전해지고, 실험되고, 실천되고, 격려되는 공동체가 사라졌다. 교육의 발전이 아니라 타락이었다.

— 전병국, 『고전 읽는 가족』 중에서

개인적으로 필자는 네 명의 자녀를 두고 있다. 평소 필자와 아내의 교육철학이라면 '아이는 형제끼리 싸우고 놀면서 큰다.', '부모는 자식을 가르칠 수 없으며 큰 울타리를 제공해줄 뿐이다.', '훌륭한 교사보다 더 큰 선생은 자연이다.'라는 생각을 꼽을 수 있다. 뜻한 바가 있어 필자는 아이들을 남한산성에 있는 대안학교에서 키웠다. '눈에 넣어도 아플 것 같지 않은 자녀들을 어찌 그렇게 방치할 수 있느냐'고 걱정하는 사람들이 많았지만, 스스로 중심을 잡고 이런저런 말들에 흔들리지 않으며 우리 부부의 소신을 일관되게 밀어붙였다. 학벌 지상주의와 입시 경쟁 속에서 목표만 바라보다 보면 자칫 내 아이들의 소중한 꿈을 놓칠 수 있다고 믿었다. 억지로 공부를 시키지도 않았다. 대학 입시만을 목표로 학교와 학원을 오가는 생활은 아이들이 행복해하지 않을뿐더러 자립할 여건도 제공해주지 못한다. 네 명의 아이는 다양한 요구를 가지고 있었고, 스스로 결정하면서 삶을 설계할 수 있게 도와주는 것이 부모의 역할이라 생각했다. 자연이라는 가치, 우주라는 목표를 아이들이 스스로 느끼고 체득할 수 있도록 환경을 만들어줬다. 산과 들을 쏘다니며 자연을 만끽하고 물음이 물음으로 이어져 의구심이 커지면 스스로 책을 찾아 공부를 할 수 있게 했다. 건강하게 뛰어놀아서 그런지 다행스럽게 아이들은 약 한 번 먹지 않고 건강하게 잘 자라 주었다.

우리 아이들에게는 자연이 곧 학교면서 교사였다. '내추럴natural'이란 단어에는 두 가지 의미가 있다. '자연'과 '자연스러움'이다. 자연에 있는 것들은 모두 자연스럽다. 부자연스러운 건 죄다 인간이 만든 것들이다. 스페인의 위대한 건축가 가우디Antoni Gaudi는 "자연에는 직선이 없다."고 하지 않았던가? 조금 삐뚤빼뚤 그어도 좋다. 그게 더 자연스럽다. 성미산학교도 그런 직선을 거부하고 자연의 곡선을 따라가는 12년제 대안학교다.

사실 성미산학교는 필자가 소행주를 짓기 훨씬 이전부터 존재해왔다. 2004년 9월 성미산마을에 둥지를 튼 학교는 '우리 어린이집'에 다니던 아이들이 성장하면서 자연스럽게 만들어졌다. 학령기에 도달한 자녀들을 자연과 벗하며 공동체성을 체감하는 어른으로 키우고 싶었던 학부모들 사이에서 대안학교의 필요성이 대두된 것이다. 물론 학교는 규모나 기능에 있어 어린이집과 비교가 되지 않았기 때문에, 누구도 선뜻 학교를 짓는 일에 나서지 못하고 있었다. 뜻에 맞는 동지들을 모으는 단계서부터 세상의 여느 학교처럼 교정과 학급을 제대로 구성하는 것까지 어느 것 하나 쉬운 일이 없었다. 그럼에도 '마을이 학교며 학교가 마을'이라는 철학을 가지고 마을을 배움의 터전으로 삼는 일에 여러 뜻있는 사람들이 헌신하고 희생했다.

성미산학교는 필자의 대학 2년 선배인 박명협 건축가가 설계했고, 필자가 몸담고 있는 자담건설이 공사를 했다. 커뮤니티에 대한 이해, 대안 교육에 대한 이해가 공사에 깔리면 좋겠다고 판단한 선배의 의도를 잘 알고 있었기에 각 공정마다 정성과 노력을 다했다. 추상적인 관념과 기호가 아니라 일상에서 만나는 사물의 질서를 통해 세상의 이치와 관계를 배워가며, 스펙이나 실력보다는 돌봄과 소통 같은 삶의 기본기를 생생하게 체험하고 익히는 학교를 머릿속에 그려 보았다. 내 자녀들을 보내고 싶은 학교, 아이들 스스로 서서 서로를 살리는 학교, 교사와 학생과 부모가 함께 성장하는 학교, '좋은 대학에 몇 명 보냈느냐'가 아니라 '의식이 건강한 인물이 몇 명이 나왔느냐'로 평가되는 그런 학교가 성미산학교였다.

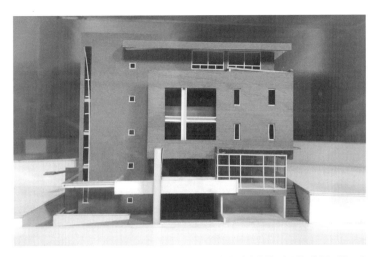

성미산학교는 학생들이 세상에 나가기 전에 진짜 배워야 할 것들을 배우는 학교다.
사진은 성미산학교 모형.

큰 뜻과 포부만큼 과정이 쉽지만은 않았다. 여기서 다 말할 수 없는 여러 가지 일들을 겪었고, 도중에 마음이 상해서 관계가 어그러진 학부모도 있었다. 갈등이 일어날 때 필요한 건 리더다. **성미산학교**를 건축하면서 리더의 위치가 얼마나 중요한지 다시 한번 깨달았다. 공사 대금도 차일피일 미뤄져 어려움이 많았다. 이런저런 이유로 완공 후 3년이 지나서야 잔금을 받았는데 그만큼 필자의 마음에도 생채기가 남았다. 하지만 그에 비할 수 없는 보람이 있었다. 2005년에 준공한 **성미산학교**는 성미산마을에서 필자가 했던 첫 번째 작업이라 나름 큰 의미가 있다고 자평한다. 내가 내 아이를 키우듯 학교도 내 집을 짓는 마음으로 지었으며, 각 공간이 완성될 때마다 도심 속 아이들이 행복해할 것을 떠올리며 흐뭇했다. 또 마을에서의 중심 역할을 할 **성미산학교**를 완성하여 최초의 마을 속 학교가 자리 잡는 데 조금이나마 일조했다는 자부심이 있다.

미래는 대안학교의 시대다. **성미산학교** 같은 대안학교는 현대 교육제도가 안고 있는 다양한 문제들을 해결하고 보다 가치 있는 삶의 형식들을 제시할 것이다. 그런 학교를 지었다는 사실이 뿌듯하다. 성미산마을이 앞으로 백 년 이상 존속할 수 있는 터전이자 배움의 마당을 만들었다는 자부심은 다른 건축물에서 얻을 수 없는 감정이다. 이 학교를 통해 창의적이며 협동적인 민주시민이 배출될 것이며 많은 사회운동가와 마을살이 일꾼들이 나타날 것이기 때문이다.

재건축의
변신,
자담 이움아파트

필자가 **성미산학교**에 이어 성미산마을에서 두 번째로 했던 작업이 바로 **자담 이움아파트**다. 4층짜리 41세대 다세대 주택을 9층짜리 현대식 아파트로 재탄생시키는 작업이었다. 건축가들 사이에서는 건물을 리모델링하는 것보다 아예 부수고 새로 짓는 게 더 쉽다는 이야기가 있다. 이 사례는 딱 그 이야기에 해당한다. 성미산을 오르는 초입에 서 있었던 덕수연립은 세대를 구성하는 41가구가 모여 재건축조합을 구성하고 새로이 건물을 올리기로 합의하여 어렵사리 공사를 시작했다. 그런데 본래 공사를 이끌었던 조합과 시공사의 비리 때문에 1층 골조 공사도 채 마무리 짓지 못하고 그만 공사가 멈춰버린 상태였다. 여러 달 흉물스럽게 방치되던 공사장은 동네의 단골 민원이었다.

자칫 성미산마을에 부정적인 영향을 줄 수 있는 여론을 참다못해 본 조합의 조합원이었던 '에이미'가 필자가 일하는 자담건설을 찾아왔다. 필자가 **성미산학교**를 성심성의껏 지은 과정을 지켜보고 거기서 신뢰를 얻었던 모양이다. 에이미를 통해 덕수연립 재건축조합에서 진행했던 그간 모든 과정을 들여다보니 정말이지 답이 없었다. 대한민국 재건축이 안고 있는 모든 구조적 문제들을 다 안고 있었다고나 할까. 엎친 데 덮친 격으로 조합원들 사이에 분쟁이 시작되고 있었다. 상황을 파악하고서는 할까 말까 고민을 많이 했다. 며칠을 고심하다가 자신이 없어 하지 말아야겠다는 쪽으로 마음이 돌아섰는데, 그간 필자에게 털어놓은 조합원들의 고충이 하나씩 떠올라 갈피를 잡을 수 없을 만큼 마음이 흔들렸다.

이움은 필자에게 많은 성과와 과제를 함께 주었다.

　솔직히 필자 입장에서도 문제가 있었다. 이 사업을 하려면 자담건설이 주택사업면허를 새로 취득해야 했다. 그럼에도 이 프로젝트에 뛰어들기로 마음먹고, 엉킨 실타래를 하나씩 풀기 시작했다. 그 과정에서 조합장 부부—'박짱'은 생협조합장을 하고 그의 아내 '에이미'는 당시 '동네부엌'이라는 반찬가게를 운영하고 있었기 때문에 부부는 성미산마을의 구심점이었다.—가 고생을 많이 했다. 시공사를 옮기는 법적 문제에 얽힌 여러 가지 쟁점들로 기존 업체와 상당한 갈등관계에 있었다. 정상적으로 공사를 재개하려고 했을 때 기존 건설업체가 속칭 '어깨'와 폭력배들을 대동하고 현장에서 공사를 방해하기까지 했다. 여러 우여곡절 끝에 결국 멈췄던 공사를 다시 시작할 수 있었고 3년 3개월 만인 2006년 10월에 완공하기에 이르렀다.

　이후 **자담 이움아파트** 재건축에 참여했던 분들은 경제적 이익을 얻었다. 필자가 예상한 것보다 훨씬 가치 있는 건물로 거듭났다. 이에 힘을 얻어 조합장이던 박짱이 '자담 이움아파트도 지리적으로 성미산마을 한 가운데에 있기 때문에 자투리 공간을 주민들에게 텃밭으로 내놓는 게 좋겠다'는 제안을 했다. 보통 아파트는 경계에 담을 쌓는데 **자담 이움아파트**는 경계와 담 사이에 텃밭을 만들었으며 사거리에 쉼터를 만들어서 지역주민과 함께 쓰고자 했다. 또한 차가운 이미지를 주는 철제 대신 목재 담장으로 했으며 그대로 실행에 옮겨졌다. 같은 아파트를 짓더라도 지속가능한 마을 만들기 철학이 들어가면 공동체성을 위해 무언가 더 내놓아야 한다는 게 내 입장이었다.

자담 이움아파트는 개인적으로 그다지 큰 금전적 이익을 얻지 못했지만 보람을 느꼈던 프로젝트였다. 무엇보다도 공사를 진행하며 일을 많이 배울 수 있었고, 덤으로 멈춰진 공사를 진행할 수 있는 담력도 얻었다. 특히 재건축에 있어 리더의 중요성이 중요하다는 사실을 새삼 뼈저리게 느끼게 한 사례였다.

『사표를 내지 않는 회사, 헤이세이건설』을 쓴 아키히토 히사오秋元久雄가 남긴 말은 동종업계에서 회사를 경영하는 입장으로 많은 생각을 하게 만든다. "돈을 남기면 하수, 업적을 남기면 중수, 사람을 남기면 고수다." "우리는 단순히 돈을 벌기 위해서 일하는 것이 아니다. 우리가 열심히 일하는 이유는 첫째 사회를 위해서, 둘째 고객을 위해서, 셋째 직원을 위해서, 넷째 임원을 위해서, 그리고 마지막으로 주주인 나를 위해서다." 그는 매년 수천 개의 건설업체가 도산하는 일본에서 기존 건축의 판도를 완벽히 다르게 이끌어 건축의 이단아라고 불린다. 아키히토 히사오가 1989년 설립한 헤이세이건설은 외주와 하도급이 상식인 건설업계에서 모든 것을 회사에서 해결하는 내제화內製化를 시도했다. 대졸 엘리트들을 정규직 목수로 채용하며, 회사 내에서 아웃소싱과 비정규직을 원천적으로 없앤

경영은 정말 그의 원칙대로 돈이 아닌 '사람을 남기는 고수'로 남고자 했음을 여실히 보여준다.

필자 또한 **자담 이움아파트**를 건설하면서 돈은 남기지 못했지만, 대신 많은 동지들을 얻을 수 있었다. 결정적으로 이 공사를 통해 조합장 박짱을 소행주 공동 대표로 얻었으니, 이 역시 필자로서는 사람을 남긴 고수의 거래를 한 셈이다.

성미산
마을극장,
나루

동네에 영화를 볼 수 있는 지하 소극장이 있다면 얼마나 좋을까? 마음 단단히 먹고 드레스 코드부터 격식을 갖추고 행차해야 하는 서울 시내 으리으리한 대극장이 아니라, 집에서 가족들과 저녁밥 일찍 해 먹고 반바지에 슬리퍼 차림으로 슬슬 마실 가듯이 부담 없이 찾을 수 있는 그런 공연 공간. 마을의 대동과 축제가 함께 어우러질 수 있는 그런 난장亂場이 가까이 있다면 얼마나 좋을까? 이런 단순한 발상이 오늘날 성미산 극장을 있게 한 시작이었다. 성미산마을극장은 마을 사람들의 커뮤니티를 이루는 네트워킹 장소이며, 전문 공연단체의 연극뿐만 아니라 주민들의 예술 활동 및 다양한 문화 활동이 이루어지는 커뮤니티 공간이다. 정말 나루와 성미산 극장은 마을의 큰 마당과 같다.

시작은 아주 단순한 아이디어에서 출발했다. 사단법인 환경정의라는 시민단체는 시민운동의 지형이 바뀌면서 회원 활동의 대안을 고민하고 있었다. 그러던 와중에 여러 시민단체가 함께 모여 경비를 절감하고 뜻을 모아 의미도 일깨우는 게 어떨까 하는 데 의견을 모았고, 이에 환경정의가 필자에게 건축을 문의해왔다. 필자는 그들과 함께 마을에서 시민운동을 실험하고 배우기 위해서는 직접 마을 속으로 들어가야 한다는 데 공감했다. "마을에서 시민운동을 하자! 어떠한 구호나 이념, 사안으로 운동을 이끌고 나가는 시대는 지났다. 진정한 시민운동은 직접 시민들 속으로 파고들어 삶의 질을 올릴 수 있는 부분, 생활에 직접 관련된 문제를 건드려야 한다." '시민운동도 시민들의 필요에 의해서 실천하고 검증되어야 한다.'는 생각을 필자와 공감했던 오성규 환경정의 처장님의 판단이 바람직했으며 의기투합한 사단법인 녹색교통과 여성민우회, 함께하는시민행동이 합세하면서 91평의 터에 지하 2층, 지상 5층 규모의 건축이 가능해졌다.

일차적으로 성미산마을 내에 접근성이 좋은 곳에 대지를 구입하고, 네 개 단체가 마을의 일원으로 들어오면서 비로소 성미산마을은 자체적으로 확장성을 갖게 되었다. '나루'는 사람과 배와 물이 끊임없이 만나는 곳을 의미하는데, 4개 단체와 성미산마을의 만남이 이루어졌다는 점에서 딱 맞는다. 순수하게 성미산마을을 보고 외부에서 새로운 인원이 유입되는 자장磁場이 만들어진 것이다. 네 개의 시민단체들은 마을에 입성하면서 주민들을 위해 뭔가 도움이 될 수 있는 부분을 찾았다. 필자는 동네에 필요한 것들 중에 같이 할 수 있는 게 뭐가 있을까 함께 고민하자고 제안했고, 그때 성미산마을의 '짱가유창복'가 마을 대표로 "마을에 극장이 있으면 너무 좋겠다."는 고견을 전달했다. 마을에 생협도 있고 어린이집, 학교도 있는데, 함께 문화를 즐기고 나눌 수 있는 공간이 없다는 거였다. "대학로보다 더 좋은 소극장을 만들어줬으면 좋겠다. 직접 주민들이 참여할 수 있고, 슬리퍼 신은 채 밤 11시에 심야영화도 볼 수 있고, 기타를 배울 수도, 문학회를 열 수도 있고, 극단과 전문 밴드부도 만들 수 있는 그런 다목적 공간이었으면 좋겠다." 이 같은 모든 바람을 충족시킬 수 있는 문화공간을 만드는 데 의기투합했고 바로 2007년 9월 첫 삽을 떴다. 마을이 문화에 눈을 뜨는 과정이 시작된 것이다.

이렇게 2008년 10월, 성미산마을극장 **나루**는 마을동아리와 문화예술인들이 공연할 수 있는 상설 공간을 마련하고 예술 활동을 마을의 일상 속에서 구현한다는 취지로 문을 열었다. 성미산마을극장은 개관과 함께 동네 사람들의 놀이터가 되었다. 저녁과 주말에는 다채로운 공연과 문화행사가 열리고, 낮과 주중에는 마을 주민들을 위한 여러 활동들이 끊이지 않는다. 2010년 12월에는 고용노동부로부터 '사회적기업' 인증도 받

성미산마을극장은 다채로운 행사를 통해 마을의 공동체성을 확보하고 있다.

았다. 성미산마을극장의 성격과 역할은 문턱 낮은 담벼락과 같다. 누구든지 극장을 이용하고 관람할 수 있다. 성미산마을극장은 마을과 지역사회, 프로와 아마추어, 세대와 세대의 경계를 허물어버리는 넓은 마당이나 마찬가지다.

극장이 개관할 때까지 난관이 없었던 건 아니었다. 건축 부지의 땅을 파보니 지하수가 많이 나왔다. 고高가 높은 소극장의 특성상 지하를 많이 파내려 가야 했는데 대책 없이 물이 쏟아져 개인적으로 난감했다. 기본적으로 층고가 나오지 않으면 대학로 같은 소극장을 만들 수 없기 때문에 마음대로 설계를 변경할 수도 없었다. 그 물을 막고 벽을 설치하는 데 예상보다 많은 비용이 들어갈 수밖에 없었고, 이는 고스란히 건축주에게 부담으로 돌아갔다. 이 과정에서 서로를 이해시키고 동의를 구하는 데 적지 않은 시간과 노력이 들었다. 하지만 양자 모두 '우리나라 최초로 마을이 주도적으로 운영하는 소극장을 짓는다.'는 대의명분에 마음을 모았기에 계속 전진할 수 있었다.

우여곡절 끝에 완공하고 나니 지역 주민들이 정말이지 좋아했다. 극장의 활용도가 커져 애초에 생각하지 못했던 여러 가지 행사가 열렸다. 현재는 성미산문화협동조합을 구성해서 조합원들이 자체적으로 극장을 운영하고 있다. 서울특별

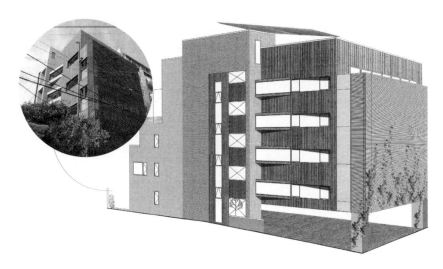

성미산마을극장, 나루

시가 주최하고 서울영상위원회가 주관하는 독립영화 활성화 지원사업인 독립영화공공상영회 '인디서울2018'이 성미산마을극장에서 열렸고, 성미산동네연극축제는 다채로운 연극으로 주변에 입소문을 타면서 벌써 7회를 가뿐히 넘긴 대표적인 문화행사가 되었다. 극장이라는 문화공간으로 인해 성미산마을이 한 단계 더 살기 좋은 동네가 된 건 당연하다. 1층에는 '오색오미'라는 분식집이, 5층에는 한국지속가능발전센터가 입주했으며 또한 함께주택협동조합, 성미산 문화협동조합 등 마을기업들이 입주하면서 마을과 NGO의 시너지가 성공적으로 안착되고 있다.

카페 '작은나무'와
유기농 반찬 가게 '동네부엌'

카페는 단순히 커피를 마시는 장소가 아니다. 햇살 따뜻한 오후, 가벼운 책 한 권을 들고 슬리퍼를 끌며 찾아가서 창가에 앉아 차 한 잔의 여유를 만끽하는 다락방 같은 공간이자, 치열한 삶의 전투에 지쳤을 때 잠시 자신을 숨길 수 있는 참호 같은 공간이다. 여기에 지나간 옛 노래가 멋들어진 인테리어를 타고 흐른다면 더할 나위 없다. 서로를 마주 보고 앉은 연인도, 사이 좋게 모여 앉은 이웃들도 그윽한 커피 향기에 둘러싸여 행복한 이야기꽃을 피운다.

우리에게 카페는 과연 어떤 공간일까? "스타벅스가 파는 건 커피가 아니라 공간"이라고 말한 스타벅스 CEO의 말이 문득 떠오른다. 괜히 눙치는 말이 아니다. 카페는 공간을 파는 곳이고, 관계를 잇는 곳이다. 그런 의미에서 카페는 그야말로 마당과 같은 공간이다. 쌉싸래한 녹차라떼와 달콤한 유자차는 공간과 관계를 이어주는 매개에 불과하다. 이런 역할을 하는 카페가 성미산마을에도 존재한다. 바로 **작은나무**다. 2008년, 200여 가구와 개인 조합원 70여 명이 적게는 5만 원에서 많게는 100만 원씩 공동으로 출자해 만든 동네 '찻집'이다. 스타벅스나 여느 프랜차이즈 카페전문점처럼 세련된 맛은 없지만, 동네 한 귀퉁이에 들어선 **작은나무**가 주민들에게 나눠주는 따뜻한 관계의 밀도만큼은 다른 전문 업체와 견주어도 결코 뒤떨어지지 않는다. 그도 그럴 것이 지역 주민들이 모두 주인이자 단골이기 때문에 이름과 달리 고객 충성도는 결코 작지 않다.

작은나무 카페는 오가다가 누구나 들어와서 차 한 잔하며 소소한 이야기를

성미산마을 주민들의 사랑방이 되어준 작은나무 카페

나눌 수 있는 곳으로 성미산마을의 사랑방 같은 역할을 하고 있다. 담장에는 구멍을 뚫어 안을 들여다볼 수 있도록 하여 공간에 재미를 더했다. **작은나무**는 아이들도 아무런 거리낌 없이 마음껏 드나들 수 있고, 어른들 역시 마을 행사와 모임, 그리고 회의가 있을 때마다 편안하게 둘러앉아 시원한 맥주 한 잔 할 수 있는 공공의 장소다. 한동안 일정한 수익을 내면서 잘 운영되던 카페는 2015년 들어 건물주가 바뀌면서 임대료의 이견을 좁히지 못하고 문을 닫는 아픔을 겪기도 했다. 카페를 사랑하는 성미산마을 주민들을 중심으로 '**작은나무 지키기**' 모임이 결성되고 기자회견과 서명운동을 통해 서울시에 대책 마련을 요구했지만, 2015년 12월, 서울시임대차조정위원회의 중재가 틀어지면서 결국 눈물을 머금고 2017년 7월 운영을 접어야 했다. 주민들의 상심은 매우 컸다. 만남의 공간이자 마을의 모든 이야기들이 오갔던 사랑방에 족쇄를 채운 느낌이었다. 어제까지만 해도 마음 놓고 들락날락하던 마당에 걸쇠가 채워졌다.

사람들은 평소 가지고 있던 것을 잃었을 때 그 소중함을 더욱 강렬하게 느끼는 것 같다. 이런 마음들이 모여서 다행히도 서울시의 '마을활력소' 사업에 선정되어 인근의 다른 공간에 새롭게 둥지를 틀 수 있게 되었다. 타의로 문을 닫은 지 1년 만인 2018년 7월, 성미산마을 공동체가 생긴 지 20여 년 만에 마을회관이 생기며 회관의 관문인 1층에 **작은나무**가 들어서게 된 것이다. 마을 사람들의 공동 출자로 이루어진 협동조합인 **작은나무**는 공공자산이 운영되는 데 있어 지역의 굳건한 공동체와 그들이 쌓아 올린 추억이 얼마나 중요한지를 깨닫게 한다. 마을을 넘어 누구든 **작은나무** 카페에 출자할 수 있다. 출자금은 5만 원부터 자유로우며, 2년 후부터 탈퇴할 경우 금액은 반환된다. 출자자가 되면 **작은나무** 출자자 현판에 이름이 올라가고, 1년에 한 번 출자자총회에 참석할 수 있는 자격이 주어지며, 적극적으로 운영위원이 되어 카페 운영에 직접 참여할 수도 있다.

모든 건축이 다 의미가 있겠지만, **작은나무** 카페는 여러모로 필자에게 많은 의미가 되어 주었다. 애초 소행주 운동은 관계를 잇고 소통을 끌어내는 일을 하기 위해 시작한 것이었다. 이런 소행주에 담소를 나누고 마음을 나누는 카페라는 공간은 너무나 잘 맞아떨어지는 조합이었다. 우리는 모두 대화가 필요하다. 대화의 부재는 오해를 낳고, 오해는 갈등의 숙주가 된다. 잡아먹을 듯 씩씩거리며 화를 내고 쳐들어온 상대도 가만히 이야기를 나눠보면 다 그럴만한 이유가 있고 나름의 까닭이 있다는 사실을 깨닫게 된다. 대화를 이어가다 보면 앙금은 풀어지고 화는 눈 녹듯 사라진다. 그런 의미에서 사실 카페는 마을 만들기 운동에서 반드시 갖춰야 할 관계의 완충지와 같은 곳이다. **작은나무**의 인테리어를 해주면서 어쩔 수 없이 필자는 카페 마니아가 되고 말았다. 사실 옮기기 전의 **작은나무** 카페는 마을 입구에 위치한 각종 모임 장소이자 약속 장소, 공연 장소였으며 아이들이 아이스크림을 먹으면서 부모들의 토론 소리를 듣던 마당 같은 공간이었다. 필자 또한 소행주 2호~4호까지는 **작은나무**에서 도면을 펼쳐들고 입주자 상담을 많이 했던 기억이 있다. 성미산마을이 발전해 나가고 커뮤니티가 활성화되는 시

유기농 반찬가게 동네부엌은 아쉬움 속에 지금은 문을 닫은
상태이다.

점에 이 카페가 역할을 많이 했다는 것은 누구도 부정하지 않는다.

작은나무 외에 성미산마을의 다른 마을 커뮤니티 공간들은 어떻게 되었을까? 자담건설은 종합건설이어서 인테리어 공사를 맡아하지는 않는다. 그러나 마을 안에서 부탁을 받으면 마다하지 못하고 기꺼이 마을의 일원처럼 공사를 했다. 공사를 맡았던 **마포 두레생협, 동네부엌, 한땀두레**도 한때 도로변에 나란히 위치하고 있었다. **생협**은 규모를 확장하여 여전히 마을사람들의 사랑을 가득 받고 있지만 **동네부엌**은 소행주 4호로 이전 후 경영의 어려움으로 문을 닫고 현재는 **문턱 없는 밥집**이 들어와 운영하고 있다. **동네부엌**의 인기는 초기에 대단했었다. 유기농 반찬가게로 2003년에 문을 열었으니 마을 형성 초기에 만들어진 오래된 마을기업으로서의 상징성이 있었다. 그러나 유기농으로만 운영하기에는 어려움이 있었는지 15년 동안의 열정과 사랑을 간직하고 2018년 결국 문을 닫았다. **동네부엌**을 운영했던 에이미와 더불어 그동안 함께 해왔던 많은 이들이 울면서 아쉬움을 달래던 그때의 기억이 아직도 생생하다.

성미산
어린이집과
되살림가게

성미산마을을 이야기하면서 어린이집을 언급하지 않을 수 없다. 어린이집이야말로 '마을'이라는 형식적인 개념을 넘어서 하나의 실체로써 공동체가 성미산 주변에 들어올 수 있게 한 촉매이자 시발점, 나아가 전부나 다름없다. 어린이집을 논외로는 말할 거리가 거의 없을 정도로 성미산에 있는 5개의 공동육아 어린이집은 성미산마을의 중핵이자 외피라 할 수 있다. 현재 성미산마을을 구성하는 세대의 일부가 이 공동육아 어린이집을 통해 엮인 가구들이며, 이들이 설립한 육아협동조합은 마을을 구동하는 발전소와도 같다.

1994년 9월 3일, 도시에서 공동육아의 필요성을 절감한 세대가 모여 마포구 연남동 22-28호에 **우리 어린이집**을 개원하며 마을의 역사는 출발한다. '**성미산 어린이집**'의 모태가 되는 **우리 어린이집**의 조합원은 당시 약 70여 명이었고 등록된 어린이는 생후 4개월부터 6세까지 약 40명 정도였다. 공동육아협동조합이라는 이름으로 대략 1억 원의 출자금이 모였고, 어린이집 초대 원장에는 1978년부터 '해송보육학교'를 만들고 활동해 온 정병호 교수♦가 위촉되었다. 원장을 포함해 교사는 8명이었고, 부모들이 모두 조합원인 협동조합은 이사회와 소위원회들을 직접 구성하여 교육과 시설, 그리고 홍보에 적극 참여했다.

협동조합을 통해 선생과 보육교사를 세웠지만, 육아의 일차 주체는 '아마아빠

♦ 현 공동육아와공동체교육 이사장.

성미산 어린이집은 공동육아 수요가 많아지면서 마을에서 4번째로 개원하였다.

와 엄마'로 통칭되는 용어에서 보듯 1980년대 대학 교육을 통해 평등한 관계를 이식한 고학력 맞벌이 부부들이었다. 단순히 교사들에게 자녀를 맡기는 데 머물지 않고 아빠와 엄마가 똑같은 비율로 직접 어린이집 운영에 관여했으며, 실제 교사로 투입되기도 했다. 행사에 도우미로 나서는가 하면, 보육이나 청소·조리·운전 등을 통해 봉사하기도 했다. 이렇게 아마들을 중심으로 부모 교육과 다양한 친목 행사, 친환경 먹거리 장터 등을 벌이며 자연스럽게 육아공동체를 넘어 점차 생활공동체의 성격을 갖게 되었다.

　마을에 사람들이 많아지면서 어린이집도 분화되기에 이르렀다. **성미산 어린이집**은 날으는 **어린이집**이 분화되어 만들어진 것으로, 현재 성미산에는 5곳의 공동육아 어린이집이 있다. 조합이 건물을 사고 어린이집을 리모델링하게 되었을 때, 처음에는 학부모 중에 아는 인테리어 회사에 일을 맡겼다. 그러나 조합원들은 비용보다도 어린이집 콘셉트에 맞는 건축 방향이 더 중요하다는 데 의견을 모았고, 무엇보다 친환경재료를 사용하여 건물에 보다 따뜻한 느낌을 주길 원했다. 이에 동네 건축가 역할을 하고 있던 필자에게 조언을 청해왔다. 조합원들의 생태적 감수성과 아이들의 동선, 그리고 건물 구조에 대해 알고 있던 필자는 인허가 문제를

성미산 어린이집의 내부 계단

잘 해결할 방법과 함께 구조 문제없이 건물 내부를 관통하는 내부 계단을 만들 것을 권했다. 그렇게 한두 개 조언을 하다 보니 설계와 시공까지 어쩔 수 없이 맡게 되었다. 그렇게 해서 2008년 영구 터전을 리모델링해서 마련하게 된 것이다. 의도치 않게 전에 공사를 추진하던 선배 조합원에게 미안한 마음이었다. '건축은 인연이다.'라는 말을 많이 한다. 조언만 하고 직접 건축은 안 하려 해도 상황이 그렇지 않아 일을 끝까지 떠맡게 되는 경우가 종종 있다. 인허가나 디자인, 시공 전반에 걸친 풍부한 경험과 평소 다른 사람들의 이야기를 잘 들어주고 주체의 의도대로 건축하길 즐겨하는 필자의 성격 탓 아닌가 싶다. 한 마디로 오지랖이 넓어서 생기는 일이다.

비슷한 연유로 이밖에도 마을에서 구상하는 여러 일들을 맡아했다. 2008년 건설 현장에서 쓰다 남은 자재를 재활용해 **되살림가게**의 인테리어를 해준 것이 한 예다. 현재 **되살림가게**는 마을 한가운데에 자리 잡고 있지만, 당시에는 생협

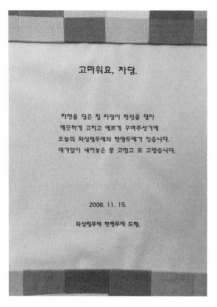

되살림가게와 한땀두레에게서 받은 감사장

옆에 한 칸을 차지하고 있었다. 건설 현장에는 폐기물로 버려지는 자재들이 많은데, '느리'의 부탁으로 각종 타일과 자재를 활용하여 그럴듯한 인테리어 작업을 마무리했던 기억이 난다. —이 같은 봉사 경험은 추후 녹색연합 등 다양한 NGO단체들에 도움을 줄 때 유용하게 쓰였다.— 공사를 마치고 되살림과 한땀두레 조합원들로부터 천을 두른 감사장을 받았을 때 정말 남다른 기분과 기쁨을 느꼈다.

셰어하우스,
하루한걸음

마을의 지속 가능성이 확보되려면 무엇보다 주민이 있어야 한다. 아무리 멋진 건물들이 들어선 지역이라 해도 그 안에 상주하는 주민이 없다면 밤이면 불 꺼진 유령도시를 방불케 할 것이다. 선진국의 다운타운을 중심으로 발생하는 공동화 현상이나 도넛 현상이 그것이다. 결국 '지역과 건물은 돈으로 움직이는 게 아니라 사람으로 움직이는 것이다.' 너무 쉽고 간단한 진리라서 많은 사람들이 무시하는 문장이다.

도시를 재생하고 재건축을 기획하는 담당자들은 건축 설계를 하기 전에 마을과 관련된 네트워킹을 어떻게 할 것인가 먼저 고려해야 한다. 지역 주민의 실존과 동떨어진 지역 개발은, 좋게 말하면 탁상행정에서 비롯된 전시효과에 불과하고, 나쁘게 말하면 개발 이익에 눈이 먼 전형적인 도시 파괴의 전형이다. 주민들의 삶을 이야기하기보다 정치와 경제 논리를 우선해서 거리를 파헤치고 건물을 허무는 것은 땅 주인과 개발 주체만 좋아하는 건축이다. 직접적인 지역을 거론해서 좀 미안하지만, 최근 젊은이들 사이에서 '핫'한 명소로 뜨고 있는 가로수길이나 경리단길 같은 지역은 돈을 가지고 의도적으로 블럭을 형성하여 상권을 형성한 대표적인 사례들이다. 젠트리피케이션으로 결국 땅값을 못 이긴 주민이 지역에서 쫓겨날 수밖에 없는 부정적인 결과를 가져왔다.

이러한 문제를 해결하는 데 가장 필요한 것은 사람이다. 생협과 주민이 중요하고 그들이 지속적으로 동네에서 거주하면서 함께 성장할 수 있는 모델이 중요하다. 일정한 공간과 함께 주민들의 거주 지속성이 담보되어야 지역색을 담은 고유의 문화가 만들어진다. 일회적 만남은 여운을 남기고, 지속적 만남은 관계를 남긴다. 관계는 공간의 쓸모를 창출한다. 공간을 가진 한 사람의 결단은 담벼락으로 둘러싸인 지역을 모두의 광장으로 변모시킨다. 모두가 하나로 모이고, 또 각자로 흩어지는 이합집산의 장소, 광장. 그 광장의 미덕은 바로 공간의 나눔이다.

1세대 성미산마을 주민이었던 건축주가 자신이 가지고 있던 조그만 땅을 개발하기 원했고, 15년 전 개인적으로 그 집을 리모델링을 해주었던 인연으로 필자의 사무실을 다시 찾았다. 남편이 모 경제지 기자였고 의뢰 당사자는 공동육아공동체교육의 사무국장이면서 사단법인 남북어린이어깨동무 이사장을 맡고 있었다. 성미산마을에서 사회활동을 하고 있었기 때문에 평소에 공동체에 관심이 많았고, 소행주 3호가 완공되는 시점에 이 마을에서 의미 있는 일을 하고 싶다고 입버릇처럼 말하곤 했다. 성미산마을에 기여하고 싶은 마음은 그녀가 마을활동가여서 가능했으리라 생각된다.

분위기는 무르익었다. 충분히 사회적으로 영향력을 행사하고 있는, 깨어있는 분이었기 때문에 이참에 새로운 개념의 광장을 만들면 어떨까 제안서를 보냈다. 소행주 1호보다 조금 위에 있던 공간에 새로운 개념의 광장, **하루한걸음**을 기획하게 되었다. 셰어의 철학, 공유의 관계는 소행주가 추구하는 가장 근본 철학의 주춧돌이다. 내가 가진 공간을 남에게 내어줄 때 공간의 관계는 구축된다. 나와 너 사이에 담벼락이 가로막혀 있을 때 관계는 단절된다. 단 한 뼘의 땅이라도 공유할 수 있는 마음자리가 있을 때 소행주 철학은 결실을 맺을 수 있다.

셰어하우스 '하루한걸음'은 성미산마을의
1세대인 올리브네 집이다. 마을 활동가들을 위한 집으로
주인 세대와 함께 살며 지하에 공동주방과 공동거실을 구성했다.

원룸형 셰어하우스를 지으면서 필자는 특히 반지하 커뮤니티실에 집중했다. 뭐니 뭐니 해도 셰어하우스의 핵심은 함께 식사를 할 수 있는 장소다. 원룸은 부유하듯 파편적인 관계로 남을 위험이 많은 공간이다. 그러므로 문을 열고 함께 대화하고 함께 식사를 함께할 공용공간이 무엇보다 절실하다. 먼저 커뮤니티실에 공동주방을 만들었다. 세입자들이 자유롭게 드나들고 함께 공유할 수 있는 공간이 되도록 각별히 신경 썼다. **하루한걸음**은 완공 후 주변에 소문이 좋게 나면서 공실률이 적은 매력적인 셰어하우스가 되었다. **성미산학교** 선생님이 이 세어하우스에 입주하기도 했고, 지금도 대기자가 있을 정도로 누구나 살고 싶어 하는 쉐어하우스가 되었다. 이 건물은 수익성을 일부 포기하면서 지역 공동체에 도움을 준 아주 좋은 사례라고 할 수 있다. 2013년에 준공이 난 **하루한걸음**은 건축적으로는 좁은 땅이기 때문에 주차는 1대만 가능한 다중주택으로 협소한 면적 문제를 풀었는데 그렇게 해야만 지하실에 주택용도인 커뮤니티실을 배치할 수 있었다. 최근 건축법에 따르면 지하실에는 주택용도 허가를 받지 못한다.

제4장

도도한 흐름

도시에서의 미약한 시작과

건축운동의 행보

나는 설계방법론으로 채나눔을 주장한다.

'불편하게 살기, 밖에 살기, 늘려 살기'가 핵심이다.

불편하게 살기는 우리 삶의 태도에 대한 질문이고,

밖에 살기는 공간의 사용방식에 대한 질문이며

늘려 살기는 시간의 인식 방향을 틀어보자는 것이다.

집을 지으며 집 짓는 기술이나 방법을

먼저 택하는 것이 아닌

살기의 방식을 먼저 물어야한다.

나는 어떻게 짓는가보다

어떻게 사는가를 먼저 묻는 것이 건축이라고 여긴다.

— 이일훈 건축가

한 번도 본 적 없는 행정가가 조성하고, 주민과 아무런 관계가 없는 설계자가 계획하여, 기계적 생산과 경제성에 매몰된 건설업자가 시공한 오늘날 도시는 이미 그 안에 거주하는 불특정 다수의 도시인들을 소외시키는 익명성의 공간으로 전락한 지 오래다. 현대인들은 똑같은 침실에서 자고, 똑같은 화장실에 머물며, 똑같은 테이블에 앉아 식사를 나누고, 똑같은 거실에서 TV를 보다가, 똑같은 엘리베이터를 타고 똑같은 문을 통과해 아파트를 빠져나간다. 단지 일시적으로 동일한 공간을 함께 점유할 뿐 위층 아래층 좌우 옆집에 누가 사는지 알 수도, 알고 싶지도 않다. 공간은 더 세련되고 더 넓어졌는데 두터운 관계의 단절이 도리어 그 넓은 공간을 동네라고 부를 수 없는 무수히 작은 평방의 조각들로 분절시켰다. 우리가 사는 도시는 하루에도 수백 수천 명의 군상들이 밀물처럼 빨려 들어왔다 썰물처럼 빠져나가는 균질한 공간이 되어버렸다. 하늘을 찌르는 마천루는 현대건축의 기술과 위용을 자랑하듯 서 있지만, 그 앞에 놓인 인간은 더욱 작아만 지고 있다. 과연 이런 삶이 옳은 걸까?

정부에 의해 일방적으로 구획되어 분배되는 '장소성locality'에 의문을 품은 건 필자가 구로동에서 노동운동을 하던 시절, 도시에서 빈민운동을 하면서 건축사업을 진행하는 이들이 있다는 이야기를 들으면서부터였다. 교도소에서 출소하고 직접 찾아가니 서울 미아동에서 중앙대 법대 출신들 몇몇이 의기투합하여 "건설노동자공동체 우리건설"이라는 건설노동조합을 만들고 주거 문제를 통해 빈민운동을 벌이고 있었다. 건설 시장에서 악전고투하는 모습에서 감명받아 같은 배를 타기로 했다. 그들과 술잔을 기울이며 대안건축과 가치 있는 삶을 이야기했다. 그 결과 또 다른 대안으로 "생태건축연구소"가 만들어졌다. 흙, 나무 등 자연재료를 활용하는 생태건축, 태양광 및 지열 등을 에너지원으로 쓰는 대체에너지사업, 농촌에서 물을 덜 소비하고 농업에 활용하는 '자연발효정화조' 등을 개발하고 적용하기 시작하였다. 국내에서 처음으로 푸른꿈 고등학교 신축

공사를 하면서부터 적용하여 환경운동연합 및 각종 주택에서 친환경건축을 시도하였다. 우리건설의 시작은 '공급자 주도의 건축현장을 노동자 주도의 건축현장으로 바꾸어보자.'는 단순한 발상이었다. 기존의 국가가 주도하는 거번먼트 government의 하향식 주택 정책에서 벗어나 그 대안으로 지역에서 주민들이 자생적으로 일어나 주택을 공급하는 거버넌스governance를 내세운 것이다.

건축을 통해 사회적 대안을 만드는 건 나의 오랜 꿈이었다. 부정한 하도급 관계, 각종 비리와 담합, 끊이지 않는 하청과 재하청, 후려치기, 곳곳에 만연한 횡령과 부실시공 등 한국의 건설 현장을 가득 채우고 있는 문제들은 모두 공급자 중심의 건설 생태계에서 비롯한 것이다. 깨어있는 노동자 시민이 주체가 돼서 거미줄 같은 하청관계를 없애고 사장과 직원 그리고 협력업체가 주식을 나눠 가진 착한 건설회사를 만들면 어떨까? 노동자가 주인인 회사를 만들면 가능하지 않을까? 생각만 해도 가슴이 뛰었다. '생태'라는 말도 생소하던 때, 대안적 공공성을 기반으로 지역을 개조하는 운동에 내가 배운 건축이 요긴하게 쓰일 수 있다는 생각은 나를 벅차게 했다. 이후 우리건설을 나와 자담건설을 세우면서 내가 해보고 싶었던 건축을 본격적으로 시도했다.

소행주의
의미 있는
발걸음

입국하는 데 여권도 비자도 필요 없는 나라가 있다. 거주하는 데 따로 비용을 지불하지도 요구하지도 않는다. 오로지 소통의 자세로 마음을 터놓고 이야기 나누는 이웃이 되는 것으로 족하다. 지상에 별도의 국경 가운데 존재하는 나라가 아니다. 바로 '마을공화국'이다. 지도에도 없고 경계석도 딱히 존재하지 않는 마을공화국은 그 마을에 사는 모두가 주인이고 모두가 대표인 나라다. 이 공화국의 일원이 되는 데는 특별한 지위나 재력이 필요하지 않다. 지필고사를 요구하지도 적성검사가 이뤄지지도 않는다. 성당에 가면 서로가 세례명을 부르듯 이곳 공화국에서는 서로 별칭을 부르며 위아래도 없고 어정쩡한 존칭도 없이 어른, 아이 모두가 평등한 수많은 별칭 등이 오고간다. 마을공화국의 유일한 조건은 소통이다. 소행주는 이러한 마을공화국을 만들고 서로 행복한 이웃이 되는 '더부살이 운동'◆이다. 아니, 서로의 존재에 의지해 살아가는 것이 서로의 부족을 채워주고 함께 상생하는 길의 하나라면, 어쩌면 서로 누구랄 것 없이 상대에게 얹혀 살아가는 것—어감이 조금은 이상하지만— 역시 나쁘지 않을 것이다. 나의 생존에 너의 존재가 필요하다는 말만큼 즉물적이면서도 로맨틱한 표현이 또 어디 있을까?

　물론 세상 모든 것이 그렇듯, 이 마을공화국이라는 것도 외부와의 관계를 설정

◆ 더부살이는 본래 지금처럼 부정적인 의미가 아니었다. 16세기 문헌에 등장하던 '더부살이'라는 표현은 '더불어 살아간다'는 의미로 독립된 두 개체가 함께 동거하는 삶을 뜻하는 단어였다.

하는 방향성에 있어 크게 두 종류로 나뉜다. 그중 하나는 게토다. 게토는 여느 공동체 못지않게 구성원들이 강력한 공동 의식으로 똘똘 뭉쳐 있지만, 외부와 소통을 거부하고 선민의식에 사로잡혀 있는 폐쇄공화국이다. 이들을 단합시켜주는 힘은 순혈주의와 명분이며, 자신의 도그마에 갇혀 쇄국과 단절을 정당화한다. 역사적으로 유대인들의 집단 거주지를 뜻했던 게토는 자문화 중심주의나 배타주의 등에서 유례를 찾을 수 있다. 이 게토는 밖에서 안으로 들어가지도, 안에서 밖으로 나가지도 못하는 공동체다. 얼마 전 카페에 공개 게시되어 공분을 샀던 "임대주택 사는 개, 캐슬에 사는 우리 애랑 같은 길로 못 다녀."라는 글도 이러한 게토 근성을 잘 보여주는 사례. 사실 주거지를 가지고 신분과 계급을 나누는 건 어제 오늘 일이 아니다. LH에서 분양한 공공 임대주택이 유명 건설사 브랜드 아파트 단지와 인접해 있으면 벌어지는 신新풍속도 중 하나로, 임대 주택에 사는 아이들과 어울리지 못하도록 부모들이 자녀를 단속하는 '웃픈' 상황이 수도권 신도시를 중심으로 비일비재하게 일어나고 있다. 같은 공간을 점유하고 있어도 게토에 사는 사람들은 공동체성을 부정하고 '그들만의 리그' 속에 살고 있는 것이다.

반면 다른 방식의 공화국이 있으니 바로 소통의 공동체다. 이들은 마을의 경계를 물리적 공간의 한계라기보다는 심리적 관계의 한계로 본다. 이 공동체 역시 강력한 소속감과 끈끈한 유대감으로 무장했으나, 그 유대는 단순히 가족과 지연, 관계에만 제한되어 있지 않다. 주민들이 풀뿌리 공동체 운동을 통해 지역을 변화시켜온 도시에서 보기 드문 사례로 평가받는 성미산마을이 대표적이다. 성미산마을은 자급자족의 폐쇄적인 공동체가 아니다. 외부와의 적극적인 교류를 통해 자신들이 실천하는 삶의 가치를 끊임없이 재확인하고 이를 하나의 운동으로 확산시키는 데에 매진해온 대표적인 마을공화국이다. 2001년 5월, 첫 행사가 열린 뒤로 매년 개최되는 성미산마을축제를 들여다보면 성미산마을의 진정한 위력을 느낄 수 있다. 단순히 마을 잔치로 그치는 것이 아니라 마포구 전역의 시민단체와 사회복지기관, 문화단체가 함께 어우러져 축제를 벌인다. 임대주택에 사는 아이들과 캐슬에 사는 아이들을 나누고 차별하는 게토 같은 공동체와는 연대와 확장에 있어 차원이 다르다. "우리 아파트 단지에 살지 않으면 놀이터에서 놀지 마."가 아니라 "너도 우리 축제에 와서 함께 재밌게 놀자."라는 대동大同의 축제가 열린다.

나는 건축을 시작하면서부터 이상하리만치 공동체, 마을, 생태, 상생 같은 단어들에 끌렸다. 만약 마을 만들기라는 출구가 없었다면 출소 후에 건축을 다시는 돌아보지 않았을 것이다. 나에게 공동체주의는 운명과 같았다. 학생운동을 하면서 농활을 가고 풍물을 하고 민중 계층과 어우러지며 자연스럽게 내 정신세계 속에 공동체주의라는 화두가 뿌리를 내렸던 것 같다. 이후 여러 번의 수배와 투옥을 거치면서 이러한 나의 관념은 더욱 견고해졌다. 공안으로 분류되어 정치범 생활을 하는 동안, 폐쇄된 공간 안에서 살아가는 다양한 군상들의 생존방식을 관찰할 기회가 있었다. 작게는 0.74평의 독방에서부터 크게는 집단 사방에 이르기까지 소속과 유대라는 두 단어에 몸부림치도록 그리운 정서와 함께 치 떨리는 생존의 그림자가 공존한다는 사실을 알았다. 아무리 좁은 방에 갇혀 있어도 내 마음이 우주를 담을 수 있다면 자유인이 될 수 있지만, 아무리 넓은 사방에서 지내도 내 마음이 내 옆에 누워 있는 동료 재소자도 받아들일 수 없을 만큼 비좁다면 가련한 영혼의 수인囚人으로 지내게 된다.

내가 말하는 공동체는 단순한 지역 공동체사회 이상의 것이다. 공동체는 높은 인격적 친밀감, 정서적 유대감, 도덕적 처신 및 사회적 응집, 시간적 연속성 등을 특징으로 하는 모든 형태의 사회관계를 포괄하는 용어이다. 공동체라는 개념은 공동의 소속이나 속성, 단순히 같은 공간을 점유하는 이들을 가리키는 물리적 범위에 그치지 않는다. 우리 모두가 함께 빚지고 있는, 그래서 무엇인가 베풀어야 한다는 점에서 그 범위는 더 넓고 가치지향적이다. 공동체가 누리는 것은 특정 집단의 전유적 특권이 아니라 도리어 내주어야 할 빚이자 의무다. 공동체는 게토에 갇혀 우리의 정체성을 확보하는 '지킴'의 족쇄가 아니라 우리만의 이해관계를 넘어서 우리가 접촉하는 다른 존재와 끊임없이 '소통'하는 통로가 되어야 한다. 소행주는 그런 의미에서 소통의 커뮤니티를 우리나라 주택 시장에 소개한 미약하지만 도도한 첫 발이었다.

소행주 운동의 확산

성미산마을을 벗어나서 제일 먼저 시작한 곳이 수유리 **재미난 소행주**이다. 수유리 재미난 마을은 대안학교인 '재미난 학교' 중심으로 형성되었다. 2014년에 만들어진 **재미난 소행주**는 입주자 모집에 어려움이 있었다. 가능성을 판단하는 근거로 함께 모여 살고 싶은 욕구가 클 것이라 단정한 게 문제였다. 빈발하는 건축업자들의 날림공사로 인하여 수유리 빌라의 평균 분양가는 소행주가 공급하는 가격의 80%에 지나지 않았다. 커뮤니티실의 크기를 줄일 수도 없으며 맞춤형 주택을 포기할 수도 없는 시점이어서 결과적으로는 분양과 임대형이 상존하는 소행주로 자리매김되었다. 현재는 '재미난 학교'에 보내는 부모나 강북에 살고 싶은 분들이 잘 어울려 살고 있다. 자기 집을 소유한 세대와 임대주택 세대가 섞여 사는 것도 그리 염려할 문제는 아니다. 공유하는 콘셉트에 대한 이해도가 이웃살이에 얼마나 중요한지를 다시금 느끼게 되었다. 옥상에서 북한산을 바라보고 삼겹살 파티를 하는 장면은 **재미난 소행주**의 자랑이다. 이 주택에는 '악어애미'라는 별칭을 쓰는 유쾌, 통쾌, 상쾌한 입주가가 있다. 집을 만들면서 번뜩이는 아이디어가 많았지만 디테일을 다 풀지 못해 시공을 못한 아이템이 있었다. 그래도 방문이 책꽂이가 되고, 집안 천정에 앙카를 박아 그네를 달고, 벽과 벽사이에 미로를 형성했다.

2015년을 기점으로 소행주는 인큐베이터와 같았던 성미산마을을 떠나 공동체주택을 꿈꾸는 서울의 다른 지역과 전국의 다양한 도시들로 퍼져나갔다. 필자

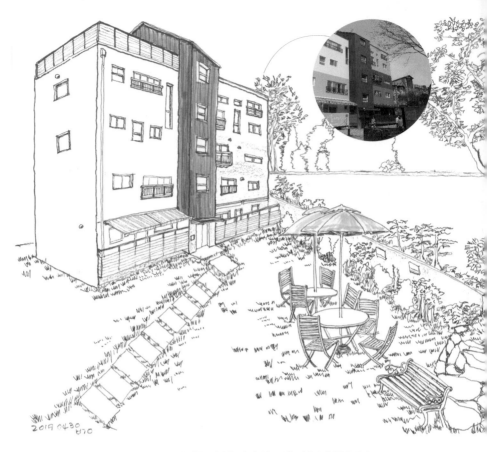

자연녹지지역에 지어진 부천 소행주. '산뜰'은 자연을 마당 삼고 있는 정경이 일품이다.

는 아무리 우리나라에 아파트 불패신화가 철옹성 같을지라도 '더불어 함께'라는 철학에 뜻을 모을 수 있는 '깨어있는' 사람들이 곳곳에 숨어있다면 분명 그들 중 소행주에 동참할 동지들을 찾을 수 있으리란 확신을 갖고 있었다. 이제 소행주 스스로 하나의 사회 운동으로써 확장성을 입증한 셈이다.

2015년, 부천에 지어진 **산뜰**은 자연녹지지역에 세워진 최초의 소행주라는 점에서 그 의의가 크다. 성미산마을에 옹기종기 들어선 종전의 소행주 건물들과 달리 부천 소사구 송내동 주택가 끝자락 자연녹지지역으로 묶인 자투리땅에 터를 잡았다. 전체 여섯 세대로, 규모는 이전 소행주에 비해 슬림해졌지만 마당이 보다 넓어진 전원형 공동체주택이 되었다.

산뜰은 '산 어린이집' 학부모들로 구성된 여섯 가구가 모인 소행주다. 워낙 공동 육아에 관심을 갖고 있었기 때문에 어린이집과 가까운 곳에 지하 1층, 지상 4층 규모의 공동주택을 지었다. 653㎡의 삼각형 대지에 건폐율 19.96%의 건물을 올렸는데, 땅이 삐죽 나온 곳은 자연스럽게 마당으로 조성되었다. 입주민들이 육아에 대해 비슷한 고민을 가지고 있던 터라 지하 1층에 아이들이 마음껏 뛰어놀 수 있는 놀이터를 만들었다. 2층에는 여섯 세대가 각각 3.3㎡씩 부담해서 커뮤니티실을 조성했다. 산뜰의 경우 기본적으로 입주자 간의 끈끈한 신뢰가 형성되어 있어서 설계부터 시공에 이르기까지 물 흐르듯 막힘없이 진행되었다. 입주 후에는 다들 한결같이 소행주 시스템에 만족스러워했다.

산뜰에는 유난히 남의 이야기를 묵묵히 잘 들어주는 사람들이 많아서, 자기 이야기를 풀어놓기만 해도 마음이 한결 가벼워지는 경우가 있다. 누군가 힘든 일이 있을 때, 밤을 하얗게 불태우며 새벽까지 서로 마음을 도닥여 준 적도 있다. 아프거나 슬플 때 따뜻한 말 한마디로 위로가 되는 이웃, 아이를 키우며 부석부석한 모습을 보여도 흉보지 않을 이웃, 사회생활을 하며 겪은 찌질한 일상을 공유해도 말 새 나갈까 걱정하지 않아도 되는 이웃, 누군가 원하는 바를 성취해 나갈 때 시샘하지 않고 마음껏 축하해줄 수 있는 이웃, 내가 시시껄렁한 이야기를 해도 슬며시 미소 지어주는 이웃. 그 옛날 여고시절, 다이어리에 빽빽하게 써 놓았던 유안진 시인이 말한 '입은 옷을 갈아입지 않고 김치 냄새가 좀 나더라도 흉보지 않을' 지란지교를, 우리는 집에서 만난다.

— 김은재, 『공동체주택이 답이다』 중에서

한 필지당 5세대로 제한되어 있어 두 필지로 나눠 2동으로 지은 과천 소행주 '사이'

부천 **산뜰**이 마당 넓은 주택이라면, 과천에 세워진 소행주 **사이**는 마당을 사이에 두고 쌍둥이 주택 두 동이 마주 보고 있는 모습이다. 대지의 특성상 종전의 소행주들이 2종 일반 주거지역에 지어진 것과 달리, 1종 일반 주거지역에 지어졌다. 이렇게 소행주는 서울을 넘어 수도권역으로 확산됨으로써, 단순히 서울 마포구 일대라는 제한된 지역에서 일어난 일시적 유행을 벗어나 사회에 임팩트를 줄 모멘텀을 가지게 되었다. 게다가 **사이**는 설계에 있어 두 개의 유사한 주택을 함께 지어 서로 '교호交互적인' 기능을 나누는 단위를 실험했다는 점에 있어서 필자에게 더욱 의미 있는 작업이었다.

사이는 공동 육아를 지향하는 '열리는 어린이집' 회원들이 주축이 되어 만들어졌다. 공동체주택에 대한 의지를 확인한 리더 '모모'가 과천 주변에 땅을 알아보았고, 그중 세 번째 부지가 가장 적당하다고 판단되어 동시에 두 필지를 구입해 주택 두 동을 올렸다. 2015년 9월에 공사를 시작해서 2016년 6월 1일 완공과 함께 입주를 시작한 **사이**는 소행주 건축이 시작되기 전부터 공동육아협동조합을 구성하여 자체적으로 무형의 커뮤니티가 형성된 상태였기 때문에 기획과 설계 단계에서 의견 수렴과 합의점을 쉽게 찾을 수 있었다. 협동조합으로 다져진 끈끈한 공동체 의식은 건축 과정에서 유감없이 발휘되었다. 이견이 발생하거나 마을에 문제가 일어날 때, 매달 열리는 정기 회의뿐만 아니라 임시 회의를 통해 함께 의논하고 결과를 도출하는 문화가 자리 잡았다. 처음 계획 당시에는 크게 신경 쓰지 않았던 지하 공간을 공사비를 더 지출하여 자녀들을 위한 공간으로 변경한 것이 단적인 예다. 지형 단차로 발생한 지하 공간과 더불어 1층에 위치한 커뮤니티실은 거주자들뿐 아니라 마을 주민들에게도 개방되어 다양한 문화 활동이나 반찬 나눔 같은 공동체 활동의 거점 역할을 담당하고 있다.

　사이에는 1층 마당과 연결된 현관 외에도 주차장과 자전거 보관소와 이어진 출입구가 더 있다. 두 개의 현관은 각기 커뮤니티실과 지하 공간으로 바로 통하도록 설계되어 있기 때문에 각 세대로 들어가려면 1층 커뮤니티실을 지나가야 한다. 개인적으로 소행주를 진행하면서 동일한 건물 두 동을 지은 게 처음이라 여러 가지 생각지도 못했던 문제들이 툭툭 불거졌다. 건물을 끼고 있는 여러 행정상의 절차와 법적인 문제도 쉽지 않았지만, 공동공간을 어디에 놓을지가 가장 고민이 되었다. 두 동이다 보니까 반씩 커뮤니티실을 설치할 수는 없는 노릇이었다. 게다가 A동 한쪽에 지하가 없는데, B동에는 지하가 만들어질 수밖에 없는 지형이었다. A동 사람들이 커뮤니티실로 들어가기 위해 B동 현관을 통과해야 하는 문제, 커뮤니티실이 한쪽으로 쏠려 있어 소외되는 세대가 있을지 모른다는 염려가 제기되었다. 처음에는 이 문제로 갈등이 없지 않았지만 지금은 각 동의 특징을 잘 살려낸 재미난 동선이 구성되었다. 외부마당을 통해 지하 놀이공간을 지나 커뮤니티실로 가는 이 동선은 무척 재미난다. 동선을 편하게 만들고 A동과 B동

화곡 소행주 2호를 짓기 위해 기존 건물을 철거하기 전, 주변 이웃들에게 보냈던 안내문(2019년 2월)

의 아이들이 자연스럽게 섞일 수 있도록 설계하는 데 각별히 유의했다.

과천 **사이**와 마찬가지로 화곡동 **이을**도 공동 육아로 맺어진 인연이 소행주까지 이어진 사례다. 적당한 대지를 찾았다는 연락을 받고 강서구 화곡동 현장을 찾으니 주거환경이 이전 소행주에 비해 열악했다. 열악하다는 것은 좁은 골목과 높은 경사도로에 있는 주택들의 밀도가 높아 답답한 느낌이 있었다는 뜻이다. 세대주들이 계약한 대지는 지면이 가파르게 기울어져 있어서 필자마저도 '과연 여기서 소행주가 될까?'하는 의구심이 들었다. 그러면서 동시에 '여기서 소행주가 가능하다면 이 운동이 더 탄력을 받을 수 있겠다.'는 기대감도 들었다. 정작 계약을 마치고 착공에 들어가니 걱정은 기우에 지나지 않았다. 동네 분위기도 좋았고, 다른 곳에 비해 주민들의 민원도 많지 않았다. 만나 보니 가까운 곳에 시장이 형성되어 있었으며, 주변 주민들의 성품도 착하고 소박한 편이었다. 주거 환경이 조금 안 좋고 서울의 변두리에 속할 수 있겠지만 이런 곳이 오히려 공동체성이 살아있는 곳이 아닐까, 새삼 배우게 되었다.

화곡동 이을은 두 필지에 각각의 건물을 지은 과천 사이와 달리, 두 필지의 땅을 사서 그 위에 한 동으로 지었다. 기본적으로 대지가 넓었기 때문에 설계에 있어 공동성을 발휘할 여지가 좋았다. 대지가 너무 좁은 경우, 세대별로 주거공간을 먼저 확보하기도

화곡 소행주 '이을'의 정면. 이곳 역시 공동 육아로 맺어진 인연이 조합을 이뤘다.

벅차기 때문에 공동체성과 관련해 선택의 폭이 좁아질 수밖에 없다. 그런 점에서 이을은 커뮤니티실을 비롯하여 공동공간을 마음껏 활용할 수 있는 아주 좋은 조건을 갖추고 있었던 셈이다. 현관도 넓게 뺐고, 아이들이 마음껏 뛰어놀 수 있는 마당도 확보했다. 건물 내 계단의 경사도 완만하게 놓아 높이가 160mm밖에 안 돼서 품위 있는 계단, 편안한 계단이 되었다. 아이들이 오르내리면서 굴러 떨어질 염려를 없앴다. 2층에 마련된 커뮤니티실도 넓게 구성하여 근린생활시설로 입주해 있는 봉제산 방과 후 학교와 공간을 공유하기로 했다. 각각 떨어져 있을 때 좁다는 점과 두 공간 모두 싱크대와 화장실 등 수도 설비가 필요하다는 점 등을 고려하여 공간을 공유하는 것으로 계획되었다. 1층에는 입주자들과 동네 주민들을 위한 카페 '바람쐬다'가 사랑방 역할을 톡톡히 하고 있다.

세대주들은 공동 육아 '개구리 어린이집' 출신으로, 건축 과정에서 보여준 이

들의 결속력은 인상 깊었다. 기획과 설계부터 아이들을 중심으로 모든 구조를 짜고 공간을 배치했다. 애초에 같은 목적, 같은 생각으로 모인 가구들이었기 때문에 의사결정과 추진력이 남달랐다. 특히 집 짓는 내내 중간 역할을 훌륭히 처리해줘서 잘 마무리 할 수 있게 해준 '아무렴'에게 고마움을 전한다. 산뜰의 '드레곤', 사이의 '모모', 살면서 주택의 '해기' 등과 같이 이을 또한 '아무렴'처럼 일도 잘하지만 소행주 콘셉트를 충분히 이해한 조정자로서의 역할을 훌륭히 해주는 리더가 있어서 입주까지 순탄했던 것 같다.

다만 공사 중에 외부 패널을 알루미늄 패널로 바꾸면서 생각한 것보다 비용을 많이 부담한 건 옥에 티였다. 서로를 배려하고 아름답게 공간을 이어가는 입주자들을 보면서 필자가 외장재에 욕심을 냈던 게 화근이었다. 당연히 계획했던 것보다 예산이 더 들어갔고, 그에 따라 공사기간도 길어졌다. 그렇다고 늘어난 비용을 입주자들에게 떠넘길 수는 없었다. 공사를 마치고 2016년 11월, 동시에 입주를 시작한 이을은 '스스로 서서 서로를 잇는 집'이라는 이름답게 지금까지 알콩달콩, 재미있게 작은 마을을 이루며 살고 있다. 이을이 화곡동에 잘 안착하면서 마을의 후배들도 욕심을 내서 화곡동 소행주 2호를 만들었다. 가지고 있는 돈은 적지만 마을에서 공동체 활동을 하겠다는 의지가 강하다. 지하실 커뮤니티실을 포기하지 않고 자신의 집들을 줄여 비용에 맞추려고 노력하는 것을 보고 필자 또한 그들의 마음씀에 동화되어 최대한 예산에 맞는 계획을 다시 짜 2020년 4월에 입주할 예정이다.

셰어하우스를 통한
소중한 가치의
발견

얼마 전 서울시 종로구의 한 고시원에 불이 나 6명이 사망하고 12명이 부상을 당하는 안타까운 사고가 일어났다. 화재가 난 고시원 건물은 1982년 12월 건축 허가를, 1983년 8월 사용 승인을 받았으나 건축 대장에는 고시원이 아닌 '기타 사무소'로 등록되어 있었다고 한다. 당연히 소방시설법 시행령이나 다중이용업소의 안전관리에 관한 특별법이 규정하는 스프링클러 설치 대상에서 제외되었다. 서울시가 무상으로 지원하는 스프링클러를 설치할 수도 있었지만, 지원을 받게 될 경우 5년 간 임대료를 동결해야 하기 때문에 한 푼이라도 더 임대료를 받아야 하는 건물주에게는 부담이었을 것이다.

이 글을 쓰고 있는 순간에도 수십만 명의 사람들이 고시원과 달방, 쪽방에서 고단한 도시의 하루를 보내고 있을 것이다. 이런 건물들은 대부분 제대로 된 소방허가를 받지 않거나 불법 증·개축을 통해 용적률을 높인 가건물들이다. 화재에 취약한 구조를 띠고 있을 뿐만 아니라 통풍과 환기 등 주거여건이 열악하다. 건물주는 한 사람이라도 더 넣기 위해 방 하나를 억지로 잘라 벽으로 막고 월세를 놓는다. 세입자로서는 쾌적하고 인격적인 주거공간을 보장받지 못하고 밖에서 집으로 들어오면 도리어 더욱 관계가 단절된 삶을 살게 된다.

아는 친구의 어머니가 한양대 서울캠퍼스 근처에서 하숙을 운영하셨다. 젊어서 사회 활동도 했고 많은 재산을 일궜지만 늘 검소했던 분으로 기억한다. 생전에 한 번은 집을 고치고 싶다고 필자에게 연락이 닿았다. "집을 어떻게 하시려고

요?" 찾아뵙고 계획을 물으니 소위 '원룸텔'을 짓고 싶다고 하셨다. 현장 실사를 해 보니 주거환경이 너무 안 좋았다. 창문이 없는 방과 반지하 방이 많이 나올 수밖에 없는 구조인 데다가 방범창도 없는 1층 세대가 많아 주변 유흥업소와 먹자골목 때문에 치안에도 무방비했다. 보통 이런 경우, 최대한 쪽방을 많이 만들어 수익을 올리려는 건축주의 의견을 수용하고 공사에 들어가면 그만이다. 그런데 필자는 주제넘게도 건물로 사회정의를 실현해보시라고 제안했다.

"주택 문제 개선도 사회 활동의 하나로 하실 수 있습니다. 요즘 학생들 너무 힘들게 사는데 어머니께서 돈을 많이 안 들이고도 안전하게 여럿이 함께 지낼 수 있는 공간을 만들어주셨으면 좋겠습니다." 이 이야기를 듣고 어머니의 눈시울이 붉어지더니 이내 눈물이 그렁그렁해지셨다. 짐작컨데 여기에서 번 돈을 의미있는 활동들에 쓸 생각만 하셨지 당신이 함께 머무는 이 공간을 통해서도 아름다운 가치를 실현할 수 있다는 걸 한 번도 생각해보지 못한 데 대한 회한의 눈물이었을 것이다. 그동안 열악한 주거환경에 당신을 가두고 학생들을 머물게 하면서 돈을 벌어왔다. 누구보다도 좋은 사회를 만들고자는 열망이 컸음에도 어머니는 사회운동에 대한 대안으로 학생들에게 주거환경을 개선해주는 일은 꿈도 꾸지 못했다고 하셨다.

그 이후, 조금 시간을 가지고 생각해보겠다고 하셨던 어머니로부터 전화가 오지 않아 나도 포기하고 잊어버렸다. 얼마의 시간이 지났을까. 어머니의 마음을 알았는지 아들이 우연찮게 연락해왔다. 그는 그간의 사정을 이야기했다. 어머니는 나와 만난 뒤 얼마 지나지 않아 지병으로 돌아가셨다고 한다. 그러면서 아들인 자신이 건물을 상속받았는데, 여러 개발업자들이 달라붙으면서 정신이 없다는 것이었다. 가보니 이미 다른 개발업자와 이야기가 반 정도 진행된 상태였다. 너무나 안타까워 나는 살아생전 어머니와 나눈 이야기를 전했다. "어머니가 건물을 통해 사회정의를 실현하고 싶어 했다." 이야기를 나눠보니 아들도 어머니

못지않게 의식이 깨어있었다. 상황을 다 이해하더니 흔쾌히 공동체건축과 소행주 정신에 동의해주었다. 더 잘게 쪼개면 월 수익을 더 벌 수 있는 설계를 놔두고 세입자에게 보다 쾌적하고 인간적인 주거환경, 두세 명이 함께 공동체를 이루며 지낼 수 있는 공간을 제공하기 위해 모험을 감행한 것이다. 나중에 들으니 주변에서 제정신이냐며 말리는 사람도 많았다고 한다. 월세로만 근 100만 원 이상 손해를 보는 방 구조였기 때문에 분명 주인으로서 많은 고민을 할 수밖에 없는 힘든 결정이었을 것이다. 대의를 이해하고 선뜻 용기를 내준 건축주가 내심 고마웠다.

결국 2014년 6월 건물의 리모델링을 무사히 마쳤고, 세입자들을 받을 때는 주변에서 입주하고 싶은 '핫한' 주거공간 중 하나가 되었다. 이 과정을 거치며 건축가라면 주인을 설득해서 더 좋은 주거환경, 의미 있는 공간 활용을 구현해내는 일도 해야 한다는 걸 깨달았다. 건축주가 개발 이익에 매몰되어 공동체와 마을, 주변 환경을 보지 못할 때, 그에게 공동체의 철학을 전하고 '더불어 함께' 살아가는 의미를 말하는 것도 건축가의 몫이다. 이렇게 서울시 성동구 행당동 2호선과 5호선, 국철, 분당선이 만나는 교통의 요지에 여성 전용 커뮤니티 하우스 **달리**가 탄생했다.

달리를 준비하면서 고민이 깊었다. 진짜 이름처럼 기존의 원룸과는 다르게 만들고 싶었기 때문이다. '각각'과 동시에 '함께'를 어떻게 건축으로 엮어낼 수 있을까? 혼자지만 서로 다른 이들이 만나 가족처럼 서로에게 울타리가 될 수는 없을까? 조금은 새로운 주거문화와 생활을 담아낼 수 있는 멋진 집, 누구나 살고 싶고, 공동성이 확보되는 그런 주택을 지을 수 없을까? 그런 고심의 흔적이 **달리** 곳곳에 묻어 있다. 그래서 어떤 작업보다 개인적으로 보람이 컸다.

여성 전용 커뮤니티 하우스 달리는 이익을 양보한 건축주의 과감한 결정 덕분에 탄생할 수 있었다.

　기본 건물의 콘셉트는 여럿이 함께 살면서 안심하고 지낼 수 있는 여성전용 커뮤니티 하우스였다. 구조만 다를 뿐 철학과 방식은 모두 소행주에서 구현했던 동일한 원칙을 적용했다. **달리** 역시 각자의 방에 들어가면 자기만의 공간이지만 문을 열고 나오면 언제든 소통하고 마음을 나눌 수 있도록 별도의 커뮤니티실을 지하에 배치했다. 개인의 생활을 존중하면서도 함께하는 가족 같은 울타리를 느낄 수 있도록 공부하거나 책을 읽을 수 있는 공동의 공간을 두어 커피를 마시거나 담소, 영화 감상, 손님맞이 등을 할 수 있다. 기존의 쪽방촌이나 고시원에서는 상상할 수도 없는 커뮤니티를 가질 수 있는 것이다. 이뿐 아니라 옥상에 테라스를 따로 두어 일광욕을 하거나 빨래를 건조시킬 수 있는 공간도 제공했다. 방이 비좁다고 느껴질 때 모과나무 그늘에서 차 한 잔의 여유를 즐길 수 있고, 햇살 좋은 날 옥상에 매트를 깔고 앉아 함께 고기도 구워 먹을 수 있다.

　달리는 여성 전용 원룸주택이다 보니 다른 건물보다 보안과 방범에 특히 신경을 썼다. 3중 출입문대문, 현관문, 세대문을 통과해야 안으로 들어갈 수 있도록 설계했고, 택배 보관함을 마당에 별도로 설치해서 배달원을 가장해 여성 혼자 지내는 방으로 침입할 가능성을 원천 차단했다. 또한 각각의 방마다 설계가 다양하게 이루어져 개성이 넘치고 고르는 재미까지 있다. 달리에는 열두 개의 방을 조성했는데, 그중에 모양이 같은 방이 단 하나도 없을 정도다. 넓이와 구조가 모두 달라서 방마다 인원과 비용도 다 다르다. 붙박이 가구와 침대, 옷장 및 책상은 기본적으로 구비되어 있고 신발장과 세탁기, 에어컨, 냉장고, 주방, 싱크대, 전자레인지 등도 있다.

달리와는 규모가 다르지만 장안동에도 여성 전용 셰어하우스를 만들었다. 처음에는 나이 지긋한 어르신이 '현재 1세대가 전세로 살고 있는 곳을 3가구 원룸으로 만들어서 수익성을 높여볼까 한다'고 하여 리모델링 상담을 시작했다. 이에 필자는 장한평역과 가까운 입지이기에 청년들이 저렴한 임대료로 함께 사용하는 공유형 셰어하우스를 만들자고 제안했다. 또한 1년간 받고 싶은 임대료를 소행주가 먼저 내는 대신 입주자 관리, 건물 관리도 우리가 하겠다고 제안했다. 건물주가 다리가 많이 불편해서 계단을 오르내리기 힘든 상태라 직접 관리를 하고 싶지 않다고 한데다, 연年세를 미리 건물주에게 주고 알아서 운영하는 미국이나 일본의 건물 및 입주자 관리 기법을 도입, 커뮤니티 비즈니스 차원에서 소행주가 운영하려 했다. 공실률을 감안하여 80% 정도의 임대료를 내는 것으로 협의했는데, 그분 역시 전혀 신경을 쓰지 않아도 되어 기뻐했다. 셰어하우스를 만들고 운영한 지 어느새 4년이 되어 가는데 건물주, 운영자소행주, 입주자 등 3자가 모두 만족하는 결과가 순조롭게 유지되고 있다.

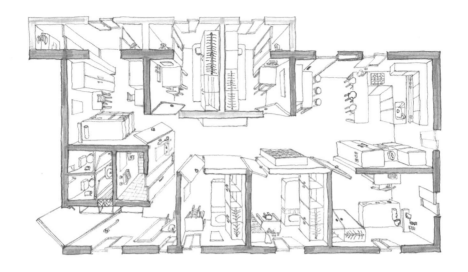

장안동 셰어하우스의 평면도. 애초에는 다세대 1세대를 원룸 3개를 꾸며 수익사업을 할 생각이었다. 그러나 여성전용 셰어하우스로 만듦으로써, 현재는 7명이 저렴한 임대료를 내고 거주하고 있다. 건축주 또한 관리 부담에서 벗어나 소행주에게 임대 및 주거관리를 편리하게 위탁한다.

달리와 장안동 셰어하우스 모두 성미산마을에서 시도했던 셰어하우스의 특별한 경험이 있었기에 진행할 수 있었다. 셰어하우스는 미혼과 비혼을 비롯하여 1인 가구가 급증하는 시대이기에 앞으로 더욱 많아질 전망이다. 주목할 점은 1인 가구에게도 공동체성이 요구된다는 것이다. 어쩌면 소행주 운동은 나 홀로 시대를 살아가는 미래 세대가 주거공간에서 공동성을 얻을 수 있는 거의 유일한 대안일지 모른다는 생각이 든다.

종교 건축과
공동체,
태평동락

교회를 비롯한 종교 건축은 건축가들의 로망 중 하나다. 세계적으로 유명한 건축가들은 성당이나 교회를 설계하여 자신의 건축 철학을 뽐내왔다. 일본의 유명한 건축가 안도 타다오安藤忠雄가 오사카에 세운 '빛의 교회'나 가우디가 설계한 미완의 '사그라다 파밀리아 성당' 등은 건축학 교재에 빠짐없이 등장하는 건물들이다. 노출 콘크리트로 사면을 두른 빛의 교회는 지역 명물로 유명세를 타고 있으며, '가우디 성당'이라는 별칭으로도 불리는 사그라다 파밀리아 성당 또한 유명한 지역 명소가 되어 엄청난 관광객들을 끌어모으고 있다. 필자 역시 때를 기다리면 종교 건축을 할 기회가 올 거라고 생각했다. 이유는 간단했다. 이들처럼 건축가로서 독특한 구조나 역사에 길이 남을만한 건물을 세우고 싶어서가 아니라, 유기적인 마을이나 공동체를 구성하는 과정에 종교 건축물이 절대 빠질 수 없기 때문이다. 예나 지금이나 종교는 지역사회를 하나로 묶는 가장 중요한 결속의 원천이자 동력 중 하나다. 종교성이 발현되어 세워진 마을 단위의 공동체가 역사적으로 얼마나 많던가?

그 첫 번째 작업이 바로 성남 주민교회였다. 다시 말해 구도심개발, 지역과 함께하는 개발 측면으로 종교공동체건축의 첫 번째 작업이었다. 필자는 일반 건축보다 쉽지는 않지만 종교건축을 작업한 것이 여러 개 있다. 2001년 조계사 공동숙소 신축공사, 2005년 양구 등운사 요사체 건물 신축공사, 2006년 서울시지정 문화재인 성북동 복자수도원 "피정의집 복자사랑" 복원공사와, 2008년 천주교

인천교구 노동자인성센터 신축공사 그리고 최근에 가나안교회의 영성센터를 시공하였다. 나에게는 운명과 같은 만남이었다. 사실 나는 종교 건축에 투신할 만큼 종교에 몰두하거나 신앙심이 깊은 사람은 아니지만, 절대자 앞에 서 있는 인간 존재의 미약함, 숭고한 종교적 희생과 겸손이 잘 묻어나면서도 지역 사회에 중심이 되고 집단 윤리의 보루가 될 수 있는 건물을 하나쯤 짓고 싶었다. 더불어 당장의 종교적 용도뿐만 아니라 교인들이 예수의 나눔과 봉사를 실천하는 대안적 신앙 공동체로 함께 자라갈 수 있도록 향후 20년 뒤를 내다보는 설계가 필요했다.

주민교회가 있는 성남 태평동에는 과거 서울 청계천이 정비되면서 이주한 사람들이 정착해서 살고 있다. 전형적인 슬럼은 아니었지만, 주거환경이 열악하고 기반 시설이 부족했다. 이런 경우, 구도심에서 어떤 식으로 개발을 해야 좋은지 많은 사람들이 답을 못 찾고 있었다. 주민교회 재개발 사례는 구도심을 어떻게 개발해야 되는지의 좋은 모델이자 사례가 됐다. 본래 교회는 지금의 시민회관인 구 성남시청 앞에 있으면서 태평역까지 1.3km, 도보로는 대략 18분 정도 걸리는 곳에 위치해 있었다. 한 장로님의 전화를 받고 방문해보니, 지하 1층과 지상 2층으로 이루어진 아담한 종교시설이었다. 역사가 40년이 넘은 오래된 교회의 담임목회자로 이해학 목사님이 교회를 시무하고 있었는데, 외국인 노동자 쉼터와 주도적으로 주민생협, 주민신협까지 만든 매우 의식 있고 진취적인 분이었다. 필자가 만났을 때 이 목사님은 교회를 팔아 시골로 내려갈 계획을 세우고 있었다. 이미 땅도 알아보고 계획도 어느 정도 진척이 된 상태였다. 필자가 보기에 역사적 서사성이 있는 교회가 그렇게 허무하게 무너진다는 것이 너무 안타까웠다.

그때부터 갑과 을이 아닌 수평적인 관계에서 시행사의 마진을 없애고 서로 원원하여 사업을 가치 있게 완성할 수 있다면 그걸 가지고 지역에 나눠야 한다는 취지로 목사님과 다른 장로 및 교인들을 설득했다. "성남이라는 지역에 필요한 것, 그중에서 교회가 감당할 수 있는 것들이 뭐가 있을까요?" "나는 건축을 하는 사람이지만, 교회를 통해 지역 주민들을 위한 공동체 운동을 하고 싶습니다."
"교회 건물을 신축하고 지역에 되돌려주는 공간이 있어야 합니다." 이렇게 줄기
차게 이들을 설득했다. 한 마디로 공동체 개발론을 들이민 것이다.

　나의 이야기를 듣고 처음에는 머뭇거리며 중심을 잡지 못하더니 지역을 살리
고 공공의 이익을 위한 개발이라는 말에 목사님은 흔쾌히 동의했다. 본격적으로
설계를 하고 계산기를 두들겨 보니 100억짜리 프로젝트였다. 비용도 비용이었지
만 문제는 따로 있었다. 막상 건축을 하려고 하자 "자금 마련이 어려워 교회 땅
도 다 날려버릴 수 있다", "자담건설의 규모가 100억 정도 되는 프로젝트를 수행
할 수 있겠는가?", "외형이 교회 같지 않다" 등등을 문제 삼아 여러 가지 난무하
는 억측들로 대내외적으로 방해를 했다. 우여곡절이 있었지만 결국엔 교회를 통
해 과거 마을 공동체를 만들자는 취지에 동의를 얻어냈다. 공동체적 개발 방식에
따른 지속가능한 도시 공동체를 복원하자는 명분을 가지고 2011년 4월 첫 삽을
떴다. 사업 콘셉트는 주민교회의 재건축을 계기로 하여 **태평동락** 커뮤니티를 중
심으로 지속가능한 도시 공동체를 세워 공간과 사람, 커뮤니티를 통해 지역사회
와 소통하고 교류하는 공간을 마련하는 것이었다. 필자는 자금의 어려움은 주민
신협이 교인에게 일반은행과는 다르게 편의를 제공할 것이며, 지역의 활동가들
또한 현재 자가나 전세에 살고 있는데 우선 그들에게 선 분양을 받아서 초기자
금을 충당하면 된다고 밀어붙였다. '함께하는 사람만 있으면 돈의 문제는 해결된
다'는 믿음이 있었다. 그렇게 자금의 어려움과 리스크를 극복하였다. 도심공동체
복원을 위해 교회 공간을 '내 것'이 아닌 '우리의 것'으로 내어줌으로써 공동체는
나눔의 삶을 실현할 수 있다.

　나는 공동체적 개발 방식의 적용, 공감과 참여로 이뤄낸 성과를 지역과 나누고
공유함으로써 지역의 새로운 문화를 창출하고자 했다. 또한 지역에 관계된 이들
뿐 아니라 타 지역과의 연결을 통한 공동체 조직망을 구축하여 네트워크를 이루

지금은 지역의 랜드마크가 된 태평동락의 모습

고 소통을 기반으로 하는 협동조합적 사업 모델을 발굴하고 인큐베이팅하는 커뮤니티 비즈니스를 활성화하고자 했다. 이와 같이 사회·문화적 지속성을 가지고 네트워크·관계망을 통해 사회적 기업과 협동조합 등을 조직함으로써 일자리와 수익을 얻을 수 있게 하여 경제적 지속성을 이루자는 그림이었다. 이처럼 필자가 하는 건축은 필요한 공간을 마련하고, 대안을 찾아 관계를 개선하고 이를 사회·문화·경제적으로 지속 가능하게 하려는 도시 공동체 복원 사업이다. 도시공동체의 복원 방법으로 건물의 공간과 프로그램을 통해 공간을 나누고 취미, 일, 봉사 활동, 육아 등의 생활 교감과 교류를 통해 공동체를 이루고자 했다.

주민교회 부지에 지하 3층 지상 12층의 주상복합건물이 들어서자, 이 지역의 명물이자 랜드마크가 되었다. 신축 건물의 주거 부분은 원룸형 도시형생활주택 80세대로 조성되었고, 일차로 교인과 신협과 생협 조합원에게 분양되었다. 추가로 관심을 갖고 있는 일반인과 지역 주민들을 대상으로 분양했다. 또한 3개 층의 근린생활시설 중 지하 2개 층은 지역 커뮤니티센터로 교회의 역사관, 예배 공간 및 복합문화공간, 협동조합, 사회적 기업 등 교인과 지역사회 주민의 요구를 반영한 시설로 활용했다. 지상 3층은 사업 취지에 부합하는 커뮤니티 비즈니스를 위한 공간으로 분양했다. 지역 커뮤니티센터는 지역 생활 공동체의 모태가 되는데 목적을 두었다. 커뮤니티를 중심으로 마을극장, 생활공방, 지역동아리, 생협활동, 지역도서관 등이 운영되도록 배려했다.

태평동락 공동체는 주민교회의 오래된 숙원 사업의 하나인 생활공동체, 지역공동체, 생명공동체를 만들어가는 첫걸음이었다. 교인을 모으고, 이웃을 아우르며, 마음을 모아 지역을 통합하는 새로운 주거문화를 형성하는 데 목적을 두었다. 이 정신은 생활협동조합의 발전 모델이며, 공동체적 삶의 거점을 마련하려는 새로운 시도에 동력을 주었다. 민주화의 성지이며 성남의 역사인 주민교회의 역사를 계승하여 역사성을 살리고, 신주거공동체모델을 제시하고 지역 커뮤니티 네트워크 센터를 지향하여 공공성을 높였다. 또 주민교회, 주민생협, 생활수련원, 의료생협, 복지생협과의 네트워크 속에서 공동체적으로 개발함으로써 마을의 지속성이 이어지도록 했다. 처음에는 교회를 이전하자라는 의견들이 있었다. 이곳 주민들은 '일반적으로는 교회 위에 주택은 시끄러워서 분양이 안 된다.'는 논리를 받아들이고 있었다. 나는 "그렇지 않다. 교회는 마을 속에 있으며 지역민에게 충실한 교회의 원래의 목적에 충실하면 된다. 주민교회는 분명히 그렇게 할 수 있다."라고 주장했다. 일단 수요일과 일요일에만 쓰이는 예배 공간을 극장식으로 꾸며 지역 주민들과 함께해서 사용빈도를 높였다. 그런 한편, 원룸만 들어가면 수익성은 높아지나 주택의 관리를 위해서는 정주성을 높여야 하므로 교인과 지역 활동가들이 입주하는 큰 평형을 구성하기로 했다. 수익만 보다 보면 관리가 안 돼서 슬럼화될 위험도 있고 하여 3~4인 가족의 안정된 거주와 지역에 의미 있는 건물로 만들기로 한 것이다. '지주 공동사업'의 성격은 띠었지만 시행 이익을 제로로 했으므로 저렴한 가격에 정주형 다세대를 구성할 수 있었다. 옥상은 한국에서는 처음으로 흙 포장을 하여 복사열에 강하게 했으며 잔디가 아닌 흙바닥으로 마감했다.

토지임대부주택,
너나들이

성미산마을 소행주 5호처럼 서울시와 서울주택도시공사SH가 주관하는 토지임대부 주택이 서울시 중랑구 신내동에도 들어섰다. 소행주의 성공사례를 감명 깊게 보았던 박원순 서울시장은 「토지임대부분양주택공급촉진을위한특별조치법」과 관련된 조례를 지시하면서 임대주택 8만 가구 중 민간과 협력해 2만 가구를 공급하겠다는 구체적인 전략을 내놓았다. 신내동 너나들이는 그러한 가운데 민관이 함께 이뤄낸 유의미한 성과였다.

앞서 말했듯이, 토지임대부 주택은 이미 개발할 수 있는 전용 택지가 서울시 내에 거의 존재하지 않는 상황에서 기존의 도시 체계 속에서 주택을 공급할 수 있는 대안이자 적은 비용으로도 서울시민의 주거 안정을 합리적으로 꾀할 수 있

서울시와 함께 작업한 신내동
너나들이는 새로운 건축 모델로
자리를 잡았다.

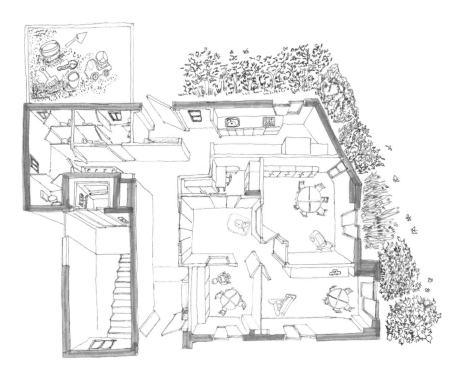

신내동 너나들이는 서울시 땅을 40년 토지 임대하여 육아형 공동체주택을 형성한 예이다. 그림은 부모들이 참여해 평면을 완성한 공동육아 어린이집 '너나들이'의 내부 모습.

는 도시 개발 계획이다. 소행주 5호와 달리 신내동 **너나들이**는 공동육아를 콘셉트로 잡았다. 원래 종교부지였던 서울새솔 초등학교 건너편의 358평 미매각부지에 24세대 공동체주택이 들어섰다. 소행주 5호는 협동조합을 만들어서 조합에게 운영권을 넘겼지만, 신내동 **너나들이**는 소행주가 사업자로서 향후 40년을 분양 및 관리, 운영하도록 완공되었다.

'서로에 대한 믿음이 두터운 친구 사이'를 뜻하는 순한글 표현인 **너나들이** 주택의 핵심은 무엇보다도 1층 오른편에 위치한 조합형 공동육아 어린이집이다. 현재 1자녀당 850만 원의 출자금두 자녀일 때는 500만 원을 내면 **너나들이** 조합원의 자격을 얻게 되며, 매달 30~40만 원의 조합비원아 수에 따라 변동이 있음를 내면 어린이집에 자녀를 맡길 수 있다. 처음 냈던 출자금은 나중에 돌려받을 수 있는 금액이라 부담이 없다.

신내동 **너나들이**는 소행주에게 또 다른 의미가 있다. 이전까지 입주 세대끼리 자체적으로 조합을 만들어 운영과 관리를 책임져왔는데, 신내동 **너나들이**의 경우 소행주가 사전 입주자 모집과 입주 후 운영과 관리에 이르기까지 일체의 책임을 지고 있다. 준공공임대주택으로서의 **너나들이** 관리규약이 만들어지면 또 다른 영역에서의 주택관리규약이 될 것이다. 이런 과정을 통해 또 새롭게 배우고 있다. 공동체주택에서 임대와 관리를 어떻게 해야 할지 배우고 공부하지 않으면 알 수가 없다. 커뮤니티가 발달하지 못한 새로운 지역에 건물만 완공하고 그치는 것이 아니라 꾸준히 마을이 형성될 수 있게 팔로우업을 해주는 것 역시 소행주의 몫이다. 그래서 바로 옆 부지의 '여성 전용 커뮤니티하우스 **달리**' 입주자와 **너나들이** 입주자가 서로 시너지를 낼 수 있게 기획할 것이며, 이렇게 함께 관리·운영한다면 새로운 모델이 만들어질 것이다.

서울시와 함께하는 공동체건축

최근 점차 삭막한 도시 속에서 공동체성을 회수하려는 움직임이 여러 지자체를 비롯한 정부 관계자들 사이에서 일어나고 있다. 반가운 변화가 아닐 수 없다. 필자 역시 25년간 지속적으로 해온 대안건축이 소행주와 공동체주택을 통해 인정받고 있으며 2014년부터 지금까지 6회 연속 건축명장을 연달아 수상하는 분에 넘치는 관심과 사랑을 받았다. 서울시 주택정책을 입안하는 분들을 만나고 여러 회의와 모임에 자문단으로 참여하기 시작했던 것도 아마 그즈음이었던 것 같다. 여기저기 많이 불려 다녔고, 사회주택과 공동체주택에 관한 자리가 있으면 강연자로 나섰다. 박원순 시장은 소행주 철학을 제대로 이해하고 있는 몇 안 되는 단체장 중 한 분이다. 고맙게도 두 번이나 성미산마을의 소행주를 직접 찾아왔고, 도시 속에서 알뜰한 마을살이를 하고 있는 가구들을 직접 둘러보고 만나기도 했다. 그 자리에서 그는 서울시가 안고 있는 주거 문제와 관련해 하나의 대안으로 소행주 시스템이 활용될 수 있을 것이라는 의견을 피력했다.

이후 그 의견은 단순한 의견의 차원을 넘어 그대로 시정에 반영되었고, 서울시는 2018년 12월 공동체주택인증제도를 만들기도 했다. 과거의 도시재생사업이 도시의 주거 문제를 개발의 관점에서 접근한 것이라면, 공동체주택사업은 상생과 마을 만들기의 관점에서 접근한 정책이다. 전자의 경우, 기본적으로 대규모 개발과 많은 비용이 들어가는 공사가 불가피하다. 당연히 여러 이익단체들과 각종 이권이 개입될 여지가 많다. 용산 참사를 비롯해 뉴타운 개발 지정과 관련해 끊임없이 잡음이 들리는 이유는 오로지 재정과 경제성을 기초로 한 '개발'에 방점을 찍고 도시를 재생하고 복원하는 작업을 하고 있기 때문이다. 반면 소행주는 기본적으로 마을과 도시 공동체라는, 건축을 통해 공공성과 공동체성을 확보할 수 있는 '사회적 가치'에 집중하고 있다. 자연스럽게 공사 단위가 작고 효과도 좋다. 개발 이익이 엉뚱한 곳으로 흘러들어가지도 않을뿐더러 주거가 안정되면서 지역사회가 그 개발의 수혜를 오롯이 받게 된다. 궁극적으로 재개발 보상대책에 관한 그 어떤 시정의 부담도 없다.

무엇보다 삶을 중심으로 하는 장소에 대한 통합적인 접근이 요구된다. 도시재생은 도시를 구성하는 물리적 공간과 그 안에 살아가는 커뮤니티, 그들의 경제적 측면과 문화적 측면이 모두 고려되어야 한다. 삶의 문제가 배제된 외부적 논리가 비집고 들어올 때 도시 공동체는 무채색의 형해화된 고립의 공간으로 전락할 수 있다. 또한 도시재생이 의미가 있으려면 도시 주민들의 참여가 담보되어야 한다. 기존의 주민들을 쓸어내고 그 위에 새로운 도시를 건설하겠다는 방침은 재고되어야 마땅하다. 공동체가 살아 있는 도시, 주민들이 적극 참여하는 도시가 되어야 한다. 지역의 정체성과 환경을 고려해 지속적으로 도시와 커뮤니티가 성장할 수 있는 인프라가 구축되어야 한다. 최근 문재인 정부의 지역 재생사업은 염려되는 측면도 있지만 일정 부분은 필자가 갖고 있는 관점으로 되고 있어서 반갑게 진행 상황을 보고 있다. 공공성을 강화하고 사업 시행을 조정하고 지원할 지자체와 정부의 노력이 반드시 합해져야 가능한 일이다.

소행주를 통해 서울시를 비롯한 전국 지자체가 시도해볼 수 있는 건축적인 발상의 전환이 요구되는 시점이다. 그 대표적인 전환이 토지임대부사업이다. 시市

가 보유한 부지에 재개발에 따른 토지 구매의 사업비 부담을 낮추고 민간기업의 투자를 안정적으로 끌어들일 수 있어 정부 및 지자체에게 이익이다. 사업주 입장에서도 시가 보증하는 토지를 활용하여 저렴하게 주택을 건축하여 서민들에게 보급할 수 있기 때문에 다른 부대비용이 들지 않고 안정적으로 사업을 진행할 수 있어 이익이다. 또한 입주 세대 입장에서는 토지 구매에 들어가는 많은 비용을 갖고 있지 않아도 최대 40년 간 안정적인 주거권을 확보할 수 있다는 점에서 또한 이익이다. 이렇게 토지임대부사업은 시와 민간기업과 시민 모두가 윈윈할 수 있는 현실적으로 가장 바람직한 주택개발정책이다. 토지임대부로 지어진 소행주 5호의 경우, 가구당 7천만 원에서 1억 5천만 원 정도씩 부담하여 집을 얻을 수 있었다. 이 비용은 주변 지역 신축빌라 분양가와 비교했을 때 43% 수준으로 거의 반값 이하였다. 토지 이용료로 내는 부담금 역시 부지 면적의 감정 평가액에 3년 만기 정기예금금리 2.41%를 곱한 월 270만 원 정도밖에 되지 않았다. 이는 집 크기에 따라 가구당 대략 33만 원씩 월세처럼 부담하면 되는 금액이다. 서울 시내에서 40년 장기로 내 집을 안정적으로 확보할 수 있다는 점으로 볼 때, 이 금액은 그렇게 큰 부담이 되지 않는 액수다.

향후 준공공임대주택 성격인 토지임대부주택이 지금보다 더 확산되려면 입주민이 부담하는 토지임대료를 획기적으로 낮춰야 한다. 토지임대료를 산정하는 과정에서 감정 평가액과 실거래가의 차액이 나는 문제로 인해 높은 토지 임대료를 부담하고 기존 잔존 건축물에 대한 비용을 사업자가 부담해야 하는 현행 제도는 개선이 필요해 보인다. 스웨덴의 코하우징의 경우, 공공주택에 대한 세금 감면이 이뤄지고, 토지 임대도 저렴한 이율로 공급하는 등 파격적인 정부의 지원과 대책이 선행했기 때문에 공공주택이 사회 전반에 골고루 스며들 수 있었다. 또한 일본의 컬렉티브하우스의 사례처럼 도시 주거지역에 녹지를 조성하고, 주택에도 소규모 녹지공간을 만드는 일에 시가 협력하면 생태적인 도시를 만드는 데 유익

소행주 5호와 일반 소행주, 사회주택의 비교

구분		소행주 5호	일반 소행주	사회주택
소유방식	토지	SH	개별소유	서울시, SH(민간토지 매입 / 12억 원 이내)
	건물	협동조합	개별소유	임대관리(30년 이상)
사업주체		임대사업자 (협동조합 포함)	민간사업자 (소행주)	주택협동조합, 사회적 기업 / 일반 건설업체의 경우는 컨소시엄
재원조달		출자금+사업자 대출	선납+사업자 대출	사회투자기금 대출 (건축비의70%)
입주자격		제한 없음	제한 없음	소득 6분위 이하 계층
장점		토지비 부담 없음, 커뮤니티와 장기거주	거주 안정성, 선택의 폭	민관공동출자형 임대주택, 저렴한 임대료(입주민)
단점/특징		토지임대료 부담 건물의 감가상각 / 40년 거주	분양가 부담	12억 원 이내 토지 부족, 기존 잔존 건물의 비용 부담 / 입주자 10년 거주 가능(+소득기준 충족 시 10년 추가)

할 것이다. 일정한 면적 이상 녹지를 조성하면 세금이나 각종 공과금을 공제해주
는 제도도 좋을 것이다.

최근 성미산마을에는 소행주 입주를 요구하는 사람들이 많으나 토지비도 많
이 오르고 공동체주택을 지을만한 적합한 땅이 없어서 사업 전개가 쉽지 않았
다. 그러던 와중에 다행히 소행주 7호의 토지를 계약하게 되었다. 그 뒤의 숨은
공신은 서울시 공동체주택인증제도다. 이 제도를 통해 자금을 조달하고 입주자
를 모집하여 2020년 1월경에 착공할 예정이다. 한편 부산에서는 소행주 철학을
듣고 이를 지역에서 추진하려는 움직임이 일었다. 공동육아 출신의 3세대가 모

여 부산 소행주 1호를 추진하게 되었고, 2019년 11월에 입주하여 오픈 하우스를 성황리에 마무리하였다. 한편 화곡동 소행주 **이을** 바로 밑에는 화곡동 소행주 2호가 들어선다. 2019년 10월 착공하여 2020년 봄에 입주하게 되는데, 이 작업 역시 서울시 공동체주택인증으로 추진된다. 성미산마을처럼 그 화곡동 일대에 **이을** 같은 소행주가 많이 들어서서 지속가능한 지역 발전을 도모하고 좋은 이웃과 마을을 만드는 계기가 되었으면 좋겠다. 마찬가지로 부천 소행주 **산뜰** 옆에도 건축이 가능한 필지가 나와서 부천 소행주 2호도 더불어 추진하고 있다. 더 싼 땅은 여러 곳에 있으나 **산뜰** 가까이에서 살고 싶어 세입자 명도가 2020년 6월이라는 것을 알면서도 2019년 초에 땅 계약을 했다. 정말 멋진 사람들이다. 이웃의 중요성을 알고 일부 경제적 손실을 감당하니 말이다. '좋은 땅은 좋은 이웃이 있는 곳'이라는 구호가 하나씩 현실에서 실현되고 있는 것 같아 개인적으로 뿌듯하다.

지금까지의 성미산마을 이외 지역의 소행주

	집이름	주소	입주	대지면적	지역	건물규모	세대수
수유 소행주	재미난 소행주	서울시 강북구 수유동	2014년 10월	330㎡	2종 일반	지상 5층	10세대
부천 소행주	산뜰	부천시 소사구 송내동	2016년2월	563㎡	자연 녹지	지하 1층, 지상 4층	6세대
과천 소행주	사이	과천시 과천동 (필지A, 필지B)	2016년 5월	필지A 232㎡ / 필지B 247㎡	1종 일반 (60~120 +인센티브 15%)	지상 3층, 2개동	A동 3세대 B동 4세대
화곡 소행주	이을	서울시 강서구 화곡동	2016년 11월	350㎡	2종 일반	지상 5층	8세대 / 근생 2개
신내 소행주 1호	너나 들이	서울시 중랑구 신내동	2018년 7월	1184㎡	2종 일반	지하 1층, 지상5층	24세대
부산 소행주 1호	소이락	부산시 남구 용호동	2019년 10월	235㎡	2종 일반	지상 5층	3세대
화곡 소행주 2호	삶을잇는 공간 309	서울시 강서구 화곡동	2020년 4월	169㎡	2종 일반	지하 1층, 지상 5층	4세대
신내 소행주 2호	달리	서울시 중랑구 신내동	2019년 10월	660㎡	2종 일반	지상 5층	24세대
부천 소행주 2호		부천시 송내동	2020년 12월	331㎡	1종 전용	지상 5층	4세대

총인원	커뮤니티실 면적 / 위치	근생현황	공용물품 보관소 면적	설계	기타특징
30명	48.5㎡ / 1층		1층 4평	시원건축사사무소 이종호	재미난학교 출신, 자가와 전세가 공존
22명	28.44㎡ / 2층		지하 5평	에이플랜 건축사사무소 원지영	지하층 존재, 산 어린이집 출신
27명	27.94㎡ / A동 1층		지하 4평 2개동	에이플랜 건축사사무소 원지영	지하층 존재, 열리는 어린이집 출신
25명 / 근생근무 2명	58.74㎡ / 2층	봉제산 방과 후, 마을 공방, 카페 '바람쐬다'	1층 3.5평	UND 건축사사무소 양경모	개구리 어린이집과 봉제산 방과 후 출신
70명	99㎡ / 1층	어린이집, 서울시 방과후학교	지하 1층 25㎡	UND 건축사사무소 양경모	최초의 토지임대부주택
12명	33㎡ / 1층		1층 10㎡	건축사사무소 알레프 박상언	
16명	32㎡ / 지하 1층		지하 10㎡	믹스토리 건축사사무소 강경욱	서울시 공동체주택 인증
28명	82㎡ / 1층		22㎡ / 1층	건축사사무소 알레프 박상언	최초의 서울시 토지임대부 공동체주택 인증
14명	28㎡ / 1층	작업장	20㎡ / 1층	건축사사무소 알레프 박상언	

제5장

생태주택 단지에 담은 꿈과
아직 못다 한 희망

생태건축을 향한 꿈

세상에 있는 70억 인구가 다 하나하나의 세상이다.

70억 개의 다른 세상이 서로 맞추고

보듬고 살지 않으면 세상은 전쟁터가 된다.

지금껏 그러했던 것처럼 '품앗이와 이웃사촌의 정신'을

일깨워야 할 이유이기도 하다.

— 지리산 작은마을 도법스님

소행주 운동에 뛰어들기 전에 나는 생태건축을 먼저 시작했다. 건설사 이름도 '자연을 담은 집'을 줄인 자담건설로 지었다. 자연을 담은 집이라는 이름은 우연한 계기로 짓게 되었다. 창업을 고민하는 시점에 옹기장이였던 이현배 선생을 뵈러 간 적이 있었다. "자연을 콘셉트로 지속가능한 건축을 하려고 회사를 하나 만들까 하는데 '자연을 닮은 집'은 어떤가요?"라는 말에 이 선생이 "자연을 담은 집도 괜찮지 않나요?"라고 제안해줬고, 그 자리에서 무릎을 탁 치며 그 이름으로 정하게 되었다. 이현배 선생과는 그 이후에도 매년 평균 한 번씩은 교류한다. 흙과 함께 3자녀 포함 모든 가족이 대를 이어 작업하시는 삶을 보면서 많이 부러워했다. 진정한 가족 공동체이며 도제학교이지 않은가?

'자연을 담은 집'이자 '자연을 닮은 집'을 짓고 싶었다. '담다'와 '닮다'는 그 뜻에 있어 차이가 있다. '담다'는 그릇 안에 무언가를 넣는다는 뜻이다. 반면 '닮다'는 서로 비슷한 생김새나 성질을 지닌다는 뜻이다. 그릇에 담는다는 건 보존을 목적으로 후세에 남기려는 적극적인 자세이며, 무엇을 닮는다는 건 인생의 본보기로 삼아 그대로 따라가려는 자발적인 행동이다. 건축은 자연을 담으면서 동시에 닮아야 한다. 건축은 자연에서 출발했다. 자연에서 발견한 자재를 쓰고 지형지물을 이용하여 건물을 올렸다. 그래서 집의 완성은 건물의 완공이 아니라, 그 속에 사람의 생활과 가치가 하나로 담길 때 비로소 가능하다. 삶을 담고 인생을 닮은 건축은 단지 껍데기만 아니라 삶의 한 부분으로 인간과 어우러져야 하고, 그럴 때 집도 사람처럼 진화하고 성장할 수 있다. 그래서 생태건축은 집 짓기의 화두가 될 수밖에 없다.

생태건축ecological architecture은 무분별한 개발과 건축 과정에서 발생하는 돌이킬 수 없는 각종 오염원과 재생 불가능한 자원의 황폐화로 1980년대 중반 서구의 뜻있는 여러 건축가들 사이에서 새롭게 시작된 건축운동이다. 무엇보다 생태건축은 '어떻게 하면 환경을 덜 파괴하며 에너지를 덜 쓰는 방향으로 집을 지을까?' 고민한다. 최대한 자연에서 찾을 수 있는 친환경적인 자재를 쓰고 석유나 석탄 같은 화석연료의 사용을 최소화하는 방법을 꾸준히 시도한다. 태양열, 풍력, 지열 같은 에너지를 활용하는 방법뿐만 아니라 건설 중에도 불필요한 자원의 남용과 과도한 에너지 사용을 자제하는 것에 이르기까지 설계와 건축, 주거 전반을 아우르는 포괄적인 인식의 전환을 요구한다. 자연스럽게 생태건축의 미래는 새로운 자재와 기술의 발달에 맞물려 있다. 생태주택 한 채를 짓기 위해서는 지역의 기후와 대지, 일조량, 풍속, 지대 등 다양한 환경적 요인을 점검해야 하므로 설계 시 공학적으로 다양한 작업들을 시도하고 점검해야 한다.

우리 인간도 생태계의 일부다. 하지만 사람들이 자연에 가설한 댐이나 건물, 각종 기반시설과 교량들은 자연을 마구잡이로 절단하고 가르며 난도질하여 생태계에 커다란 상처를 남긴 흉물로 남아있다. 속살을 훤히 드러낸 절개지와 무분별한 벌목으로 횡하니 쓸려나간 산비탈은 미처 10년 뒤도 내다보지 못한 인간을 생태계의 외래종으로 전락시켰다. 특히 최근 용인시는 난개발로 몸살을 앓고 있어 난개발조사특위가 11개월여 활동하며 백서를 발간하여 무분별한 쪼개기 등 편법, 불법의 현장을 고발하기도 하였다. 나뭇가지로 강에 댐을 쌓아 서식 환경을 만드는 비버를 생각해보자. 설계도면 하나 없이 한 쌍의 비버는 폭 5m 이상의 강줄기를 막아 복잡한 수중보와 둥지를 만든다. 그들이 만든 인공댐은 자연을 거스르지 않으며, 자연스럽게 생태계에 녹아들면서 자신들뿐만 아니라 주변의 다양한 생명체들에게 긍정적인 수생 환경을 제공한다. 공학적으로 이것저것 재보며 자그마한 가설물 하나만 설치해도 예상치 못한 부작용으로 어김없이 생태계를 교란시키고 마는 인간의 건축술이 명함도 내밀지 못하는 정교함과 친환경성을 자랑한다. 지난 정권에서 무분별하게 벌인 4대 강 사업을 생각해보라. 인간의 탐욕이 낳은 21세기 최악의 건축 재앙으로 기록되지 않았는가.

필자는 자연은 자손들에게 남겨줄 수 있는 유일한 자산이라고 믿고 건축부터 패러다임을 바꾸어야 한다고 생각했다. 필자가 생태건축을 하겠다고 달려들었을 당시에는 '생태건축'이라는 용어마저 낯설었다. 생태건축을 한답시고 자연 속에 주거 공간을 만들면서 훼손을 최소화하는 등 여러 가지 건축적 실험들을 시도했다. 그 경험은 이후 소행주를 비롯한 도시 공동체주택을 만드는 데도 많은 통찰력을 주었다. 생태건축을 한다고 말은 하지만 활자와 이론만 무성할 뿐 벽과 기둥으로 구현하지 못하는 회사, 상아탑에 갇혀서 제도의 ABC는 알아도 건축 현장이 어떻게 돌아가는지 파악하지 못하는 전문가들도 있다. 그에 비해 필자는 직접 자연 속에서 주택을 비롯하여 생태마을까지 지어본 경험을 갖고 있어 이 분야의 전문가임을 자부한다. 생태건축의 이론과 실제, 빛과 그림자를 어느 정도 알고 있다.

　그런 의미에서 필자는 생태건축 1세대다. 90년대 중반, 생태건축을 접하다 보니 자연스럽게 생태단지를 생각하게 됐고, 함께 시골 생활을 하면서 공동주거와 공동육아, 공동교육을 실천하는 공동체모델에 관심을 가지게 됐다. 시골에 생태건축과 공동체마을을 건설하는 아이디어는 이미 1840년대 미국에서 다양한 공동체에 의해 시도되었다. 대표적인 것이 미국 동부 보스턴에서 9마일가량 떨어진 웨스트 록스버리라는 시골 마을에 초절주의자들이 세운 브룩팜brook farm이다. 철학자 랄프 왈도 에머슨과 소설가 나다나엘 호손이 함께 한 공동체로 유명하다. 브룩팜은 노예제가 시퍼렇게 살아있던 당시 미국에서 공동생산과 공동육아를 용기 있게 실천했고, 여성들도 남성들과 동등하게 대우받았던 유토피아 커뮤니티였다. 건물은 공동생활을 영위할 수 있는 방식으로 지어졌고, 사회주의적 모델과 종교 지향적 모델을 함께 갖고 있었다. 브룩팜의 설립 이후 이를 모방하는 다양한 시골 생활 공동체가 19세기 후반 미국 전원에 우후죽순으로 들어섰다.

필자는 건축에 종교적인 명분이나 신앙을 투여하지 않았지만, 공동체주택이 표방하는 이념이나 생활양식이 마음에 들었다. 그래서 여러 사례들을 참고하여 생태단지를 만들기를 마음먹었다. 필자 이전에 생태주택을 실험해본 선배가 없었기에 모든 것을 시쳇말로 '맨땅에 헤딩하는 식'으로 하나씩 배우고 터득했다. 그러면서 자연스럽게 십여 년 전 31세대의 진안 **새울터**를 지었고, 21세대에 60명이 입주한 남원 **작은마을**을 조성하게 되었다. 이 부분과 관련해 논문도 썼는데, 「귀촌형 공동체마을 단독주택의 개성화 : 남원 '작은마을'의 사례연구」는 2012년 2월 한국주거학회논문집에 실렸다.

물론 어려움이 없었던 건 아니다. 이런 방식은 기획과 설계부터 완공에 이르기까지 길게는 3년 이상 걸렸다. 개인적으로 건설사를 운영해야 했기 때문에 생태단지를 조성하는 과정이 지난하고 너무 어려웠다. 가장 정력적으로 활동했던 시기에는 몇 달간 지방에 내려가 지냈던 적도 있다. 지방을 전전하다 보니 몸도 피곤했고 돈도 되지 않았다. 그러다 우연찮게 일본 오사카에 새로운 개념의 공동체주택 18채가 지어져서 사회운동으로 발전했던 **도쥬소** 사례를 접하며, 자연스럽게 도시에서 공동체건축을 진행하자는 쪽으로 발상이 이어졌다. 사실 주거 문제는 경제적 문제도 있지만 자연적 환경에서 살면 좋겠다는 전제에서 출발한다. '시골에서 하던 것을 도시에서 소규모로 하자!' 소박하지만 이것이 소행주의 출발점 중 하나이기도 하다.

왜 성미산마을인가? 당시 성미산마을에는 진보적인 시민들, 사회운동가들, 생협 조합원들이 많이 살고 있었다. 공동체성에 눈이 틔었고 이미 어느 정도 성과를 내고 있는 커뮤니티가 자생하고 있었기 때문에 공동체주택을 시작하기 좋은 토양이었다. 소행주 프로젝트의 기준이며 씨앗이라 할 수 있는 공동육아 어린이집이 이미 성실하게 운영되고 있었고, 지역 주민들이 자발적으로 세운 생협이 몇몇 뜻있는 일꾼들의 손으로 잘 굴러가고 있었다. 나는 이들에게 건축적인 도움을 주면 쉽게 마을 만들기 사업의 일환으로 소행주 운동이 뿌리를 내릴 거라고 봤다.

이번 장에서는 오늘날 소행주를 있게 한 다양한 지속가능한 대안건축 사례를 살펴보면서 그 의미와 장래성을 이야기해보자.

국내 1호
진안 숲속 마을,
새울터

위대한 건축가 루이스 칸Louise Kahn은 "모든 건물엔 저마다의 영혼이 있다."라고 말했다. 차가운 시멘트 덩어리로 지면과 직각으로 솟은 건물은 그 설계의 의도와 철학에 따라 서로 다른 의미를 가질 수 있다는 말이다. 그의 말은 건축가들 사이에서 회자되는 "건물은 살아있는 생물"이라는 말과 일맥상통한다. 건축은 기술이나 공학이기 이전에 인간의 지적 활동이며, 그 지적 활동에는 건물을 통해 실현하려는 인간의 의도와 관심이 반영되어있기 마련이다. 또한 자본주의 인간의 욕망과 탐욕의 민낯이기도 하다. 기둥에 철근은 얼마를 쓰고 층고는 얼마를 띄우고 마감재는 무엇으로 할지 결정하는 건 기계적이고 수학적인 계산에 의해 도출되기에 앞서 전적으로 자연과 건축을 바라보는 설계자의 이해에 달려 있다. 그렇기 때문에 모든 건물에는 저마다의 영혼이 있다.

나는 대학에서 건축을 전공했지만, 사실 설계와 공학 모두를 현장에서 새로 배웠다. 외국 저자가 쓴 건축학 교재를 가지고 수업을 들었지만, 우리나라 건축의 여건과 실정이 책에서 말하는 것과는 너무도 달랐기 때문이다. 문제는 이런 상황이 지금도 거의 변함없이 이어지고 있다는 것이다. 생태건축이나 소행주를 어떻게 알고 필자를 찾아오는 일부 건축학과 학생들에게 물어보면, 건축학과의 상황은 예나 지금이나 거의 변한 게 없는 것 같다. 이름만 대면 알 만한 좋은 학교를 나와서 국내 강단에서 후학들을 기르는 건축가들조차 모든 건물에 영혼이 있다는 루이스 칸의 말이 지니는 진정한 의미를 잘 모르는 것 같다. 건축은 공학이기에 앞서 사람들이 대부분의 시간 동안 머무는 생활공간을 만드는 인문 작업이다. 제대로 된 건축가라면 건축이 자신의 공간 해석 작업이라는 사실을 인정할 수밖에 없다. 건축은 단순히 건물을 올리는 행위를 넘어서 건축가가 공간을 어떻게 분할하고 어떻게 접합하는지 고스란히 전달해준다. 건축은 철근을 몇 미리로 쓸 것인지, 옹벽은 몇 센티로 칠 것인지 결정하는 계산에 머무르지 않고 그 안에서 살게 될 사람을 물리物理적으로, 문리文理적으로 생각하는 작업이다.

필자는 '이념적인 사람'이다. 이념이라는 표현에 정치적인 냄새가 난다면 '이상'이라고 해도 좋다. 필자는 학생운동을 할 때부터 우리건설에서 건축조합을 만들고 지금처럼 자담건설을 통해 마을 만들기 사업을 하는 과정에 이르기까지 이상을 붙들고 살았다. 홍대 건축과 시절 같은 과 최강열 선배, 지금은 수녀가 된 주민학 선배와 함께 빈민운동 차원에서—이름이 좀 거창하지만—'청년건축인협의회'에 적극 참여한 적이 있었다. 비록 건축보다는 사상 교육에 좀 더 집중했지만, 도시 빈민들을 위한 주거 대안을 연구하고 과제로 발표도 하면서 건축을 통한 이상을 마음에 새길 수 있었다. 대학을 졸업하고 구로공단 내 50여 명 정도의 노동자들이 근무하던 세진정밀에 위장 취업해서 선반으로 자동차 부품을 만들며 내 이상은 더 커졌다. 노동운동으로 구치소에 수감되어서도 이상을 잊지 않았다. 교도소에서 나와 우리건설에 동참할 때도 전 직장에서 받았던 월급의 절반밖에 안 되는 급여를 받았지만 아무 미련 없이 이직할 수 있었던 건 이상 때문이었다.

남들이 다들 몽상가라고 부를 때에도 흔들리지 않고 내 일을 할 수 있었던 대표적인 경험은 숲속마을 새울터를 만든 일이다. 진안 **새울터**는 2006년 정부의 전원마을 조성사업으로 선정된 마을이었다.◆ 한국 농촌의 모범으로 꼽히는 진안 능길마을에 31세대로 구성된 계획 귀농마을로서 능길마을은 특별히 2004년 12월 농촌마을가꾸기 경진대회에서 대상을 수상한 고장이기도 하다. 2007년 6월 30일 첫 삽을 뜨고 전문직 4050세대가 귀농 입주할 진안 **새울터** 전원마을이 착공됐다. 내가 진입했을 때에는 마을추진위원장과 사업관리 대행자를 맡은 귀농정책연구소 성여경 소장이 부지를 구매하여 기초적인 작업을 마쳤고, (주)민들레 지역디자인 심현섭 대표가 이미 기획과 설계를 마친 상태였다. 그래서 자담건설은 시공사로만 참여할 수밖에 없었다. 사업 초기다 보니 관과 함께 일하는 데 경험치가 없었고, 당시는 시범단지 조성사업에 대한 이해가 부족했기 때문에 공사에 어려움이 많았다. 공사기간은 일 년 이상 늦춰졌고, 비용은 비용대로 더 들어갔으며, 중간에 일어난 여러 가지 갈등들은 봉합하지 못했다. 지역민들과 입주자들 사이에 싸움이 붙어 법적 시비로 비화되면서 공사는 지연되기 일쑤였고, 시공사로 참여한 필자에게까지 불똥이 튀었다. 협력업체사장이 칼을 들고 사무실에 들어와 필자를 협박했던 적도 있었고, 일부 자금을 마련하지 못해 밤새 동분서주 뛰면서 구걸하기도 했다.

대체 어디서부터 잘못된 것일까? 지나고 보니, 처음부터 사업 프로세스가 잘못되었다. 지역민과 소통하지 못하고 사업 주체가 일방적으로 밀어붙인 건축 사업은 언젠가 탈이 나기 마련이다. 나 역시 중간에서 받을 돈을 받지 못했고, 영세한 건설사를 운영하던 내 입장에서 결코 적지 않은 적자를 떠안게 되었다. 그 손실을 메우는 데 꽤 오랜 시간이 걸렸을 정도다. 변명을 하고 싶은 마음이 없었다. 무엇보다 이상만 앞섰지 생태주거 단지에 대해 뭣도 모르고 달려들었던 터다. 부족한 경험은 엄청난 대가를 치르며 메울 수밖에 없었다. 같은 이상을 가진 동료

◆ 전원마을 사업은 동일 생활권이나 영농권 등으로 동질성을 갖고 발전 잠재력이 있는 전원마을을 상호 연계하여 소권역 단위로 개발하려는 취지로 70억 원의 범위 내에서 국고 80%, 지방비 20%로 사업비가 차등 지원되는 국책 사업이다.

진안 새울터는 나에게 희망과 낙담을 동시에 안겨주었다.

들과 '오랜 미래를 위한 대안건축연구소'를 만들고 생태건축에 대해 공부도 열심히 했고, 우연찮게 좋은 제안이 들어와서 시공사로 함께하게 되었을 뿐 미련도 후회도 없었다. 잃어버린 돈은 또 벌면 되는 것이지만, 사람과의 관계와 경험은 어디서도 얻을 수 없는 소중한 자산이기 때문에 앞으로 뚜벅뚜벅 걸어갈 수 있는 것이다.

다만 진안 **새울터**를 조성하면서 개인적으로 적자를 본 것보다 더 안타까운 게 하나 있었다. '귀농하면서 잘해도 될 일을 저렇게 소통을 못해서 어그러지는구나.'하는 아쉬움이었다. 건축을 대행하는 회사와 의뢰자, 그리고 시공사 3자가 모든 것을 다 터놓고 솔직하게 서로의 입장을 이야기하고 협의했더라면 일이 훨씬 수월하고 아름답게 진행될 수 있었을 것이다. 그러나 아무도 소통하려 하지 않고 각자 입장만 고수하다 보니 갈등 상황이 벌어져도 더 이상 앞으로 나아갈 수 없었다. 진안에서 나는 소통의 중요성을 다시 한번 느끼게 되었다. 소통이 전부다!

남원의
작은
마을

새울터를 완공한지 얼마 되지 않아서 남원에서 비슷한 작업을 시작하게 되었다. 보통 생태건축을 하다가 이 정도로 적자를 보면 대부분의 사장은 깨끗하게 손을 털고 포기할 것이다. 그러나 반대로 나는 오기가 생겼다. 진안 **새울터**를 어렵게 마치면서 개인적으로 이제부터 단순한 시공사로는 참여하지 않겠다고 다짐했고, 그래서 남원은 처음부터 자담건설이 PM사로 들어가 전반적으로 모든 프로세스를 진행하기로 했다. 어떻게 보면, **새울터**가 있었기에 남원 **작은마을**도 가능했다고 할 수 있다.

남원 실상사에 **작은마을**을 조성하기 전에, 수행자들이 종교적인 이유로 함께 모여 수행 공동체를 형성한 사례들을 찾아보았다. 그러다 포도주 생산지로 유명한 프랑스 남서부 보르도에서 차로 한 시간 가량 달리면 나오는 플럼빌리지Plum village를 알게 됐다. 우리말로 '자두 마을'쯤 될까? 유명 잡지에도 소개된 이 공동체는 프랑스에 정착한 베트남 수행자들이 들판에 1,250그루의 자두나무 묘목을 심으면서 1982년부터 시작된 명상센터다. 지금의 플럼빌리지는 불교와 상관없이 누구나 수행이나 명상을 목적으로 찾는 휴식처가 되었다. 이 공동체의 숭고한 철학은 전 세계로 퍼져 1998년 미국 버몬트에 '청산법원'과 '단풍림승원'이, 2000년에는 캘리포니아 남부에 '녹야원승원'이 세워지기도 했다. 나는 이 사례를 보면서 우리나라에는 왜 이런 공동체가 없는 것일까 아쉽게 생각했다.

그러던 차에 실상사 도법스님의 인드라망생명공동체로부터 전화 연락을 받았다. 스님이 주지로 있는 절터 주변 대지에 마을공동체를 만들어달라는 부탁이었다. 단숨에 달려갔다. 지리산 뱀사골과 백무동에 차로 10분 내로 접근할 수 있으며 해발 500~600m 높이에 위치한 남향의 완만한 경사면 부지를 보자 '이곳이다!'라는 느낌이 '탁' 왔다. 앞으로는 지리산 천왕봉부터 반야봉까지 주능선이 한눈에 시원하게 들어오는 탁 트인 지형이 일품이었다. 특히 이 마을은 2005년 정부로부터 친환경농업지구로 선정되어 곶감이나 토봉, 호두 등 지역 특산물을 활용한 작물 사업을 벌일 환경이 갖추어져 있었고, 약초나 산채, 효소 같이 산에서 쉽게 얻을 수 있는 수확물로 경제적 자립을 이룰 여건이 마련되어 있었다.

위치와 환경, 여건도 나쁘지 않았지만 더 좋았던 것은 산내라는 지역의 인적 네트워크가 살아있다는 것이었다. **새울터**가 기존 마을과 벗어난 지역에 세워졌던 데 비해 **작은마을**은 기존 마을 안의 대안 학교작은학교 밑에 위치하고 있어 인문적인 환경이 좋았다. 더욱이 이 지역은 도법스님과 실상사를 중심으로 '인드라망'이라는 불교 단체가 구심점이 되어 전원마을을 조성하는 일에 주도적으로 나서고 있었다. 이들은 과거 귀농학교와 생협 등의 활동을 통해 공동체성을 확보하는 다양한 시도를 이미 해왔던 터라 뜻 맞는 사람들이 모여 공동체가 살아 있는 귀농 귀촌 전원마을을 만드는 일에 동조할 마음의 준비가 되어 있었다. 한국형 플럼빌리지가 만들어질 수 있겠다는 생각에 가슴이 뛰었다.

남원 **작은마을**은 어떤 경위로 탄생하게 되었을까? 1998년부터 실상사에서 시작한 귀농교육으로 사찰 주변으로 점차 도시인들이 이주해오면서 마을에 집이 부족한 사태가 벌어졌다. 이에 도법스님이 지자체와 공동으로 주거와 귀농 문제를 해결하기 위해 모색하던 중, 남원시의 협조로 2001년 실상사 귀농학교를 건축

남원 작은마을에는 20채의 집들이 들어서 있다. 이곳의 입주자들은 이미 공동체주거에 대한 높은 이해도를 가지고 있었고, 덕분에 건설 과정은 순조롭게 진행되었다.

할 때 매입해두었던 부지에 농림부의 전원마을사업과 연계한 **작은마을**을 만들기로 결정했다. 이 일은 도법스님이 주지로 있는 실상사와 인드라망생명공동체, 사단법인 한생명, 실상사 작은학교에 지리산친환경영농조합, 남원시청, 산내면사무소, 한국농촌공사 등의 유관기업이 함께하며 민관이 두루 참여하는 마을 조성 사업으로 확대되었다. 이 프로젝트에 2007년 12월 필자의 자담건설이 PM사로 들어가며 본격적인 설계와 개발이 시작된 것이다.

　2009년 4월, 기반 공사를 시작하고 기공식의 첫 삽을 뜨기까지 나는 도법스님을 비롯한 주무자들, 예비 입주자들과 20여 차례의 마을모임을 통해 다양한 의견과 제안을 나누고 중지를 모았다. 건축은 입주자들까지 팔을 걷어붙이고 나서면서 순조롭게 진행되었고, 일 년 하고도 7개월이 지난 2010년 10월 완공하여 2011년 1월까지 모든 세대들의 입주를 마쳤다. 두 가구시행사 선정 이전에 공사를 마쳤던 가구와 건축주가 건축업자였던 가구를 제외하고 마을회관과 활동가 주택을 포함한 부지 내에 들어선 20채 모든 건물에 필자가 직접 교육, 설계, 시공 모든 것에 관여하게 되었다.

남원에 귀촌형 공동체마을을 조성하면서 필자는 가족을 위한 편안한 공간과 이웃 간의 교류, 자연친화적 건축이라는 3가지 목표를 이루려고 노력했다. 가족 중심의 주거공간을 구성하기 위하여 가족이 함께 모이는 거실에 특별히 신경 썼고, 이웃과 교류할 수 있는 공간을 설계하는 데 주의를 기울였다. 귀촌을 꿈꾸는 이들은 농촌 지역에 주택을 건축했지만 현대적인 형식의 주거공간을 원한다. 그건 귀촌이 주는 시골 생활에 대한 막연한 두려움 때문이다. 그 두려움은 대변 귀촌을 가로막는 가장 일반적이고 심리적인 편견, 즉 도시의 편리한 공간을 떠나 시골로 들어가는 생활이 매우 힘들고 불편할 것 같다는 인식에서 기인한다. 하지만 이는 시골 생활, 특히 생태주택에 대한 오해에 불과하다. 시골에 지어진다는 이유만으로 그 집이 시골집이 되는 건 아니기 때문이다.

이러한 저간의 심리를 잘 알고 있었기에 친환경 자재를 쓰면서도 생활의 편리성을 최대한 끌어낼 수 있는 다양한 설계를 시도했다. 먼저 흙바닥 마감으로 장작을 사용하는 우리나라 고유의 온돌방 개념을 도입한 것이나 대청과 마루를 배치한 것은 과거 한옥에서 좋은 부분들을 현대적으로 재해석한 특징들이었다. 보통 한국인들은 한옥에 대한 노스탤지어를 가지고 있다. 북촌 마을이 세대를 가리지 않고 요즘 최고의 주가를 올리는 핫 플레이스로 인식되고 있는 건 도시인들일수록 한옥이라는 건축 형태에서 느껴지는 고향의 감수성을 희구함을 증명한다. 건물에는 저마다의 영혼이 있다는 표현을 한옥만큼 더 적확하게 실증시켜

주는 사례가 또 있을까 싶다.

또한 나는 전통적인 시골집이 갖는 현관의 다양한 기능에 주목했다. 대부분의 시골집에는 현관과는 별도로 거실을 통해서도 내부로 들어갈 수 있는 커다란 창문이 존재한다. 마당에서 거실로 바로 직출입하는 방식은 흔히 농촌 지역에서 볼 수 있는 마당의 활용성과 공공성, 내부와 외부를 가르는 경계의 유연성을 그대로 대변하는 구조라고 생각했다. 이렇게 거실과 전면 테라스를 연결하여 거실의 개방성을 높이면서 동시에 세대 간, 이웃 간의 접근이 용이하게 일어날 수 있도록 하면 집의 전통미를 살리는 동시에 공간을 더 넓게 쓰는 효과도 거둘 수 있다고 판단했다.

필자가 남원 **작은마을**에서 구현한 단독주택 공간은 방이나 부엌, 식당 겸 거실, 화장실 등 일반적 공간 이외에도 다락과 구들방, 대청마루 같은 일상의 공간과 함께 취미나 여가생활을 위한 서재와 작업실, 다목적실을 갖추고 있다. 다락은 자녀들의 놀이터이자 휴식 공간, 또는 물품을 보관하는 수납의 공간으로 활용되는데, 마을의 용적률 제한 규정을 지키면서도 실제 사용 면적을 넓히기 위한 방편이었다. 개별 주택의 평면의 구조적 특성을 구조와 층수 및 면적 등으로 파악했고, 층수는 모두 2층으로 구성했다. 건축 면적은 개별 가구의 특성이나 경제적 여건에 따라 최소 90.9㎡에서 221.2㎡까지 다양하다. 평면의 형태는 장방형이 여덟 가구로 가장 많았으며, 그다음으로 ㄱ자형 네 가구, 정방형 세 가구 순이었다. 공적 공간을 구성하는 방식으로는 거실-식당-주방형인 가구가 아홉 가구, 거실-주방형인 가구가 여섯 가구였다. 공적 공간의 구성 방식은 가족 구성에 따라 차이가 있었는데, 자녀가 어린 여덟 가구 중 다섯 가구가 입식 식탁보다 좌식 식탁을 선호하여 거실-주방형으로 구성했고, 중고등학생 이상의 자녀를 둔 가구들은 대부분 입식 식탁을 선호하여 거실-식당-주방형으로 만들었다.

작은마을에 참여하며 내가 꿈꿨던 것은 마을과 숲이 조화를 이루고 생태적 삶을 영위하는 자연친화적 마을, 생활공동체를 토대로 식량 자급과 재정 자립을 추구하는 안정된 마을이었다. 그래서 나무나 흙 등 친환경 건축 재료를 사용하고 해체 및 수선·변경이 용이한 주택 구조 및 기법을 적용했다. 마을에 들어선 모든 주택에 물을 안 쓰는 친환경 자연 발효 화장실을 집안에 설치했고, 자연 그대로의 녹지 공간을 두어 주택이 자연경관을 해치지 않도록 배려했다. 특히 마을 초입부터 전주를 모두 땅에 묻어 전봇대가 없는 마을, 경관이 살아 있는 마을을 구현하려고 했다. 마을 입구에 공동주차장을 만들어 마을 안으로 차량이 진입하는 것을 원천적으로 줄였고, 입주자의 동선과 차량 동선을 고려한 도로 기반 시설도 신경 썼다. 당연 도로는 빗물유입이 땅으로 흡수되게 콘크리트 포장은 하지 않았다.

무엇보다 '함께 만드는 집, 함께 이루는 마을'을 통해 건축주가 직접 건설 현장에 투입되어 함께 일하는 환경을 만들었다. 자신이 살 집을 직접 자기 손으로 짓는 경험은 요즘 정말 흔치 않다. 건설사 입장에서는 주인이 현장에 자주 나타나는 것조차 꺼리는 경우가 대부분이다. 실제로 많은 현장소장들이 "일도 모르면서 괜히 '이거는 뭐냐? 저거는 왜 저러냐?' 참견하고 말만 많기 때문에 (건축주의 방문이) 꺼려진다."는 말을 종종 한다. 하지만 가능하다면 내가 살 집은 어느 정도 내 손을 거치는 게 주인 입장에서 여러모로 좋다. 각자 조건에 맞게 건축의 전 과정 혹은 일부 과정에 참여하다 보면 집에 대한 충분한 공학적 이해와 감성적 애착을 가질 수 있기 때문이다. 주인이 직접 수개월간 일당 받는 인부로 일하니 비용이 절감되는 건 덤이다.

사실 이런 방식이야말로 가장 고전적인 집 짓기 방식이다. 요즘에도 건축을 배워 자기 손으로 목조주택을 짓는 사람들의 모임이 온라인과 오프라인 상에 적지 않다. 그리고 이렇게 해야 입주 후 자기 집 관리가 가능하고, 도구 사용 방법을 습득하여 향후 몸으로 참여하는 마을살이에도 잘 적응하게 된다. 살면서 생길 수밖에 없는 하자 보수나 간단한 수리 및 일용 물품은 직접 뚝딱 해결할 수 있는 것이다. 또한 생활 공간을 구조적으로 이해하면 중·개축에도 도움이 된다.

마을회관은 **작은마을**의 비즈니스 센터면서 마을 사랑방이 될 수 있도록 꾸몄다. 누구나 지나가다 들를 수 있는 따뜻하고 아늑한 쉼터, 마음이 오가며 소통이 이루어지는 정감 가는 장소, 무엇보다 마을 주민들의 문화 거점으로 교육과 공연 및 기타 회의에 활용 가능한 다목적 공간을 염두에 뒀다. 나중에 새로운 용도로 쓰일 수 있도록 확장성을 고려해 처음부터 세세하게 공간을 분리하지 않았다. 마을에 단체 손님이 오거나 둘레길을 순례하는 외부 손님이 온다면 숙박 공간으로 활용될 수도 있고, 탁구장이나 간단한 레저 시설을 운용할 수 있는 스포츠 공간으로도 쓰일 수 있도록 배려했다.

3번 필지에 입주한 조의제 씨는 입주하며 이렇게 말했다. "편하지만 나 개인을 위한 도시적 삶이 아닌 조금은 불편해도 세상을 많이 어지럽히지 않으며, 덜 먹고 덜 쓰고 간소한 삶을 살고싶습니다. 그 불편한 삶 속에서 참된 내가 있음을 발견하고 싶습니다." **작은마을**을 조성하면서 필자는 인드라망에 대한 귀한 깨달음을 얻었다. 인드라망이란 세계가 거대한 하나의 그물로 연결되어 있다는 불교의 세계관이다. 그 한없이 넓은 그물은 세상을 다 덮을 만큼 광활하다. 각각의 그물코에는 구슬이 박혀있는데, 그 구슬은 서로를 비추고 조망한다. 어느 그물코에서 작은 흔들림이라도 감지되면 전체 인드라망이 그 흔들림에 영향을 받고, 아무리 구석에서 일어난 작은 변화라도 그물 전체가 진동한다. 사회는 사람과 사물, 사물과 사물, 사람과 사람이 연결된 하나의 거대한 인드라망이 아닐까? 나는 **작은마을**의 성공을 토대로 새롭게 공동체성의 가치를 깨달았고, 그 중심에는 도법 스님이 내게 가르쳐준 인드라망의 진리가 자리하고 있다.

아직
못다 한
희망

필자는 소행주와 생태건축을 통해 많은 것들을 경험하고 이해하게 되었다. 건축에서 살릴 것과 죽일 것을 구분하는 안목을 얻었고, 소통의 중요성과 협업의 가치를 새삼 배웠다. 사람들과 부대끼며 마을 만들기를 시도했고, 아무도 가지 않았던 생태건축의 길에도 들어섰다. 물론 그 길을 걸으며 좌절도 느꼈고 숱한 실패도 경험했지만, 무엇과 바꿀 수 없는 경험과 통찰을 얻었다. 필자는 더 큰 이상을 품었고, 아직 못다 이룬 꿈과 희망을 가지게 되었다.

'나답게, 우리 식대로'는 우리 집의 가훈이다. 이 말이 유래한 종오소호從吾所好란 내가 좋아하는 것을 좇겠다는 뜻으로 『논어』 「술이편」에서 유래되었다. "경제적 부를 얻을 수 있다면 하찮은 일도 하겠지만, 경제적 부를 추구할 수 없다면 자신이 좋아하는 일을 할 것이고 그것을 하다 보면 실증은커녕 그 분야의 전문가가 될 수 있는 것이다.富而可求也, 雖執鞭之士, 吾亦爲之. 如不可求, 從吾所好." 좋아하는 일을 하며 살았던 공자의 말처럼 필자 또한 그러했다. 자담건설을 운영하면서 건축운동을 하는 데 대해 친구들의 의견은 2가지로 상반된다. 필자가 부럽다고 하는 친구들은 가치 있는 일을 꾸준히 한다는 측면, 일과 운동을 함께하며 좋아하는 일을 한다는 데 박수를 보낸다. 그러나 다른 이들은 아직까지도 사회 가치나 정의를 외치면서 돈 안 되는 일만 한다고 불쌍히 여긴다.

그럼에도 필자는 하고 싶은 건축을 놓고 3가지 방향으로 로드맵을 작성했다. 첫 번째, 자연에서 얻을 수 있는 재료를 가지고 집을 짓는 것은 필자가 자담건설을 세울 때부터 꼭 해보고 싶었던 영역이다. 기회가 된다면 화석연료의 사용을 최대한 자제하고 물과 태양열, 지열 등 환경을 파괴하지 않는 재생 가능한 자연에너지를 이용하는 패시브하우스passive house를 제대로 지어보고 싶다. 자연친화적인 주택은 첨단 단열공법을 통해 자체적으로 선순환 에너지 구조를 실현하며, 빗물은 탱크에 저장했다가 화장실에 쓰거나 농업용수, 수력 발전 모터를 돌리는 데 쓸 수 있다. 아예 한 발 더 나아가서 톱밥을 이용한 친환경 화장실도 구상해볼 수 있겠다. 실제로 독일 프라이부르크에 있는 헬리오트로페Heliotrope는 태양의 움직임에 따라 건물이 회전하며 태양광을 최대한 끌어 모을 수 있도록 설계되었다.

위대한 건축가 라이트Frank Lloyd Wright는 자연과 인간을 결합한 유기적 건축론organic architecture을 주장하며 건축가들에게 자연을 관찰하고 사랑하며 배우라고 조언했다. 유기적 건축은 기능주의 양식과 달리 자연, 생물, 그리고 인간과 밀접한 형태를 고려하는 것이다. 기계적인 계획과 형태를 고집하는 기술 중심의 한계를 넘어 풍부한 예술성, 친환경적인 재료 사용, 그리고 환경과의 조화를 존중하는 철학을 기본으로 한다.

오스트리아의 화가이자 건축가 겸 환경운동가인 훈데르트바서Friedensreich Hundertwasser는 인간과 자연을 중심에 놓고 작업하며 현재 인류가 처한 환경에 대한 문제의식과 방안을 회화, 건축 등 다양한 방식으로 표출했다. 인간은 자연을 떠나 살 수 없기에 자연 속에서 아름다움을 찾아야만 행복할 수 있다는 게 그의 주장이다. 그는 인간에게 표피, 의복, 집, 사회적 환경과 정체성, 글로벌 환경이라는 다섯 개의 피부가 있다고 정의했다. 하지만 인간은 진짜 피부인 첫 번째만 의식할 뿐 나머지 피부는 잘 의식하지 못하고 살아간다. 그는 건물을 세우며 빼앗은 식물의 공간을 되돌려주어야 우리가 의식하지 못하는 외피들을 다시 덮을 수 있다고 생각했다. 그래서 건물 주위에 다채로운 식물들을 심었고, 당시로써 파격적으로 옥상에 녹색 정원을 조성했다. 그의 이러한 아이디어는 소행주를 만드는 과정에 직접적으로 차용되었다. 그가 주장했던 자연보호

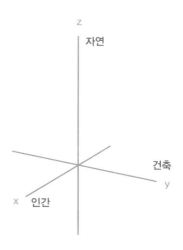

생태건축과 공동체주택의 조합은 이 3개 축이 만나는 접점 어딘가에 놓일 것이다.

적 가치와 신체와 물질을 넘나드는 유기적 순환, 직선에 앞서 곡선을 강조하는 설계는 고스란히 공동체주택에 활용되고 있다. 소행주 1호의 2층 발코니는 이일훈 선생님의 제안으로 곡선으로 표현했고 검정 모자이크 타일을 붙여 강한 외장을 부드럽게 완화시켜 주었다.

　나아가 생태건축에 공동체주택의 개념을 적용해보고 싶다. 마을 만들기 사업은 소행주 이전에 진안과 남원에서 전원주택을 만들면서 시작되었다. 사실 필자는 대한민국의 3대 환경운동단체들과 건축적으로 인연을 갖고 있다. 종로구 서촌에 있는 환경운동연합은 내가 우리건설에 있을 때 사옥 전체를 리모델링했고, 성북구 성북동에 있는 녹색연합 역시 건물을 자담건설이 초기에 리모델링했으며, 앞서 말한 환경정의는 성미산마을극장을 지을 당시 신축과 함께 입주를 도왔다.

　또 남원 **작은마을**을 조성하면서 생태건축의 여러 요소들을 구현하는 가운데 자연친화적인 건축이 공동체주택이 가지는 가치를 배가시킬 건축 모델이라는

확신이 들었다. 건축이라는 행위도 얼마든지 환경운동이 될 수 있다는 걸 보여주고 싶다. 그래서 '플라스틱 제로에 도전하는 소행주', 'ECO를 생활운동에 도입하는 소행주'를 만들고 싶다. 소행주 구성원 모두가 지구 환경 개선을 위해 실천할 수 있는 용기와 의지는 충분하기 때문이다. 생태건축이 표방하는 '자연과 조화를 이루는 건축'이 공동체주택이 내세우는 '주변 마을 사람들과 조화를 이루는 건축'과 만나면 자연과 인간, 인간과 인간, 자연과 건축이라는 3가지 만남이 가능하다.

두 번째, **기념관을 되도록 많이 짓고 싶다.** 서울시 수유동에 있는 늦봄 문익환 목사의 **통일의 집**과 신촌에 소재한 **이한열 기념관**을 최근에 리모델링하면서 새로운 꿈이 생겼다. 역사적으로 의미 있는 기념관이나 박물관을 마을 안에서 소박하게 마을사람들과 만들고 운영하는 것이 마을을 지속가능하게 만드는 데 커다란 역할을 할 것으로 기대한다. 특히 민주화운동에 투신한 인사들의 가옥을 그들의 철학에 맞게 역사적 공간으로 재탄생시키는 작업을 해보고 싶다.

늦봄 문익환 목사님은 개인적으로 필자와 우연치 않게 인연이 되신 분이다. 사람들이 "존경하는 사람이 누구냐?"라고 물어보면, 필자는 서슴없이 문익환 목사님과 신영복 선생님을 이야기한다. 문 목사님은 80년대 학생운동을 했던 이들이라면 누구나 본받고 싶어 했던 실천적 지식인의 전형이었다. 필자 역시 통일운동의 지지자로 그의 족적을 따르고 싶었으니까 말이다. 문 목사님 서거 3년이 지난 시점에 필자는 우리건설에서 활동하고 있었는데, 박용길 장로님이 그분의 사택을 **통일의 집**으로 운영하고 싶다 해서 무료로 리모델링해주었던 게 인연이 되었다. 단열을 새로 하고, 기와를 없앤 자리에 성글을 깔았다. 누수 때문에 외벽에

문익환 목사님의 기념관인 통일의 집은 문 목사님이 기거하시던 70년대에 최대한 가까운 모습으로 복원하였다.

는 방수 페인트를 칠했다. 당시 직원과 협력업체 모두가 문 목사님의 삶을 기리며 한 마음이 되어 삽질하고 망치질했던 게 아름다운 기억으로 남아있다.

그리고 문 목사님 탄생 100주년이 되는 2018년에 박물관의 기능과 가옥 보존이라는 콘셉트에 맞게 집을 다시 고칠 수 있는 영광을 얻었다. **통일의 집**은 필자에게 여러 가지 도전의식을 일깨웠다. '문익환 목사님의 사상과 철학을 어떻게 건물에 담을 것인가?' '구옥을 박물관 내지는 집으로서의 가치를 그대로 유지하면서도 어떻게 건축 형태를 현대화할 것인가?' 이런 의문에서 좋은 건축이 출발한다. 기념관을 세우는 건축가라면 문 목사님의 철학과 통일사상뿐 아니라 그분이 평생 구현하려고 했던 인문적 가치를 정확하게 알고 있어야 한다. 일반적인 건축을 하는 관계자의 머릿속에는 숫자와 공학만 있지 구체적인 인문적 개념이 없다. 옛집을 복원한다는 의미와 그의 철학을 기리는 박물관을 만든다는 의미를 함께 건물에 담아내기 위해 70년대 분위기를 풍기는 벽돌과 계단, 철문을 잡아서

밀양 더불어숲의 신영복 선생님 묘소

포인트를 주고 내부는 생가를 복원하듯 70년대의 주택 사진을 참고하여 가능한
그 당시에 가깝게 바꾸었다.

신영복 선생님 또한 필자와 인연이 있다. 소행주마다 걸려 있는 상량판은 신영
복 선생님께 글씨를 배웠던 필자의 지인이 쓴 글씨들이다. 그를 통하여 신 선생님
이 떠나신 후 경남 밀양의 선산에 수목장으로 모시는 일에 관여하게 되었다. 처
음 가 본 선산은 매우 가파르고 가묘도 한 군데 있어서 수목장을 하기에 좁고 불
편했다. 가능한 한 숲을 크게 흔들지 않으면서도 단정하고 편안한 공간이 되도록
소박한 공원으로 조성하고자 하였다. 숲속의 아담한 진입로를 거쳐, 작은 마당
을 지나 큰 마당 위로 나무 계단을 오르면 진달래 숲속에 선생님이 계신다. 다시
찾아오는 사람들이 선생님과 침묵의 대화를 나누며 잠시라도 쉬었다 갈 수 있는
평안한 공간이 되면 좋겠다. 화려하지 않게, 숲속의 한 부분처럼 자연스러움을
강조하셨던 선생님의 유지를 잘 따르는 공간이 되었는지 지금도 가끔 다시 생각
하곤 한다. 신 선생님을 수목장으로 모시던 날을 잊지 못한다. 서울에서 후배와

제자, 지인들이 함께 모여 진달래가 유난히 많이 피는 소나무 동산 아래에 신 선생님을 모시고 나니 하늘에서 추적추적 이슬비가 내렸다. 어떻게 살아야 하는지, 어떻게 해야 사람을 지키는 건축이 되는지, 관계론을 통하여 가르쳐

부천 아트포럼 리의 외관 모습

주신 큰 스승을 떠나 보내며 이런 의미 있는 작업을 계속 이어나가야겠다는 다짐을 다시 하였다. 당장의 돈보다 더 가치 있는 일이 있다고 믿기 때문에 기회가 주어진다면 다시 발 벗고 나설 참이다.

뜻 깊은 전시관을 짓는 것 또한 꿈꾸는 바이다. 부천 지역 활동을 하는 이훈희라는 후배가 미술계 원로이신 아버님과 함께 갤러리를 만들어 지역 거점 역할을 하고 싶다며 2004년에 필자에게 연락을 해 왔다. 그렇게 부천 상동에 지어진 **부천 아트포럼 리**는 당시로선 건축계에서 시도한 적 없는 중단열 양면 노출과 경사진 지붕 녹화 등을 시도한 건축물이다. 지금까지 부천에서 지역 문화의 중추적 역할을 하고 있다.

그런가 하면 2004년경 '껍데기는 가라'의 신동엽 시인의 부인이신 짚풀박물관 관장님의 요청으로 혜화동의 조그마한 건물을 수리했다. 짚풀박물관 내부에 젊은 시절 뜨겁게 살았던 시인의 사진과 시집 등을 전시하는 소규모 전시관을 만들었다. 조그마한 공간이지만 시인의 아드님을 비롯하여 그분을 기억하는 후배들이 잠깐이라도 쉴 공간을 만들고자 했다.

성미산마을 근처에도 '전쟁과여성 인권 박물관'과 '김대중도서관', '이한열기념

관' 등이 있다. 마을 속에도 자그마한 각종 뮤지엄들이 생기면 살아있는 생활 속 교육현장이 될 것이다.

세 번째, **진정한 의미의 도시 재생을 시도해보고 싶다.** 도시는 시간의 흐름에 따라 인간과 자연의 직간접적인 영향으로 끊임없는 생성과 변화, 쇠퇴를 겪는다. 천재지변 등 예상하지 못했던 외부 요인으로 도시가 변하는 경우도 있지만, 상당 부분은 문화와 정치, 경제, 사회 등 인간의 활동에 결정적인 영향을 받는다. 도시는 끊임없이 변화하고 발전하는 유기체와 같다. 문제는 18세기부터 시작된 산업화와 맞물리면서 도시가 지녔던 유기적 측면이 무시되었다는 것이다. 대신 대단위 토목공사로 기존 도시를 쓸어버리고 그 위에 경제적 목적만을 노린 일률적인 도시 건축과 재개발이 이루어졌다. 그 결과 도시는 화려하고 세련된 외형을 갖추었으나, 인간의 문화와 사회를 담아내는 삶의 터전이라기보다 경제 논리와 정치 논리에 좌우되는 균질한 매트릭스 공간으로 흉측하게 변모하고 말았다.

필자는 무엇보다도 삶을 중심으로 하는 장소에 대한 통합적인 접근이 요구된다고 생각한다. 도시 재생은 도시를 구성하는 물리적 공간과 그 안에 살아가는 커뮤니티, 그들의 경제적 측면과 문화적 측면이 모두 고려되어야 한다고 믿기 때문이다. 삶의 문제가 배제된 채 외부의 논리가 비집고 들어오면 도시 공동체는 무채색의 형해화된 고립의 공간으로 전락할 수밖에 없다. 또한 도시 재생이 의미 있으려면 도시 주민들의 참여가 담보되어야 한다. 기존의 주민들을 쓸어내고 그 위에 새로운 도시를 건설하는 방침은 재고되어야 마땅하다. 공동체가 살아 있는 도시, 주민들이 적극 참여하는 도시가 되어야 한다. 지역의 정체성과 환경을 고려해 지속적으로 도시와 커뮤니티가 성장할 수 있는 인프라가 구축되어야 한다. 공공성을 강화하고 사업

시행을 조정하고 지원할 지자체와 정부의 노력이 반드시 합해져야 가능한 일이다.

필자는 2019년 초 일본 셰어가나자와 마을シェア金沢에 다녀왔다. 이시가와현에 위치한 이곳은 고령자나 아픈 사람, 장애가 있는 사람 모두 차별 없이 의지하며 살아가는 공동체마을이다. 총 11,000평 대지에 고령자 전용 주택과 학생용 주택, 그리고 아동 입주시설이 들어섰다. 흥미로웠던 점은 학생들이 노인과 장애인들을 보살피는 자원봉사활동을 하며 공동체성을 배워가고 있는 모습이었다. 비장애 대학생들은 월 30시간의 자원봉사를 통해 월세를 충당한다. 뿐만 아니다. 노인들 역시 여가활동의 하나로 텃밭과 농장에서 야채를 기르고 수확할 수 있다. 요리 교실이나 취미 강좌에 참여할 수도, 천연 온천이나 레스토랑 등에서 근무할 수도 있다. 은퇴 이후 노인들에게 자존감을 유지시켜 줄 사회 활동으로 손색이 없다. 일찌감치 초고령사회로 진입한 일본 사회의 골칫거리 중 하나인 노인 고독사와 관련, 셰어가나자와 마을을 통해 노인과 장애인들에게 필요한 사회적 안전망을 고민하고 거주의 대안을 실험하는 다양한 과정을 엿볼 수 있었다.

더불어 일본의 뒤를 따라 빠르게 초고령사회로 진입하는 우리나라의 상황을 생각하면서 마을 만들기 사업의 필요성을 다시 한번 느끼게 되었다. 가족과 동료 그리고 사회에 공헌하는 마을을 통해 지역 커뮤니티가 살아나고, 마을 속에서 여러 사람들이 관계성과 공공성을 얻어갈 수 있는 모델이 일본에서만 가능하겠는가? 셰어가나자와 마을을 보면 소행주의 미래를 엿볼 수 있다. 일개 민간단체의 노력만으로 가능하지는 않을 것이다. 정부와 지자체의 정책과 지원, 사회 전반의 인식 변화가 어우러질 때 비로소 더불어 살아가는 공동체의 토양이 마련될 수 있다. 필자는 소행주가 셰어가나자와 마을의 사례와 유사한 공동체 철학을 구현하는 커뮤니티, 돌봄이 필요한 노인들의 자립이 보장된 커뮤니티 케어가 자리잡은 마을, 협동과 자립을 통해 자급자족이 가능한 생태마을, 무엇보다 구성원 모두가 서로 소통하고 도우며 의지하는 주거공간이 되기를 꿈꾼다.

지금은 100세 시대이다. 정년퇴직 후 최소 30년 이상은 건강한 상태로 살아갈 수 있는 그런 사회로 대한민국도 진입하였다. 나이 들어 병이 들면 요양병원으로 가야 하고, 요양병원에 가면 자식들은 점점 안 올 것이며 본인의 몸도 점점 안 좋아진다는 것을 알면서도 대안이 없는 한국사회, 이를 극복해야 한다. 노인들 스스로가 행복의 길을 찾아야 하며, 스스로 돌봐야 하고, 스스로 집을 만들어 어디에도 없는 노인 주거 커뮤니티를 만들어야 한다. 노인 스스로 이웃을 구성하여 재미있게, 행복하게 살아야 한다.

제6장

더불어 함께 짓는 주택 가이드,
첫 번째

실전

건축은 만들어진 집에 대한 하드웨어를 넘어

구상하고 소통하는 과정의 총합이다.

건축이 잘 완성되고 만족도가 높아지려면

공간보다는 시간의 중요성을 알아야한다.

— 류현수

집은 고가의 소비재다. 보통 주택은 현대인들이 일상에서 구매하는 상품 중에 가장 값이 비싸다. 따라서 집을 구매하는 과정에서 여러 가지 비본질적인 요소들이 결정에 영향을 미친다. 옷은 내 몸에 맞는 옷, 음식도 내 입에 맞는 음식을 구매하면 되지만, 유독 집만큼은 나의 삶에 맞는 집을 고르지 않는다. 주거공간으로써의 집의 가치가 경제적 투자 수단이자 과시의 대상으로 전락해버렸기 때문이다. 문제는 일시적인 감정이나 개인적인 변덕으로 잘못 구매한 옷은 안 입으면 그만이지만, 집은 구매할 땐 미처 생각하지 못했던 이유들로 인해 그 구조나 위치, 형태 등이 내게 맞지 않는다 해도 옷처럼 쉽게 처분하거나 바꿀 수 없다는 사실이다. 이런 위험성을 미연에 제거하고, 10년, 100년을 살아도 행복한 주택, 몸에 꼭 맞는 옷처럼 나의 철학 그리고 삶의 방향성과 잘 맞아떨어지는 건축이 가능할까?

소행주가 입소문을 타면서 '더불어 함께' 주택을 짓는 건축 방법이 새로운 대안으로 떠오르고 있다. 똑똑한 구매자들은 시류에 매몰되지 않고 합리적 주관과 이유 있는 줏대를 가지고 자신의 집도 현명하게 구매한다. 더불어 함께 짓는 건축, 동호인이든 공동체든 함께 주거공간을 만들어가는 방법에는 무엇이 있을까? 우선 소행주식 건축 방법을 통해 공동체주택을 만드는 방안이 있다. 소행주는, 첫째 소비자 스스로 건축의 주체가 되어서 함께 집을 짓는 것이며, 둘째 커뮤니티 공간을 필수적으로 두어 내 전용공간은 조금 줄이더라도 공용공간을 넓게 쓰자는 운동이다. 이를 통해 공동체성을 확보하여 마을 속에서 마을의 구성원이 되는 지속가능한 공동체주택을 지향한다. 마지막으로 도심에서의 다세대주택이지만 꼭 마당을 만들어 기본적으로 흙냄새를 맡으며 생활할 수 있는 공간을 확보하려 한다. 소행주는 전문가가 코디네이터PM 역할을 통해 입주자 참여형 설계부터 스스로 만들어가는 주택이다. 나아가 완공 뒤에는 입주자 스스로 결정하는 협동조합을 구성하여 합리적이고 민주적으로 운영해 나간다.

공동체건축은 참여 주체가 평등한 관계에서 민주적 절차를 거쳐 지어진다.

건축을 넓게 보면 건물이라는 상품을 구축하는 제조업의 하나로 볼 수 있고, 참여와 소통을 통해 함께 만들어 간다는 측면에서 보면 건물에 철학과 가치를 심는 창조적인 작업의 하나로 볼 수 있다. 경제 가치 일변도가 아닌 문화 및 환경을 생각하며 개발하는 착한 개발도 실현할 수 있다. 관계와 사람을 중요시하면서 단기적 이익이 아닌 장기적 성장을 추구하는 방식, 수직적 관계망이 아닌 전문가와 발주자·참여자가 수평적 관계를 지향하여 협업을 이루는 방식, 인본성과 공공성·민주시민성·다양성·생태성·진보성과 같은 가치를 소중히 하는 방식으로 입주자 모임을 꾸릴 수 있다. 그리고 그 가능성은 내가 소행주를 통해 우리나라에서 처음으로 구현하고 입증했던 가장 중요한 가치 중 하나다.

협동조합 방식을 이용하면 집을 지으려는 입주자들이 토지를 매입하고 건축비를 부담해 직접 개발하기 때문에 상대적으로 저렴하게 자가 주택을 지을 수 있다. 기본적으로 분양을 위한 홍보 비용이 따로 들지 않기 때문에 건설사들이 분양하는 주택에 비해 상대적으로 저렴한 가격으로 내 집을 마련할 수 있다. 또

더불어 함께 지어나가는 공동체주택의 4가지 특징

정보의견 교류 방안	지역전문가, 사업 주체, 학계·관련업계
공동체적 사업 방식	공동체적 개발 사업 프로세스
대안건축 기술 적용 방안	저에너지하우스, 대체에너지 활용, 자원 순환 설비
생태적 계획 프로세스	생태적 계획 접근 방식, 디자인 접근 방식

한 모판 찍어내듯 획일화된 주택을 수동적으로 구매하는 것이 아니라 입주자끼리 민주적인 의사결정을 통해 건축에 자신의 철학을 적극 반영하는 구조가 가능하다. 당연히 공동체를 이루어 입주자 모임을 통해 관리 규약이나 지침, 내규 등을 만들어 공동으로 주택을 관리하고 운영할 수 있어 상호 간 책임감을 얻을 수 있다. 그러다 보면 투명한 관리가 가능하고 이를 통해 다양한 비용의 누수를 막을 수 있다. 얼마 전 아파트 난방비와 관리비 횡령 문제로 세상이 시끄러웠던 것을 상기한다면, 동일한 주택 공간 내에서 공동체성을 가진 입주자들끼리 상호 관리를 하는 것이 현실적인 대안이 될 수도 있다.

주택을 함께 짓는 협동조합 방식이 이뤄낼 수 있는 가장 큰 가치는 사회적 가치를 구현하는 공동체를 탄생시킨다는 데 있을 것이다. 과거에는 경제적 관점에서 스스로 이웃임을 포기하고 자신을 타인으로부터 유폐시켰다면, '더불어 함께'라는 기치 아래 지어진 공동체주택은 커뮤니티실을 이용하여 다양한 여가 활동이나 공동육아, 공동식사를 실현함으로써 상실된 공동체성을 회복하는 사회운동이 가능하다. 조금 북적대고 불편하다 해도 함께 살아가는 과정에서 얻어지는 무수한 무형의 가치들을 얻을 수 있다. 소행주는 일상에서 슬로푸드, 로컬푸드, 친환경적 삶을 실천하는 에코 하우스 ECO HOUSE를 실현해야 한다. 홍성, 진안, 실상사, 성미산마을, 소행주 등을 토대로 공동체적 사업 접근 방식과 수평적 개발 프로세스 그리고 이를 구현할 구체적 대안건축 기술을 조합하고 이 같은 건축 솔루션을 통해 지속 가능한 마을을 만드는 방법을 모색할 수 있다.

공동체적 개발 사업 프로세스는 개발 이익을 시행사나 시공사가 가져가는 것이 아닌, 참여 주체가 평등한 관계에서 개발 이익 없이 건축하는 방법이다. 이는 성남 주민교회 재건축 사업인 '**태평동락** 커뮤니티' 사례에서 필자가 처음으로 공식화한 것이다.

이제 대지 구입부터 시공과 관리까지, 구체적인 소행주 건축 프로세스를 알아보자.

대지
구입

함께 집을 짓는다? 현대인들은 고개를 갸우뚱할지 모르지만, 백여 년 전만 하더라도 내가 살 집은 동네 사람들과 두레를 통해 짓는 것이 보통이었다. 이 과정에서 자연스럽게 아버지 세대에서 아들 세대로 집을 짓는 기술이 전수되었다. 건축학교를 따로 다니지 않아도 집이 들어서는 마을이 학교였고 건축 현장이 배움터이자 실습 공간이었다. 함께 대들보를 얹고 기둥을 세우는 마을 어른들이 교사이자 동료였다. 그래서 동네 사람들은 김 첨지네 집 구들장이 몇 전이고 사랑방이 남향인지 서향인지 다 알고 있었다. 자연스럽게 주민 간 공동체성이 확보되고 마을이라는 울타리 안에서 정서적 소속감과 물리적 안정감을 동시에 얻을 수 있었다. 하지만 시대가 바뀌고 산업화되면서 건축의 영역은 소수 기술자들의 몫으로 분화되었다. 건축주는 집의 구조와 건축 과정에서 철저하게 소외되었다.

일점호화주의一點豪華主義라는 말이 있다. 일본의 사상가이자 영화감독인 데라야마 슈지寺山修司가 1967년에 처음 쓴 말로, 한 가지 면에 있어서 선택과 집중을 하라는 뜻이다. 이것저것 평균화시켜서 1/n 하지 말고 하나에 몰입하자는 가치론인데, 소행주가 그러하다. '이것만큼은 양보할 수 없어.'라는 게 인생에 한 가지씩 있다. 함께 살고 싶은데 시중 빌라 가격보다는 비싸기 때문에 고민하다가 시간을 다 보낸다. 아이를 유치원에 보내야 하고, 적금도 부어야 하고, 보험도 들어야 하고, 애들 크면 학원에 과외에 사교육비도 지출해야 하고, 철마다 여행도 가야 하는 등등 가용할 금액을 항목별로 나누다 보면 소행주 입주의 길은 점점 멀어진다. 지금 소행주에 사는 분들은 경제적으로 넉넉해서가 아니라 소행주를 통해 꿈꾸던 모든 것을 가능하게 할 수 있다는 신념과 믿음이 있었기에 입주했다. 자본을 평균하려 하지 말고 과감하게 우선순위를 정해야 하는 것이다.

　소행주는 건축 과정에 건축주의 목소리를 찾아주는 운동이다. 대지 구매부터 설계, 시공에 이르기까지 함께 참여하고 적극적인 의사를 표명한다. 심지어 건축주 본인이 건설 현장에서 직접 벽돌을 나르고 시멘트를 물에 개기도 한다. 피 한 방울 섞이지 않았지만 커뮤니티 공간 안에서 마주 보며 동고동락할 도시 속 이웃들을 자신이 직접 고르고 관계를 형성할 수도 있다. 집값이 비싸기로 유명한 세계적인 메트로폴리탄 중 하나인 서울 한복판에서 전세 보증금 수준의 비용을 가지고 함께 집을 지을 합리적이고 합법적인 방법은 현실적으로 소행주 플랜밖에는 없다. 이번 장에서는 필자가 오랫동안 구상하고 실현시킨 소행주 건축의 프로세스와 절차, 비용 등을 하나씩 살펴보도록 하자.

　소행주 건축의 첫 번째 프로세스는 대지 확보로부터 시작된다. 아무리 뜻이 맞는 여러 세대의 조합원들이 모였다 할지라도 사업성이 있는 적당한 대지를 확보하지 않으면 건축 프로세스가 궤도에 오르지 못한다. 그렇다면 더불어 함께 짓는 공동체주택에 있어 좋은 땅은 과연 무엇일까? 필자가 건축을 한다고 하면 사람들은 대번 땅에 대해 묻는다. "어떤 땅이 좋은 땅입니까?" 아예 노골적으로 좋은 땅 있으면 소개 좀 해달라고 부탁하는 이들도 있다. 그럴 때마다 나는 이렇게 답한다. "좋은 이웃이 있는 곳이 좋은 땅입니다." 우리는 소위 '노른자 땅'이라는 말을 종종 한다. 땅값이 오르는 곳, 대중교통과 인접한 곳, 학군이 좋은 곳, 향후 개발 호재가 예상되는 곳, 시내로의 접근성이 좋은 곳 등등 무수한 항목들을 열

거할 수 있다. 예를 들어, 전철역이나 버스정류장과 가까워 아침에 출퇴근이 용이하면서도 혁신학교나 자사고가 도보로 10분 이내의 거리에 있어 자녀들 교육환경까지 좋은 노른자 땅은 없다. 안타깝게도 이런 조건들은 땅을 사람이 거주하는 공간이라기보다는 투자의 대상으로 바라보는 접근법의 소산이다. 이렇게 따지고 들어가면 부동산과 동산에 대한 차이가 무의미해진다. 부동산을 동산의 가치 위에서 평가하는 관점은 대한민국이 얼마나 속물적 욕망과 물질주의에 매몰되어 있는지 단적으로 보여주는 지표다.

필자가 대지를 알아보는 분들과 상담하면서 반드시 지적하는 내용이 두 가지 있다. 첫 번째는 그 지역에서 공동체를 이룰 수 있는 곳, 마을 만들기를 성공적으로 수행할 수 있는 지점의 대지여야 한다는 사실이고, 두 번째는 비용 때문에 어정쩡하게 마을의 가장자리나 접근성이 열악한 외딴곳을 구매하지 말아야 한다는 사실이다. 땅을 알아볼 때는 반드시 부동산업자의 말만 듣지 말고 소행주 전문가들과 함께 전략적으로 접근하는 게 바람직하다. 다 그런 것은 아니지만, 일부 부동산업자들은 커미션만을 노리고 거래를 반드시 성사시키려 하다 보니 간혹 접근이 불가능한 맹지나 지역적으로 너무 외져서 개발 사업성이 거의 없는 땅을 권하는 경우가 있기 때문이다.

또한 명심할 것은 대지의 위치만큼 대지 주변의 환경도 대지의 가치를 결정하는 데 중요한 역할을 한다는 사실이다. 평지가 주택을 짓기에 마냥 좋은 대지인 것만은 아니다. 농촌의 경사지는 대부분 야산으로 토목 공사비가 많이 들어가는 경우가 태반이다. 하지만 도시의 경우 토목 공사를 거의 안 하고 주변 대지보다 50cm에서 1m 높은 경사지에 주택이 들어서면 일반적으로 우리가 알고 있는 배산임수背山臨水, 남향의 입지가 자연스럽게 갖춰진다. 잘 활용하면 경사지가 최적의 땅이 될 수 있는 것이다. 이런 땅은 주변 소음도 덜하기 때문에 여러모로 좋다. 예를 들어보자. 부천 산뜰은 자연녹지지역으로 준도시에 해당하는데, 이런 대지

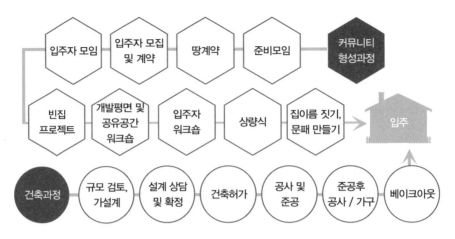

소행주 건축 프로세스

는 도시와 농촌의 대지 구입이 별반 다르지 않다. 하지만 소행주 2호, 3호, 4호나 지금 한창 설계 중인 화곡 소행주 2호처럼 도시의 경사지는 토목 공사 비중이 적으면서도 필요한 공간을 얻을 수 있어 오히려 평지보다도 나을 수 있다. 이렇게 만들어진 지하는 용적률에서 제외되면서도 반지하의 쾌적성을 확보하고 토목 비용도 적게 들어 일석삼조다. 또 하나, 기왕이면 북쪽에 도로가 있는 것이 좋다. 북쪽에 도로가 나 있는 땅이 주거지역으로는 제일 적합한데, 이런 대지에는 층고의 영향을 받지 않고 더 높게 쭉쭉 지어 올릴 수 있기 때문이다. 그래서 같은 택지개발 지구의 땅이라도 도로가 어느 쪽에 있느냐에 따라 지을 수 있는 면적과 층고, 층수가 달라지므로 대지를 보러 다닐 때에는 특히 이 점을 유의해야 한다.

대지를 구입할 때 무엇보다도 중요한 것은 절대 급하게 서두르지 않는 자세다. 좋은 땅이 나왔다고 덜컥 사는 건 공동체주택의 원리나 철학과 맞지 않는다. 땅을 보러 다니면 자연히 눈이 높아지기 마련인데, 자꾸 지난 대지가 머리에 떠올라 지금 보고 있는 대지를 이것저것 따져보지 않고 충동적인 구매를 하기 쉽다. 가끔 소행주 프로젝트를 염두에 두고 대지를 미리 구매하고 나서 필자를 찾아와 공동체주택을 지어달라고 요구하는 경우가 있다. 그런데 안타깝게도 소행주 가치의 핵심인 커뮤니티실이 못 들어간다거나 용적율이 적게 나와 분담 비용이 높아 포기한 일이 있었다. 그에 반해 지금까지 소행주들은 필자가 입지를 먼저 선정했거나, 아니면 건축주와 함께 대지를 보고 결정한 곳에 지어진 것이다.

토지를 구매하는 것이 부담된다면 최근 대안으로 떠오르고 있는 토지임대부주택도 생각해볼 수 있다. 서울시가 적극 권장하고 있는 토지임대부주택은 시유지서울시가 소유한 대지에 건축을 하는 방식이다. 공동체주택을 짓기 위해 대지를 반드시 구매해야 하는 기존의 방식과 달리 서울시로부터 대지를 장기로 임대하는 형식이므로 땅값이 전혀 들지 않는 장점이 있다. 대신 매달 월세처럼 일정한 토지 사용료가 부과되는데, 대지 감평 가격에 시중 3년 만기 예·적금 평균 금리를 곱해 이를 열두 달로 나누면 된다. 평수에 따라 가격은 천차만별이지만, 보통 25평이라면 2019년 2월 기준으로 매달 평균 35만 원이면 충분하다. 입주 뒤에 최장 40년간 살 수 있으며, 만기 뒤에는 살던 집을 시중 평가액의 80% 가격으로 구매할 수 있다. 대지 구입비 없이 건축비만 쓰면 되기 때문에 최근 공동체주택을 고민하는 조합원들의 유력한 대안 중 하나로 급부상했다. 소행주 5호는 이렇게 세워진 서울시의 첫 토지임대부주택이다

설계 및
인테리어

소행주는 단위 세대들의 평면 설계부터 건축 디자인까지 입주자와 전문가가 협업을 통해 만들어간다. 건축주와 설계자, 시공사가 머리를 맞대고 모든 과정을 협의하고 의견을 교환하기 때문에 작은 평수의 공간이라도 각 세대주의 생활과 철학에 꼭 맞춘 설계를 할 수 있다. 때로는 조금 길쭉한 공간도 나오고 세상에 어디에도 없는 공간 구성이 탄생하기도 한다. 이렇게 소행주를 통해 만들어진 주택들은 단 한 집도 똑같은 형태가 없이 제각기 개성과 멋을 한껏 뽐낸다. 커뮤니티실과 옥상정원, 공용물품 보관소, 공용현관, 복도와 마루의 수납공간 등도 입주민들의 개성과 요구에 맞춰 함께 만들어나간다. 이를 통해 기존의 아파트나 단독주택에 비해 훨씬 더 알차고 풍요롭게 주변 공간들을 이용할 수 있다. 그렇다면 소행주가 목표로 삼는 설계 및 인테리어의 과정은 어떻게 이어질까?

도면 상담은 세대주들이 가진 삶의 철학을 들을 수 있는 아주 중요한 과정이다.

가장 먼저 이뤄지는 일은 도면 상담이다. '어떻게 하면 우리 가족의 삶이 더 즐겁고 행복할 수 있을까?', '어떻게 하면 우리 가족에게 꼭 맞는 집을 구상하고 설계할 수 있

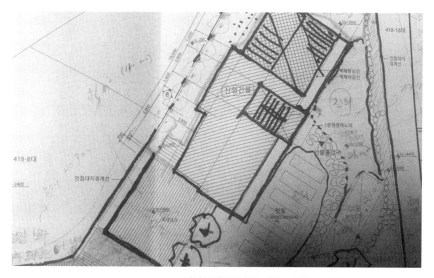

부천 '산뜰'의 공용공간을 구성할 당시 워크숍에 사용된 도면

을까?', '어떻게 하면 우리 가족이 좋아하는 집, 영원히 살고 싶은 집, 웃음이 넘치는 집을 지을 수 있을까?'라는 근본적인 질문에서 각 세대주와 대화를 시작한다. 사실 상담이라기보다는 넋두리에 가까울 때도 있다. 즐겁고 편하게 이야기를 나누다 보면 입주자 가족이 이전에 살았던 삶의 모습과 방식을 알게 되고 점차 그들에게 무엇이 필요한지 하나씩 정보들이 튀어나온다. 아무것도 꾸미지 않은 진솔한 이야기, 속마음을 온전히 드러내는 허심탄회한 대화 끝에 때로는 울음을 터트리는 세대주도 있다.

주체적인 도면 상담을 위해서 다양한 방식의 온라인, 오프라인 만남을 수차례 가지면서 가족 구성원들의 생각과 고민들을 평면도 위에 구체화시켜가는 과정이 필요하다. 이 과정은 3차원의 삶을 2차원의 지면 위에 그려내는 고도의 표현 예술이며 창작 활동이다. 드라마틱한 삶을 살았던 가족들은 저마다 꿈꾸었던 자기들의 공간을 대화로 이리저리 맞춰보면서 구상하고 직접 그림도 그려 본다. 살면서 잘 몰랐던 가구들의 치수도 재어 보고 어느덧 부쩍 자란 자녀들의 키도 덩 달아 재어본다. 수많은 인테리어 잡지와 책들을 찾아 읽고, 여기저기 인터넷에 나와 있는 멋진 전원주택들도 검색하면서 우리 집의 모습을 떠올려본다. 이런 식으로 여러 차례의 수정 과정과 의견 조율을 거치다 보면 최종적으로 나만의 개성이 넘치는 평면이 완성된다.

도면 상담이 어느 정도 마무리되면 CAD 작업을 통해 실제로 설계도면을 그려본다. 이때 아파트나 빌라에서 흔히 볼 수 있는 계획도면을 참고하면서, 공간 계획각 실, 주방, 욕실 등의 배치과 설비 계획전기, 위생, 소방 등의 기본적인 레이아웃에 들어간다. 우리 집만의 개성을 살린 평면 계획을 구상하며 가족에게 맞는 방의 개수와 욕실의 형태, 주방의 배치 등을 결정한다. 이와 함께 전등의 위치와 종류, 스위치와 콘센트의 위치 같은 디테일한 부분도 결정한다. 당연히 입주자들은 아마추어이다. 조금 전문성이 떨어지는 건 소행주의 도움을 차근차근 받아가면서 우리 가족만의 고민이 담긴 특징들을 CAD 작업을 통해 도면화시킨다. 그다음 여러 번의 피드백을 통해 부족한 부분들을 보완하면서 결국 도면을 확정하게 된다.

구조와 설비 부분까지 고려하여 세대 평면을 확정하고 나면, 공용 부분과 건물 전체의 입면창문의 위치와 크기, 재질 등과의 조화를 고려할 차례다. 간혹 커뮤니티 실의 위치와 크기에 따라 일부 세대는 설계 변경이 필요한 경우도 있다. 이 과정은 주로 도면 워크숍을 통해 이뤄지는데, 그동안 베일에 싸여있던 각 집들의 개성과 특징들이 드러나며 본격적인 세대 간 토론이 시작된다. 소행주 자문위원 전문가들도 함께 참여하여 피드백을 아끼지 않는다. 세대 간 양보할 부분은 서로 양보하고 이해할 부분은 함께 이해하는 장이 펼쳐진다. 진정한 소통은 이렇게 건물에 입주하기 전부터 이뤄진다.

각 입주자들의 의견을 적극 수렴하여 도면을 그리고 설계를 완성했다 해도 그것으로 설계 과정이 완전히 끝난 것은 아니다. 땅을 파고 다지며 골조가 하나둘 올라가다 보면 그동안 도면으로 봐왔던 것과 많이 다른 부분들이 발견된다. 머릿속으로만 구상했던 것들이 실제 건축물이 주는 공간감으로 구현될 때, 설계도면이 보다 구체적으로 느껴지게 된다. 동시에 미처 생각하지 못했던 부분에서 이질감을 느낄 수도 있다. 따라서 건물이 올라가는 각 과정마다 각 세대들이 적극 공사 현장을 방문하여 창문의 위치와 크기, 전등 및 콘센트의 위치, 위생 설비의 위치, 화장실과 주방의 형태와 크기 등을 꼼꼼하게 체크해야 한다. 이 과정을 현장 답사라고 한다.

현재 집에서 가져올 가전제품 및 가구는 무엇인지, 어느 자리에 어떻게 놓을지, 전기 설비는 어디에 어떻게 필요한지 꼼꼼하게 생각해야 한다. 도면 워크숍과 현장 답사를 하다가 전에 미처 떠오르지 않았던 것들이 생각나면서 여러 가지 구조의 변화가 일어나기도 하고, 전문가들의 조언에 따라 계속해서 평면이 수정되기도 한다. 실제로 소행주 3호의 202호에 입주한 세대에게는 24개월 된 아기가 있었는데, 본래 그에게 작지만 재미난 공간을 마련해주고자 침실에 아기만이 사용할 수 있는 작은 출입문을 계획했었다. 육아를 위해 발코니 문도 최대한 공간을 절약할 수 있도록 접이문으로 설계했다. 그러다가 아기에게 만들어주고자 했던 문이 고민 끝에 벽체로 변경되었다. 나중에는 폴딩도어도 사라지고 벽체도 사라져 온전한 확장형 발코니가 되었다. 이런 경우처럼 평면에서의 구상이 현실에 부딪치면서 그림으로의 집에서 현실의 집으로 바뀌어 간다. 꿈을 꾸다가 집이 좁아서 기본 생활의 불편이 생기니 그것을 최소화하려다가 평범해지는 것이다. 일부 세대는 공간감과 재질의 느낌을 알아보기 위해 3D 모델링을 해보기도 하고, 현장 답사 중에 전등도 미리 배치해보고 콘크리트 벽을 뚫어 창을 내보기도 하다가 창문의 크기까지 바꾸기도 한다. 실제 건물이 올라가는 중에도 지속적인 협의와 현장 상담이

공간 디자인 프로세스

평면 디자인	입면 디자인과 공용공간 디자인
❶ 건축사가 내놓은 기본안	❶ 건축사, 코디네이터가 내놓은 기본안
❷ 입주자와 상담 후 허가한 평면안	❷ 1차 입면 및 공용공간 계획안 마련
❸ 건축 자문위원과 함께 2차 검토	❸ 코디네이터와 함께 입면 확정
❹ 코디네이터와 함께 인테리어 도면 작성	❹ 창호 및 공용공간안 마련
❺ 가구업체 및 코디네이터와 함께 입주자 협의 후 완성	❺ 입주민과 워크숍을 통해 공용공간 확정

이루어지고 이를 통해 하나라도 더 세대주의 의견이 반영될 수 있도록 노력한다.

다른 예로 부부와 중학교 2학년 아들, 초등학교 1학년 딸이 사는 소행주 3호의 401호 세대 역시 네 식구가 생활하기에 그리 넓지 않은 공간이지만 내부 전용 공간0.44평을 줄이는 대신 멋스럽고 아늑한 외부 공간테라스을 만들었다. 처음 도면 상담 시에는 침실 하나를 제외한 모든 공간을 하나의 탁 트인 공간인 넓은 주방과 큰 식탁, 툇마루로 계획했으나 이후 적극적으로 개별 공간을 원하는 아이들의 요구로 벙커를 제작하게 되었다. 또한 이 세대는 가족 구성상 작은 욕실 2개를 만들어 집 안에 남녀 화장실을 별도로 두게 되었다. 주택에서 남녀 화장실을 분리하는 것은 흔치 않으나 가족 구성원이 아빠와 아들, 엄마와 딸이었기에 가능했으리라. 짐작하겠지만 여자 화장실이 남자 화장실의 2배 이상이다. 이밖에도 물놀이 좋아하는 딸아이를 위해 화장실에 큼직한 욕조를 넣은 집, 독서를 좋아하는 남편을 위해 창을 마주한 벽면에 아일랜드 식탁 대신 널찍한 독서대를 놓은 집, 독립된 주방 공간을 위해 현관문의 위치를 변경한 집 등 실제 공간을 직접 보고 떠오르는 아이디어들을 창발적으로 활용하여 구조를 바꾸는 세대가 적지 않다.

디자인은 기법이 아니다. 디자인은 마음이다. 인간에 대한 애정을 가지고, 그 공간 속에 사는 사람의 행복을 추구하면 멋진 디자인이 된다.

시공

소행주 건축은 대지 구입과 설계, 인테리어부터 시공과 완공에 이르기까지 건축주와의 소통이 제일 중요한 작업이다. 입주자들 간의 소통도 중요하지만, 하드웨어적인 건축 과정에 있어 소통은 비할 데 없이 중요한 핵심 가치다. 시공 과정에는 공사의 과정과 예상 견적, 공기의 지연, 마감재 선정, 설계의 변화 등 이루 말할 수 없이 뜻하지 않은 변수들이 항존한다. 고의든 아니든 시공사가 이를 숨기면, 건축주는 금전적으로나 시간적으로 적지 않은 손해를 볼 수밖에 없다. 또한 건축주 역시 어쩔 수 없는 공사기간의 연장이나 건설 현장에서의 불가항력적인 문제들이 불거질 때 비용의 증가만을 가지고 왈가왈부할 게 아니라 시공사의 입장과 현장 상황을 수시로 체크해볼 필요가 있다. 소통은 상호 간 이해로 가는 첩경이다.

시공을 할 때 건축주가 제일 많이 물어보는 질문이 바로 "평당 얼마예요?"다. 기본적으로 공사비는 평당 책정되는데, 당연히 공사비를 건물의 면적으로 나눈 값이 평당 공사비가 된다. 만일 건물 전체의 연면적이 100평이고 전체 공사비가 4억이라면, 평당 공사비는 400만 원이 되는 구조다. 그럼 전체 공사비는 어떻게 산출될까? 건축주 입장에서는 건물을 올리는 데 들어가는 일체의 비용, 땅값을 제외한 공사와 관련된 모든 자재와 인건비, 인입비, 부가세까지를 포함한 비용을 말한다. 물론 여기에는 설계비도 포함될 수 있다. 만약 건설업체에 평당 공사비를 물으면 건축주와 계약한 공사비만 이야기하겠지만, 건축주에게 물어보면 처음부터 끝까지 들어간 모든 금액을 말하는 경우가 있어 둘 사이에 간극이 존재한다. 최대 간극은 평당으로 환산했을 때 공사면적의 산정방식을 이해하지 못해서 생긴다. 건축 허가 연면적과 공사 연면적의 차이가 클 경우 비용 또한 상당히 크게 차이가 난다. 과거에는 건축 허가 면적과 공사 연면적이 크게 다르지 않아서 동일하게 간주했다. 현재도 근린생활건물에서는 큰 차이를 보이지 않는다. 그런데 주택에서는 단독주택과 공동주택을 막론하고 발코니 확장이 합법화되면서부터 그 부분이 서비스 면적으로 처리되어 차이가 생기게 되었다. 이 사실을 미처 인지하지 못한 건축주들은 당황하기 십상인데, 허가 면적만을 놓고 계산한 건축비 예산과 실제 공사 면적에 따른 건축비의 간극이 크기 때문이다. 2006년 아파트 발코니 확장이 합법화되면서부터 가격 논쟁이 끊이지 않았는데, 다세대주택이나 단독주택에 발코니 확장이 적용되면서 이제는 발코니와 데크·필로티·다락·썬큰 등의 면적을 공사용 면적에 삽입하고 있다. 평당 공사비는 사실 말하는 사람에 따라 제각기 기준을 달리 적용하기 때문에 천차만별이다. 기본적으로 다음과 같은 항목들이 포함되어 있다고 보면 된다.

- 공사비　　설계비, 공사비, 매입 부가세 보조비 환급, 건축주 지급 자재, 건축주 지침 공사, 건축 감리비, 전문 감리비(소방감리, 통신감리 등)
- 부담금　　채권, 도로전용, 특별검사비용, 하수원인자 부담금, 이자, 등기 비용
- 인입비　　상수도, 도시가스, 한전인입비
- 기타 세금　면허세, 부가세, 취등록세

흔히 건축을 처음 하는 의뢰인의 경우, 설계비는 생각해도 감리비는 염두에 두지 않는 경우가 많다. 그전에는 설계와 감리를 하나로 보았기 때문이다. 감리를 꼭 해야 하냐고 묻는 분도 많다. 집을 지을 때 설계대로 재료나 공법을 제대로 써

서 만들었는지 감독하고 관리하는 일을 감리라고 한다. 건축법 25조 건축물의 공사감리 2항에 따라 2017년 1월부터는 건축 감리를 따로 세워서 분리 감리를 시행하도록 되어 있기 때문에 감리비가 별도로 들어간다. 요즘은 비용을 산정하면 설계비와 비슷하게 나오는 경우가 많다. 건축 설계한 건축가가 공사 감리를 안할 수 없는 현장이 많으면 자체 감리와 법적 감리가 모두 필요한 경우가 생기며 이렇게 되면 건축주에게 이중으로 부담이 될 수 있다.

사실 하자가 없는 건축물은 세상에 존재하지 않는다. 2차원 평면 위에 구성한 도면과 그것을 구현하는 3차원 건물 사이에는 일정한 간극이 있기 마련이다. 아무리 유명한 설계자가 설계하고 대기업 건설사가 시공을 맡아도 모든 건축에는 일정한 하자가 발생할 수밖에 없다. 이때 하자란 공사상의 잘못으로 균열이나 처짐, 비틀림, 들뜸, 파손, 누수, 작동 또는 기능 불량 등이 발생해 건축물 또는 시설물의 안전상, 기능상, 미관상의 지장을 초래할 정도의 결함을 말한다. 원칙상 하자보수는 시공사가 책임지는 게 마땅하다. 하자가 발생했을 때에는 순차적이고 체계적으로 보수하는 것이 중요하며, 특히 사람이 이미 사는 상태에서 보수하기 때문에 먼지나 소음이 발생할 수 있다는 점을 유념해야 한다. 보수 후에는 청소를 말끔히 하는 것도 중요하다.

또 하나, 집을 완공했다고 끝나는 게 아니라 준공검사를 받아야 한다. 준공검사는 주택을 짓고 난 후 사용승인 신청을 했을 때, 별도로 지정된 특별검사원이 건축 현장에 방문해 시공된 건축물이 제출한 설계도면에 따라 제대로 시공되었는지 검사하는 것을 말한다. 이 과정을 통과하면 바로 사용승인이 떨어지지만, 만에 하나 지적 사항이 생기면 그 부분을 보완 처리하게 되어 있어서 승인이 늦어지거나 재심사를 받는 경우도 있다. 보통 준공검사를 앞두고 준공청소를 하는데 공사기간 동안 쌓인 먼지와 각종 폐기물, 보양지, 공사자재들을 치우고 외벽과 내벽, 천정, 바닥을 모두 청소한다. 준공청소는 공사가 마무리되어서 준공검사를 받기 위한 청소이므로 세대가 입주하기 전에 하는 입주청소와는 근본적으로 다르다. 준공을 마치면 입주 전에 공사로 인한 새집증후군을 방지하기 위해 베이크아웃Bake-Out을 실행하기도 한다. 공사에 들어가는 자재 중에는 알레르기나 발진, 두통을 유발할 수 있는 포름알데히드 같은 각종 발암성 화학성분이 포함되어 있다. 친환경 청소세제나 피톤치드 작업으로 청소를 말끔히 해주는 게 중요하지만, 솔직히 청소만으로 모든 유해성분들을 없앨 수는 없다. 이때는 창문이나 문을 모두 닫고 가구의 문짝들은 오픈하여 7시간 이상 보일러를 틀어 실내 기온을 40도 이상으로 유지시켜 집안에 있는 화학물질들을 없애야 한다. 이를 건축에서는 베이크아웃이라 한다. 시간이 있다면 4~5회 반복함으로써 더욱 효과를 볼 수 있다.

전문건설업이 도입된 지 42년 만인 2018년 12월 7일, 종합건설과 전문건설업 간의 업역 규제를 전면 폐지하는 건설산업기본법 개정안이 의결되었다. 2021년에 공공 공사부터 시행될 예정으로, 종합건설사가 전문건설에게 하도급을 주지 않고 직접 시공해도 되며 전문건설업도 원도급이 가능해지는 것이다. 이를 통해 불법 하도급 등이 없어지고 내실 있게 공사를 잘하는 사람이 경쟁력을 가지고 공사를 수행하게 될 것으로 기대한다.

이번 장을 가름하면서, 소행주는 소프트웨어를 강조하며 교육과 소통의 중요성을 이야기한다. 그래서 혹시 시공성이 떨어지는 것은 아닌지 의심할 수 있으나 하드웨어적인 건축 실무를 소홀히 하지 않는 정도를 넘어 매우 중요하게 여긴다는 점을 강조하고 싶다. 건축에서 소프트웨어적인 부분은 사실 30%밖에 되지 않는다. 나머지는 건축적인 부분, 하드웨어적인 부분이 차지한다. 시공이 20%라면 설계가 50%를 차지한다. 왜냐하면 설계의 대부분은 소통의 과정이며 설계 과정이 충실하면 시공 또한 순조롭게 진행되기 때문이다. 어떤 분은 필자에게 "왜 소행주는 유명 건축가에게 의뢰하지 않는가?"라고 묻는다. 최근 몇몇 사람들에 의해 소행주의 독특한 외관이 갑론을박 화제가 되었다. 개성은 있지만 디자인은 떨어진다는 것이었다. 디자인과 설계는 중요하다. 외관이 멋진 집은 여러 가지 면으로 시장에서 유리하다. 게다가 유명 건축가가 설계를 진행했다는 소문이 돌면,

소행주에서는 계단실, 복도와 엘리베이터 홀 등을 공동의 수납공간, 공동의 서재공간 등으로 활용한다. 이렇게 함으로써 일반적인 공동주택에서는 죽어 있는 공간의 쓰임새를 살릴 수 있다.

그 건축물이 지니는 무형의 브랜드 가치는 더 상승하기 마련이다. 하지만 설계가 50%를 차지하는 소행주의 공정상, 그리고 협업을 추구하며 입주자 주도의 참여형 설계를 지향하는 특징상 그 절반의 파이를 한 사람의 건축가에게 과도하게 책임지운다면 공동체주택의 본질과 가치에 맞지 않는 일이 될 것이다. 내가 유명한 건축가에게 소행주 프로젝트를 맡기지 못했던 이유는 '협업'이라는 소행주의 기본 정신 때문이었다. 그렇다고 해서 소행주 건축 프로세스에 참여하는 건축가들이 실력이 없는 것은 아니다. 디자인 실력은 물론 입주자와 함께 참여형 설계를 실현하려고 하는 마음도 있으며, 준공 후 입주시까지 여러 어려운 점이 있어도 끝까지 책임지는 자세를 갖춘 훌륭한 건축가들이다. 소행주 설계는 한 사람이 하지 않는다. 입주자와 시공사와 코디네이터와 모든 전문가가 함께해야 한다. 모두

가 참여하고 모두가 건축의 주체여야 한다. 일전에 몇몇 건축가와도 상의한 적이 있으나, 건축가들은 입주자들과 정해진 시간 안에 대화로 함께 도면을 만들어가는 소행주 프로세스를 이해하는 데 어려움을 토로했다.

다음으로는 전체적으로 시공 과정에서 유념할 지점을 짚어보자.

공용공간

❶ 계단 및 참, 엘리베이터 홀 꾸미기

보통 빌라의 계단의 폭은 260mm, 높이는 180mm이며 최소 너비폭은 1,200mm이다. 그러나 초등학교의 계단 규정인 계단의 너비가 1,500mm 이상이고 단 높이가 160mm 이하 그리고 단 너비가 260mm이상인 규정대로 하면 참 편안한 계단이 만들어진다. 그래서 공용공간에 여유가 있다면 계단의 높이단가 160mm을 넘지 않는 것이 좋다. 법적으로만 최소 기준으로 하는 것이 일반화되어 있어 여유가 있을 때도 그대로 높게 만들어 불편하게 한다. 그보다 조금이라도 넓은 참이나 복도, 홀을 구성하면 충분히 품위 있는 공용공간을 만들 수 있다. 그래야 소행주가 주장하는 공용공간의 사용빈도가 많이 높아진다.

❷ 옥상 꾸미기

마당 있는 집은 모든 도시인들의 로망이다. 가능하면 1층에 만들어야 하지만 여의치 않다면 옥상 녹화를 권한다. 이때 필히 방근·방수를 하고, 공간을 띄우는 팔레트를 반드시 설치하여 최상층의 복사열 문제를 완화시키는 것이 중요하다. 도시 건축에서는 건폐율과 주차장, 각종 맨홀과 배수로 등의 문제가 있어 1층에 흙마당을 만드는 것이 요즘은 매우 어려워졌다. 그래도 1층에 조그마한 흙마당이 생기면 사계절을 느낄 수 있어 좋다. 꼭 권한다.

소행주의 옥상은 입주자들이 함께 가꾸는 작은 정원이자, 빨래도 널고 어울려 고기를 굽기도 하는
모두의 마당이다. 사진은 화곡 소행주의 옥상 모습.

❸ 커뮤니티실 꾸미기

사랑방, 원룸, 공부방, 놀이방, 카페, 주점의 역할을 수행하는 커뮤니티실은 소
행주 건축의 핵심이다. 가구 및 가전 등은 빌트인으로 고급지게 설치한다. 이렇
게 냉장고나 가구, 인테리어를 자기 집보다 더 좋게 꾸미며 활용도를 높이는 것
이 중요하다.

❹ 공용물품 보관소 꾸미기

공동 수납공간으로 쓸 수 있는 공용물품 보관소는 단순히 창고 개념을 넘어
공동체성과 공간효율성을 함께 확보하는 공간이다. 도시에서 넓은 면적을 확
보하기가 쉽지 않기 때문에, 자투리 공간을 최대한 활용하여 다 같이 자주 쓰
는 물건들을 보관한다. 유념해야 할 것은 아무리 자투리공간이라 해도 최소면
적은 확보해야 한다는 점이다. 너무 좁고 높으면 잘 사용하지 않게 된다.

❺ 공용세탁기, 공용신발장 꾸미기

가능하면 옥탑부에 공용세탁기를 설치하여 옥상에서 빨래를 쉽게 건조할 수 있게 한다. 우산과 신발 등이 들어가는 공용신발장은 1층 현관에 마련하는 게 좋다. 공동체성 확보에도 중요하지만, 청소나 보관에 유리하기 때문에 공동 현관과 붙어있는 구조가 이상적이다. 소행주 입주민들의 만족도가 높은 부분으로, 햇빛과 바람에 빨래를 널면 집안에서 건조하는 것보다 뽀송뽀송해 아이들 키우는 집은 계속 이용하게 된다. 옥상 공사 시 누수가 염려되는 부분을 피해서 빨래줄을 고정할 철물을 미리 설치하는 것은 필수다. 간단하지만 나중에 하려면 어렵다.

전용공간

❶ 신발장은 밖으로 놓는다

보통 30평 이상 넓은 주택에서는 중문이 있는 전실을 만들어 세대 현관에 넓은 신발장을 만들지만, 적은 평수에서는 만만치 않다. 도시의 삶에서 쾌적함과 공간활용 측면으로 볼 때 현관 밖에다 설치하는 게 소행주에서는 이상적이다. 신발을 벗고 신을 때 청소와 보관이 용이하게 마감하는 건 필수다. 그리고 이동식이어도 상관없는 작은 의자 하나를 설치하면 신발을 신고 벗을 때 매우 편리하다.

❷ 공간에 맞는 창호가 좋은 창호다

주택 창호는 일반적으로 pvc 창을 기본으로 한다. LG나 한화, 영림 등 브랜드도 중요하지만 유리와 함께 어떤 사양을 쓸 것인가가 중요하다. 보통의 브랜드에서는 창호 기능과 두께에 따라 10가지 이상의 그레이드가 나눠진다. 그러니까 무조건 유명 브랜드가 아니어도 몇 mm 두께의 바인지, 하드웨어 등을 파악해야 한다. 브랜드나 형태보다는 어떤 사양의 창호를 쓸 것이냐가 더 중요하다. 한국의 사계절을 감안하면 이중미닫이 창이 가격 대비 성능으로 볼 때 이상적이며, 주방 및 거실에는 다른 공간적 느낌을 줄 수 있도록 비규격 창이나 시스템 창을 권한다.

❸ 냄새도 하자다

화장실 냄새가 심하면 건강에도 해롭고 삶의 질에도 영향을 미친다. 배관은 바닥 배관이 아닌 천정 배관을 기본으로 해야 p-트랩을 써서 냄새를 방지하는 데 유리하다. 환기시설과 외부 정화조, 맨홀 등에서도 냄새가 올라오기 때문에 악취를 차단하는 일은 매우 중요하다.

❹ 조명은 개성 있게 한다

조명은 특히 심리적으로 많은 영향을 미친다. 사람마다 좋아하는 조도와 형태가 제각각이다. 최고의 조명은 자연채광이며 이를 적극 활용하는 구조가 제일 바람직하다. 특히 조명 선택은 건축주의 요구를 적극 반영하여 설치하는 게 원칙이다. 필자는 방의 경우 천정등보다는 벽등을 설치하길 권하는데 잘 때와 깰 때의 눈부심, 기분 나쁨 등의 영향이 있어서이다.

이 외에도 강제 사항은 아니지만 권유하는 건축의 방법으로는 다음과 같은 것들이 있다. 첫째, 창문을 크게 내지 말 것. 아파트 거실에 익숙한 구성을 도시의 저층 빌라에 똑같이 적용하는 것은 문제가 있다. 창이 커지면 벽이 줄어든다. 벽이 줄어들면 수납공간도, 여유공간도 줄어든다. 또한 뷰의 의미도 달라진다. 커다란 창문 밖으로 보이는 풍경이 처음에는 임팩트 있을지 모르나 시간이 갈수록 질리기 쉽다. 반면 창문이 작으면 다양한 위치에 낼 수 있고, 그만큼 다채로운 느낌을 받을 수 있다. 둘째, 화장실과 주방은 편하고 좋게 만들어야 한다. 공간이 좁다고 해서 화장실과 주방을 너무 타이트하게 구성하는 것은 고민해봐야 한다. 밥 먹고 배변을 해결하는 것은 삶의 질과 연결되는 중요한 문제다. 이 같은 용도에 공간을 활용하는 데 있어 너무 옹졸해서는 안 된다.

　소행주의 실험은 계속되어야 한다. 설계는 사는 사람이 함께 참여해야 하며, 건물은 마을 만들기라는 큰 틀에서 탄생해야 한다. 건축에는 인문학적 개념이 포함되어야 한다. 옥상에는 엘리베이터가 들어가야 하고, 녹지가 형성되어야 한다. 십시일반 함께 투자하는 커뮤니티실이 확보되어야 하며, 건물 내부에서 공동식사와 공동육아를 실천할 수 있도록 구성해야 한다. 계단실에 마루를 깔고 신발장을 계단실에 뽑아 놓아 모두가 맨발로 걸을 수 있는 공간이 나와야 한다. 하부다락을 설치하고, 발코니를 높인 형태도 흥미로운 건축적 실험이 될 수 있다. 원한다면 표준과 기준에 맞지 않더라도 방과 벽을 뒤틀 수 있다. 누워서 책 보는 게좋은 주인이라면 창문을 바닥에 맞춰 뚫어주고, 반려묘를 좋아하는 세대라면 공중에 고양이 미로를 만들어주며, 어느 세대주의 아이가 도전과 자연을 좋아한다면 그를 위해 발코니 밖으로 공중에 매달린 다락방도 구현해줘야 한다.

　필자는 설계는 연애고, 시공은 결혼이라는 비유를 종종 한다. 연애할 때는 가슴이 콩닥콩닥 뛰고 더없이 행복하다. 그러나 결혼이 다가올수록 마음 한 편이 불안해진다. 생각했던 것보다 현실의 벽이 너무 높기 때문이다. 예식장과 식대, 예단, 예물, 입주비용, 신혼여행 등등 비용도 뭐가 이리 많이 드는지 정신이 없다. 우리 삶에 영향이 그리 크지 않을 것 같았던 외부적 요인들, 즉 양가 부모님과의 관계, 지인과 친척들의 관계가 결혼을 물리고 싶을 만큼 예비부부들을 힘들게 한다. 건축도 마찬가지라고 보면 된다. 설계가 완성되고 허가 도면이 나오면 견적 금액이 산출된다. 예상보다 15~30% 가까이 더 나오는 경우가 허다하다. 견적을 받으면 '아, 우리는 왜 돈이 없지?', '내가 꾼 꿈은 소박한데 현실에서 그 꿈을 실현하는 게 이렇게 힘든가?' 생각이 든다. 갑자기 현실을 자각하면서 좌절감이 밀려온다. 그래도 포기할 수 없어 반지며 시계며 예물들을 다 팔고, 수도 없이 계산기를 두들기며 있는 돈 없는 돈 끌어들여 예산에 맞춰보려고 발버둥 친다.

상대를 진정으로 사랑하는데 이런저런 조건들이 안 맞는다 해서 결혼을 포기하는 사람은 없을 것이다. 간혹 파혼하는 커플들은 사랑의 크기가 이러한 조건들을 넘기에 너무 작았던 경우다. 집도 그렇다. 경제적 숫자로는 절대 내 기대에 맞출 수도, 행복할 수도 없다. 신뢰가 유지되어야 행복한 결혼생활이 유지되듯, 신뢰를 가지고 함께해나가야 하는 것이 전문가와 입주자 사이의 관계이다. 싸움은 언제나 작은 것에서 시작된다. 대부분의 이혼사유가 소소한 갈등에서 비롯되듯, 전문가와 건축주 사이의 사소한 오해가 종종 큰 사단으로 번진다. 부부 사이에도 실수나 갈등이 있을 수 있지만 둘의 관계가 견고하고 사랑이 충만하면 그 파고를 넘을 수 있다. 건축도 마찬가지다. 시공 과정에서 생기는 창조적 실수는 얼마든지 있을 수 있는 일이며, 그것을 양자가 서로 이해하면서 신뢰를 유지해야만 집의 완성도가 더욱 높아진다. 소행주 건축에 있어 소통이 중요한 이유가 바로 이것 때문이다.

제7장

두 번째

더불어 함께 짓는 주택 가이드,

철학

스토리가 있는
행복한주택

진정한 건축물이란 사람들이 그 공간 속에

이사 온 순간부터 시작되어야 한다.

— 프리덴스라이히 훈데르트바서Friedensreich Hundertwasser

우리는 우리의 집과 동네, 공동체와 충분한 정서적 교감을 나누지 못하고 만남과 헤어짐을 반복한다. 현대인들은 자신이 나고 자란 공간에 뿌리내리지 못하고 평생을 유리하는 유목민의 삶을 살아간다. 경제 논리와 교육 환경에 따라 이러저리 내몰리고 숨 가쁘게 밀려나며 소리 소문 없이 공간을 이탈한다. 수도권 주변으로 자그마한 신도시가 건설되면 밀물과 썰물처럼 고향을 등진 낯선 인구들이 유입되고 빠져나가기를 반복한다. 이렇게 일정한 공간을 점유하여 머물러 사는 기간이 짧다 보니 마을을 꾸리고 공동체성을 확보할 시간과 여유가 없다. 당연히 동네의 특성과 문화는 감쪽같이 실종되어 버린다. 과거 어느 동네를 가든 흔하게 만날 수 있던 '토박이'들은 천연기념물 혹은 일급 멸종위기종이 된 지 오래다. 2019년 대한민국 주거의 현주소다.

> 우리의 현대사는 도시의 역사 그 자체라고 할 수 있다. 자유를 찾아, 돈을 좇아 많은 사람들이 주저 없이 고향을 떠나 도시로 모여들었다. 현재 한국에선 전체 국민의 80% 이상이 도시에 살고, 50%인 2천5백만 명가량이 서울과 수도권에 모여 산다. 그리고 이러한 이주의 역사는 아직도 현재 진행형으로 전체 국민의 20% 정도는 매년 살던 곳에서 떠난다. 산술적으로만 본다면, 5년마다 전체 국민이 한 번씩 집을 옮기고 있는 것이다. 정 붙일 시간적 여유도 없이 우리는 끊임없이 공간을 이동 중이다.
>
> — 사카구치 교헤 외, 『99%를 위한 주거』 중에서

그런 의미에서 21세기 대한민국을 사는 도시인들은 모두 디아스포라diaspora의 굴레 속에서 살아간다고 할 수 있다. 「창세기」에는 가인의 후예들이 도시 에 녹을 세우고 번성하는 가계도가 등장한다. 소돔과 고모라는 도시가 얼마나 부패하고 타락했는지 보여주는 에피소드로 문학과 예술에서 반복적으로 소비되어 왔다. 이는 마치 동생 아벨을 쳐 죽인 가인에게 내려진 형벌, 즉 평생을 '유리하

는 자가 되겠다는 신의 저주를 상기시킨다. 이러한 신화를 증명이라도 하듯, 도시는 어느새 무연無緣의 나그네들만이 모여드는 익명성의 주거지가 되어 버렸다.

　도시란 단순한 주거공간이 아니라 사람들에게 다양한 체험을 제공하는 장소로 거듭나야 한다. 과거의 도시가 공용면적당 가능한 많은 주민들을 켜켜이 쌓아올린 집합의 성채였다면, 미래의 도시는 인간의 다양한 욕구와 행위를 담아내는 공공의 장locus으로서 역할을 수행하는 공간이 되어야 한다. 무엇보다 도시의 거리와 공원, 공공장소, 광장은 사람들이 자유로이 드나들면서 공공성을 얻을 수 있는 공동체 성격을 띤 모두의 현장venue이 되어야 한다. 그러나 안타깝게도 지금까지는 공공과 민간의 영역에서 공동체를 구성하는 방향으로 도시 정책이 설계되기보다는 무조건 공간을 나누고 가르며 구별 짓는 방식으로 개발이 이루어져 왔다. 여기에는 이익에 눈먼 건설사와 개발 논리를 앞세운 지자체, 그리고 부동산 투자에 매몰된 졸부 근성의 개인들이 어우러진 천박한 근대화가 자리하고 있다.

　아리스토텔레스의 말처럼, 우리는 모두 '폴리스적 존재'들이다. 고대 그리스에서 폴리스는 사람들 개개인의 집합으로서 원심성과 구심성을 동시에 갖춘 부족이자 공동체이면서 국가였다. 폴리스는 단순한 공동체가 아니라 그리스인들의 삶의 전부였다. 아크로폴리스에서 종교와 예술이 운위되었고, 아고라에서 시장과 민회가 열렸다. 우리가 알다시피, 이 폴리스에서 의회 민주주의가 싹텄고 원시 공동체주의가 잉태되었다. 벌집을 떠난 벌들이 생존할 수 없듯이, 과거 폴리스를 떠난 개인은 외부의 폭력과 위협으로부터 스스로를 보호할 수 있는 기제도 방편도 없었다. 그래서 시민에게 내려진 가장 무서운 형벌의 하나는 바로 '폴리스로부터의 추방'이었다.

　폴리스polis에서 사람people이 나왔으며 정치politics가 나왔다. 그래서 이러한 폴리스적 가치를 현대 도시에서 부활시키는 건 건축가뿐 아니라 정치가, 사회운동가 그리고 소시민 모두의 시대적 사명이다. 더불어 함께 살아가는 도시, 공공성과 공동체성이 지켜지는 마을, 소통과 관계가 살아있는 동네는 주택 설계에서 시작된다. 소통의 구조는 건축과 공간을 바라보는 관점에서 확보된다. 유태계 실존주의 철학자 마틴 부버Martin Buber는 『나와 너』에서 사람은 누구나 세계와의 관계에서 2가지 관계 중 하나에 속한다고 주장했다. '나와 너'의 관계와 '나와 그것'의 관계가 그것인데, 인격적인 만남과 소통을 주는 건 오로지 나와 너의 관계에서만 가능하다. 그는 '나와 너의 관계를 잃어버리거나 잊어버릴 때 인간은 소외되고 관계는 파편화되며 공존은 불가능해진다.'고 보았다. 상대를 물건이나 사물로 대하지 말고 나와 동등한 인격으로 대하자는 부버의 주장은 오늘처럼 비인간화된 물질문명 시대에 반드시 되새겨져야 한다.

이번 장에서는 더불어 함께 짓는 주택의 의미와 방향, 그리고 환원되거나 치환될 수 없는 가치에 대해 살펴보도록 하자.

함께 사는 사람들에 대한
배려의
중요성

요즘 「나혼자산다」 라는 TV프로가 인기다. 연예인이 일상에서 혼자 밥을 해 먹고 취미생활을 즐기며 살아가는 일거수일투족을 관찰 카메라가 따라다니며 포착한다. 당사자는 군중 속의 고독을 느끼며 인간관계를 희구하지만, 결국 프로그램이 표방하는 메시지는 '혼자 살아도 된다'인 것 같다. 1인 가구가 급격히 늘어나며 생긴 신풍속도다. 어느 순간부터 혼밥, 혼술, 고독사라는 말이 주변을 맴돌고 있다. 시내에 가면 혼자 앉아서 식사를 할 수 있는 테이블로 인테리어를 해놓은 식당들이 적지 않다.

서울 동대문구 장안동에서 전세지원금을 받아 근근이 살던 68세 독거노인이 집을 비워야 하는 처지에 놓이자 목을 매 자살한 사건이 있었다. 몇 년이 지난 사건임에도 불구하고 아직도 필자의 뇌리에 남아있는 건 현장을 찾은 경찰이 노인의 유품 가운데 발견한 봉투 하나 때문이었다. 10만 원이 들어있었던 그 봉투 겉면에는 나중에 자신의 시신을 수습할 이름 모를 분에게 쓴 것으로 추정되는 "고맙습니다. 국밥이라도 한 그릇 하십시오. 개의치 마시고."라는 글귀가 적혀 있었다. 노모를 마지막으로 떠나보내고 아무런 연고 없이 단칸방에서 살다가 고독하게 생을 마감했을 노인의 모습을 떠올리면 정신이 아득해진다. 세상을 등지는 마지막 순간에도 인간으로서 존엄성과 품위를 잃고 싶지 않았던 노인의 발버둥이 마음에 꽤나 큰 울림으로 다가왔던 것 같다. 만에 하나 그를 가끔씩 살펴보고 반찬 몇 가지라도 싸들고 들여다볼 몇몇의 이웃이라도 주변에 있었다면 어땠을까

하는 생각이 한동안 머릿속을 떠나지 않았다.

그런 의미에서 또다른 TV프로인 「한끼줍쇼」는 「나혼자산다」와는 사뭇 다른 메시지를 현대인들에게 던지는 것 같아 신선했다. 이경규와 강호동이 게스트와 함께 지역을 돌면서 밥 한 끼를 얻어먹는 단순한 콘셉트의 리얼 버라이어티 쇼로, 평범한 우리네 이웃들과 식탁에 둘러 앉아 동태찌개 하나에 소박한 저녁 식사를 나누면서도 어쩜 그렇게 묵직한 내러티브를 전달하는지 놀랍다. 「나혼자산다」가 철저하게 1인 가구의 생존기를 다룬 예능이라면, 「한끼줍쇼」는 혼자서 아무리 편하게 살아도 그에게 반드시 따뜻한 밥 한 끼 나눠먹을 이웃이 필요하다는 메시지를 시청자들에게 담담하게 전달한다. 고독사가 일상이 되어버린 현실에서 숟가락 하나 들고 무작정 "오늘 나와 밥 먹을 사람 있어요?"를 외칠 수 있는 용기를 TV에서 챙겨봐야 할 정도로 사람과 사람 사이의 따스한 유대와 허물없는 인간관계가 낯선 시대다.

독일에서 활동하는 철학자 한병철은 저서 『피로사회』에서 성과 지향적인 사회 풍토가 현대사회 사람들을 고립시키고 있다고 진단한다. 세상은 좋아졌는데 어찌된 일인지 사람들은 더 피로해졌다. 그런 사람들은 십중팔구 고립된 사람들이다. 그는 공동체의 해체를 낳는 이러한 피로사회가 인간으로 하여금 분열적인 피로를 느끼게 하고, '나'와 '너'가 끊임없이 서로에게서 파편처럼 부서지고 떨어져 나가는 관계의 단절을 만들고 있다고 지적한다.

> 피로는 폭력이다. 그것은 모든 공동체, 모든 공동의 삶, 모든 친밀함을, 심지어 언어 자체마저 파괴하기 때문이다. 그런 종류의 피로는, 본래 그럴 수밖에 없었겠지만, 아무 말 없이, 필연적으로 폭력을 낳았다. 아마도 이러한 폭력이 모습을 드러낸 것은 오직 타자를 일그러뜨리는 시선 속에서뿐이었을 것이다.
>
> — 한병철, 『피로사회』 중에서

왜 사회는 발전하고 물질은 풍요로워지는데 개개인은 계속 피로하고 고립될까? 국민 기업 삼성은 매년 매출 신기록을 연달아 갱신하고 우리나라 GDP는 2만 불을 넘어선 지 오래인데, 고독사로 죽은 지 두 달이 지나 백골로 발견되는 노인은 왜 그리도 많고 오늘도 헬조선을 탈출하려고 안간힘 쓰는 이 땅의 젊은이는 왜 이리 넘쳐날까? 그것은 우리가 삶에서 근본적인 행복을 놓치고 있기 때문이다. 미국의 심리학자 매슬로우Abraham H. Maslow는 인간의 욕구를 다섯 층위의 피라미드로 표현한 '인간 욕구 5단계'로 유명하다. 그는 근본적으로 사슬처럼 연결된 다섯 가지 욕구가 단계적으로 충족될 때 행복할 수 있다고 주장했다. 물론 옷밥집을 비롯한 가장 생리적인 욕구 단계가 밑바탕에 깔려 있고, 그다음에 외부의 위험에서 스스로를 신체적·심리적·사회적으로 보호받고 싶어 하는 안전의 욕구가 놓여 있지만, 매슬로우는 이것만으로는 충분치 않다고 말한다. 어딘가에 소속되어 타인과 사귀고 친구가 되고 싶은 사회적 소속의 욕구가 충족되어야 한다는 것이다. 그의 주장은 집을 짓는 필자에게 여러 가지 생각할 문제들을 제시해준다. 옷밥집이라는 가장 간단한 욕구조차 타인과의 관계에서 오는 만족감보다 낮은 수준의 정서라는 사실이다.

피로사회를 뚫고 나아갈 가장 근본적인 처방은 옷밥집에 공동체를 입히는 것이다. 함께 입고, 함께 먹고, 함께 사는 것. 옷밥집의 프레임을 나 혼자 사는 것에서 더불어 함께 살아가는 것으로 바꾸는 일이다. 이 일의 최전방에 바로 소행주가 있고, 지속가능한 마을이 있다. 적어도 십수 년 이 일을 해온 필자는 그렇게 믿는다. 소행주는 건축이 아니라 공동체 건설이고 사람살이, 마을살이 운동이라고.

타인과 함께 살을 부대끼며 '살아내기' 위해서 가장 먼저 요구되는 건 배려의 정신이다. 배려는 상대에 대해 마음을 쓰고 심려하는 자세. 이 자세는 낯선 타자들이 서로 관계를 맺는 방식이다. 한편, 배려의 반대말은 '수수방관'이다. 남이 인생의 어떤 위기에 처했든 아무런 상관이 없다는 태도로, '나만 아니면 돼'라는 지극히 이기적인 자세다. 적극적인 갈등보다 더 무서운 건 무관심일지 모른다. 사회에서라면 마음에 안 맞는 사람을 피하면 그만이겠지만, 한두 푼도 아니고 거의 전 재산을 들여 공동체주택을 지었는데 옆집 아줌마와 성격이 맞지 않는다면 같은 지붕 아래에서 오가며 마주치는 것만으로도 커다란 스트레스가 될 것이다. 따라서 소행주는 처음부터 집 짓기와 함께 마음 짓기가 병행되어야 한다고 말한다. 오랜 시행착오를 겪으면서 마음 짓기와 관련된 일정한 프로그램을 만들었고, 각 프로그램은 경험을 통해 정리된 일정한 프로토콜에 의해 시행되고 운영된다. 혹자는 "건축가가 집만 잘 지으면 되지 오지랖 넓게 참 별걸 다 신경 쓴다."라고 말할지 모르겠다. 하지만 집은 마음의 거처다. 집을 짓는 과정은 마음을 짓는 것과 함께 이루어져야 한다.

소행주의 마음 짓기 프로그램

❶ 의사결정방법론

의사결정에 있어서 가장 효율적인 방법을 모색하고, 합의를 통해 규약을 결정하는 시간. 마을의 정의와 함께 입주자 간 거리감의 필요성, 의사표현법, 나 전달법 등을 배우고 익힘.

❷ MBTI 교육

간단한 성격검사를 통해 나와 다른 성향의 사람들이 많이 있다는 것을 인지하고 각자 사고방식을 그대로 수용할 수 있는 방법들을 직접 상황별 훈련을 통해 배우고 익힘.

❸ 비폭력대화법

우리가 가장 많이 쓰는 폭력적인 말^{자칼 말}을 버리고 내면을 들여다보고 부드럽게 쓰는 비폭력적인 말기린 말을 통해 평소 대화 습관을 점검하는 비폭력대화법을 배우고 익힘.

❹ 갈등관리 교육

공동생활에 없을 수 없는 갈등의 원인을 파악하고 관계 속에서 원만하게 갈등을 조정·관리할 수 있는 방법들을 서로 모색하고 배우며 익힘.

소행주는 상담 전문가를 통해 이와 같은 프로그램을 운영하고 있다. 가장 먼저 하는 작업은 상대를 더 쉽게 받아들일 수 있는 관계 형성의 코스다. 대표적인 것이 바로 '비폭력대화' 과정이다. 대부분의 인간관계에서 오는 갈등과 오해는 서로 내뱉는 말에서부터 시작된다. 특히 오랜 습관에 의해 자신의 어투나 표현이 얼마나 퉁명스럽고 불편한지 인식하지 못하는 경우가 많다. 상대를 자극할 수 있는 대화를 지양하고 서로의 관계를 북돋을 수 있는 대화법은 학습과 연습을 통해 배울 수 있다. 비폭력대화법은 MBTI 교육으로 엮여 자신의 성격을 알아보고 그에 맞는 표현법을 정리하도록 돕는다. 갈등은 발생하는 것보다 해결하는 게 더 중요하다. 입주자들은 갈등을 테이블 위에 올려놓아야 한다. 갈등은 숨기고 억압하는 것이 아니라 더 곪기 전에 드러내어 적극적으로 풀어야 할 대상이다.

물론 각종 강의 등을 통해 이 같은 프로그램을 경험한 사람들도 있을 테지만, 그런 배움과는 많은 차이가 있다. 앞으로 같이 살 이웃과 함께 마음 짓기 프로그램을 하다 보면 스스로에게 다가오는 깨달음의 크기가 직장이나 기타 교육기관에서 배웠던 것과는 근본적으로 다름을 느끼게 된다.

소행주의 투—트랙 마음 짓기

❶ 1단계 : 소행주살이 안내

- MBTI를 통한 자기 발견 및 타인 이해

- 소통 강화를 위한 의사결정방법론

- 행복한 대화를 위한 비폭력대화법과 갈등해소법

- 입주자 간의 매뉴얼북 작성

❷ 2단계 : 소행주 나들이

- 1박 2일 나들이(전 가족 참석)

- 나의 다문화 감수성 확인하기

- 함께 살고 싶은 사람 찾아보기

- 입주자 간 약속

이것으로 소행주의 마음 짓기가 끝나는 건 아니다. 서로를 깊이 알고 더 가까워지기 위해서는 여행이 최고다. 바로 소행주 나들이다. 전 가족이 입주 전후로 일정을 맞춰 나들이를 간다. 일정과 목적지, 활동은 모두 민주적으로 대화와 토의를 통해 결정한다. 물론 일단 통성명으로 서로를 파악했으면, 성향과 관심 분야에 따라 보다 적극적인 활동도 가능하다. 관심 있는 사람들을 대상으로 꽂꽂이 강

소행주의 투—트랙 마음 짓기 프로그램은 입주자들 간의 공동체성을 강화시킨다. 입주 전후의 마음 짓기 과정 및 현판식 등 다양한 공동 행사를 거치며, 입주민들은 진정한 '이웃사촌'이 되어간다.

좌를 할 수도 있고, 소싯적 대학가요제의 꿈을 잊지 않고 있는 사람들을 모아 기타 강습을 열 수도 있다. 여성들만 모여서 훌쩍 대만으로 여행을 다녀오기도 하고, 남자들끼리 모여서 1박 2일로 낚시여행을 다녀오기도 한다. 이렇게 소행주의 마음 짓기는 투-트랙two-track으로 진행된다.

소행주의 마음 짓기가 지향하는 대전제는 다름을 인정하는 것이다. 공동체주택 속에서 함께 살아간다고 해서 모두가 모든 것을 반드시 함께해야 하는 것은 아니다. 사람들 속에서 에너지를 얻는 사람이 있는가 하면, 사람들을 피해 자신만의 시간을 가져야 에너지가 충전되는 사람도 있다. 다 같을 수 없다. 생활 속의 문화를 만드는 것이 중요하지, 어떠한 규정이나 규칙을 통해 통제하거나 제약을 가하는 건 바람직한 공동체 문화가 아니다. 이러한 의미로 소행주 내에서는 모두가 별칭을 사용하고 남녀노소 지위고하의 차별을 일체 하지 않는다. 그래도 아직도 우리 사회에는 장애인이나 소수자, 약자에 대한 편견이 많이 남아있다. 소행주는 양성평등의 관점에서 성차별적인 요소를 감지해내는 '성인지 감수성', '젠더 감수성'과 같이 빠르게 변화되는 가족 구성의 변화와 트렌드를 읽어나가면서 공동체주거문화를 만드는 민주시민으로서 또는 동네의 어른으로서의 역할을 하려 한다.

배려는 민원을 대하는 태도에도 절실히 필요하다. 건설 현장에 있다 보면 주변 이웃들의 민원 때문에 공사가 지연되거나 엎어지는 등 어려움을 겪을 때가 종종 있다. 건축주와 민원인 사이에 갈등의 골이 깊어 법적 문제로까지 비화되는 경우도 심심찮게 발생한다. 가장 많은 민원이 소음과 분진 문제인데, 이 소음과 분진은 사실 주관적인 부분이어서 법적 기준이 애매한 때가 잦다. 아무리 수직 보호망과 가드를 설치하고 살수차를 동원해 공사장 주변 청결에 신경 쓴다 해도 일정한 소음과 분진 발생은 어쩔 수 없다. 한창 펌프카로 레미콘을 타설하는데 "지금 아기가 잔다."며 완벽한 정적을 요구하는 건 무리라는 얘기다. 어느 정도 이해와 배려가 필수적이다.

어떤 경우는 신축을 방해하기 위해 조직적으로 민원을 제기하는 세력도 활동한다. 이렇게 해마다 각종 공사로 인한 민원이 폭발적으로 증가하면서 필자처럼 건설업에 종사하는 사람들이 겪는 시간적·물리적·정신적 손실이 엄청나다. 실질적으로 건물을 올리는 데 드는 시간보다 이웃과의 분쟁을 조정하고 갈등을 해결하기 위해 내놓는 타협안을 만드는 데 더 많은 시간이 소요되기도 한다. 간혹 준공 허가가 떨어지기까지 조정이 원만히 이루어지지 않아 입주가 차일피일 미뤄지는 난감한 때도 있다. 이런 문제가 발생하면 양측의 입장을 듣고 조정하기 위해 보통 간담회가 열린다. 간담회에 참석해서 민원 발생 현황과 예방 대책 및 해결 방안을 계획하고 합의한다. 그런데 결국 간담회의 핵심은 보상금의 규모로 귀결되는 경우가 태반이다. 그 근거를 알 수 없는 건축 인허가 과정에서 벌어진 담합에 대한 루머, 확인도 되지 않은 보상금 차등 지급에 대한 소문이 돌면서 서로 극단으로 치닫는 간담회는 결국 고성과 폭력이 오가는 아수라장이 되기 십상이다. "얼마까지 줄 수 있느냐만 말해라!" "옆 동네에는 돈 봉투를 돌리던데 우린 왜 없나?" 구청에 투서하는 것도 모자라 담당 공무원을 음해하기까지 한다. 정말 현장에 있다 보면 건축 민원을 둘러싼 각종 험구와 구설이 난무해 보기에도 민망한 상황이 한두 번 연출되는 게 아니다.

의사결정방식 역시 공동체의 소프트웨어적인 골격을 만드는 데 매우 중요하다. 대원칙은 세대 모두의 동의가 있어야 결정할 수 있다는 것이다. 모든 결정은 조금 보수적으로, 적당한 시간을 갖고, 돌다리도 두들겨가면서 하는 게 좋다. 공동체라면 한 사람이라도 더 설득하고, 한 사람의 의견이라도 더 반영하도록 해야 한다. 지금 당장보다는 추후에 다시 한 번 논의하는 것이 함께 사는 사람 사이의 배려일 것이다. 함께 살면서 꼭 명심해야 할 질문은 '옳은 것을 추구할 것이냐, 좋은 것을 추구할 것이냐?'가 되어야 한다.

공동 공간
구성의
필요성

사람에게는 얼마의 공간이 필요할까? 러시아의 문호 톨스토이는 단편 『사람에 겐 얼마만큼의 땅이 필요한가』에서 소작농 파홈의 이야기를 전한다. 하루 종일 걸으며 밟은 면적만큼 모두 자신의 땅이 될 수 있다는 말에 욕심 내다가 결국 쓰러져 죽어 고작 한 뼘의 땅에 묻히고 말았다는 우화. 공간에 대한 욕심은 과거나 현재나, 서양이나 동양이나 크게 다르지 않은 것 같다. 내가 다 가지려다 보니 아무것도 가지지 못하고 만다. 내 이웃과 더불어 조금이라도 공간을 나눌 마음이 자리하고 있다면 사실 난 그 공간은 다 가진 것이나 마찬가지다. 필자가 소행주를 통해 커뮤니티실을 '공간을 함께 나누며 더 큰 공간을 갖는 마법을 부리는 방'으로 소개하는 이유다. 멀리서 친구가 찾아와도, 갑작스럽게 시골에서 부모님이 올라오셔도 커뮤니티실에서 모든 손님을 받을 수 있다. 조용히 책을 읽고 사색을 즐길 장소가 필요할 때 언제든 부담 없이 찾을 수 있는 공간이기도 하다.

물론 '개인'과 '단체', '혼자'와 '공동'이라는 두 개의 무게추를 현명하게 저울질 하면서 사는 지혜가 필요하다. 공동의 공간만큼이나 개인의 공간도 중요하다. 공동체성을 너무 강조하다 보면 자칫 개인이 전유할 수 있는 공간의 권리를 남에게 무분별하게 양도하는 부작용을 낳을 수 있다. 좋은 의도로 시작한 공간 나눔이지만, 때로 혼자 숨을 수 있는 공간도 필요하다. 공용공간과 전용공간, 두 개의 공간은 중첩되면서 또 갈라진다. 개인이 군중을 피해 숨을 수 있는 프라이버시의 공간이 있어야 서로 만날 수 있는 광장도 의미가 있다. 밀실과 광장의 조화, 바로 소행주의 원리이기도 하다.

필자가 소행주를 만들면서 가장 고심하며 설계하는 곳이 바로 커뮤니티실이다. 같은 공간에서 서로의 기쁨은 두 배가 되고 서로의 슬픔과 상처는 반으로 줄어든다. 집에서 간단하게 무친 나물이며 들기름 두르고 부쳐낸 지짐을 들고 나와 커뮤니티실에서 옹기종기 어울려 먹는 즐거움은 세상 그 무엇과도 바꿀 수 없다. 같은 공간에서 함께 밥을 먹는 행위는 공동체를 결속시키는 데 더없이 중요한 의례다. 예수도, 붓다도 '밥상공동체'를 실천했다. 식탁을 마주한 그들의 공동체는 그래서 2천 년이 지난 오늘날까지 건재하다. 함께 식사를 나누는 것은 몸을 섞는 행위이자 관계를 고양시키는 지렛대와 같다. 같이 먹는 공식共食은 커뮤니티실이 잉태한 행복의 씨앗이다.

소행주는 또한 공식과 함께 공동육아의 가치를 소중하게 생각한다. 밥 먹는 것만큼이나 아이들을 가르치는 것이 중요하다. '밥상머리 교육'이라는 말도 있듯, 함께하는 식사를 통해 자녀들에게 소중한 인생의 가치들을 전수해줄 수 있다. 오늘날은 부모와 자녀가 저녁 식사 자리를 함께하는 가정이 드물다. 안타까운 현실이지만, 따뜻한 집밥이 절대적으로 필요한 우리의 아이들이 골목마다 하나씩 있는 김밥천국의 손에 길러지고 있다. 내 아들과 딸의 입에 어떤 음식이 들어가는지 치열한 도시 생활을 하는 부모들은 알 턱이 없다. 집이 아이들에게 천국이 되도록 만들자!

공동공간은 커뮤니티실만을 의미하지 않는다. 전용공간을 제외한 모든 공간을 의미한다. 함께 사용하는 주차장, 현관, 복도, 옥상, 계단실, 그리고 건물이 만들어지고 남은 자투리 공간은 모두 공동의 공간이다. 많은 사람이 자기 집안에서 모든 것을 해결하려고 한다. 예를 들면 빵 만들기, 커피 내리기, 고기 굽기, 곰국 끓이기 등을 모두 내 주방에서 해내길 원한다. 그래서 프라이팬의 개수도, 냄비의 개수도, 전기로 하는 전자제품의 개수도 상당하다. 이런 생각을 뒤집어 삼겹살 파티는 옥상에서, 원두커피머신은 커뮤니티실에 좋은 제품을 갖다 놓고 공유하면 어떨까? 또한 옥상 나가는 계단실에 공용세탁기를 크게 마련하여 함께 이불 빨래에 사용하면 얼마나 좋을까?

집집마다 에코백과 텀블러가 넘쳐난다. 여행용 가방도 대여섯 개가 넘는다. 전동드릴도, 망치도 그렇다. 가끔 쓰는 김장용 큰 대야는 버리지도 못한다. 이 모든 것은 함께 사용하는 편이 효율적이다. 그래서 소행주는 공용물품 보관소를 만든다. 버려진 창고가 아니라, 함께 사용하는 물품들을 보관하는 장소다. 제대로 된 전동공구를 함께 사용하고 여행용 가방도 함께 모아두어 장거리, 단거리 여행 때 양해를 받아서 사용하면 된다. 사용하지 않는 것과 고장 난 것은 버리고 질 좋은 제품을 공유하면 훨씬 풍요롭게 살 수 있다. 사실 공동성을 높이는 공용공간 활용도는 입주민들의 생태 마인드와 공유 마인드에 달려있다. 입주민들의 인식도가 높을수록 다양한 공용공간을 자기 집처럼 사용하는 경향이 있는데, 누군가는 청소해야 하고 누군가는 관리를 해주어야 함을 알기 때문이다. 일회용을 안 쓰려는 노력은 소행주에서의 기본 생활문화이다. 음식과 반찬을 아무리 적당히 한다 해도 남을 수 있다. 그것을 제때 나누는 것이야 말로 버리지 않는 지름길이며 너무 많은 살림살이를 지고 살지 않는 유일한 방법이다.

맨 처음 공용공간을 잘 활용해야겠다는 생각을 갖게 된 것은 어느 빌라 계단실의 꺼져있는 전등 때문이었다. 어둡고 위험해도 누구 한 사람 손을 보지 않았다. 건물과 건물 사이의 낮은 담장 옆에는 담배꽁초와 온갖 쓰레기가 가득하여 버려진 사각지대가 많았다. 옥상에는 녹색 우레탄이 칠해져서 눈비가 오면 미끄럽고 올라가는 이가 없었다. 도심의 하늘공원이라 할 옥상이 그저 비가 새야 올라가는 곳으로 한정되어 있었던 것이다. 건물은 오히려 사람이 잘 사용해야지만 더 깨끗해지고 유지·보수가 자연스럽게 되는 것이다.

소행주에 입주한 입주자들은 자기 집을 자기가 설계한다는 맞춤형 주택에 대한 만족감도 있지만, 살다 보니 공용공간의 사용을 통해 소행주살이의 기쁨이 두 배가 되었다고 이야기한다. 그렇다. '나와 내 가족 중심에서 이웃들과 어떻게 나눌 것인가?' '이웃들과 즐겁게 사는 방법은 무엇인가?' '이웃들과 모이는 공간은 어떻게 할 것인가?' 이렇게 사고는 확장되어 가고 어느 순간에 내 아이만이 아닌 다른 아이를 챙기는 자기 모습을 보면서 어른들 또한 성장한다. 소행주가 공동성을 높이는 공용공간 워크숍을 빠짐없이 하는 이유다.

육아,
교육,
여가 생활의 변화

미국 노트르담대학 인류학과 교수인 푸엔테스Agustín Fuentes는 진화적 관점에서 인간이 공동체를 만든 건 생존을 위한 필수불가결한 조건이었다고 주장한다. 그의 저서 『크리에이티브』에 따르면 인류가 인간의 뇌를 키우기 위해서는 온 마을이 필요했다고 한다. 인간이 발달시킨 복잡한 공동체야말로 인간이 다른 동물과 대별되는 큰 특징 중 하나라는 것이다. 푸엔테스의 말이 맞다면, 공동체성이 실종되고 관계가 파편화되는 현대 사회에서 우리는 생존과 멀어지는 방향으로 달려가고 있는 게 분명하다.

공동체성과 유리된 상태를 돌이켜 삶의 근본적인 변화를 얻고, 나아가 진정한 삶의 만족과 행복을 느끼는 건 소행주 프로젝트가 추구하는 가치와 맞닿아 있다. 집에 대한 기억과 그리움이라는 감성, 집이 갖는 재정과 건물이라는 현실성, 이 둘의 간극을 어떻게 메우느냐가 소행주의 시작이라면, '어떻게 하면 아이들에게 건물이나 돈이 아닌 추억을 물려주고, 게임기와 스마트폰이 아니라 평생을 함께 갈 수 있는 친구와 이웃을 만들어주느냐.'는 소행주의 끝이다. 우리는 여기서부터 건축의 방향을 다시 재고해야 한다.

육아의 갈림길에서 건축을 논하다

건축은 영어로 아키텍처architecture다. 아키텍처는 그리스어로 '근원'을 뜻하는 아르케arche와 '기술'을 뜻하는 테크네techne가 합쳐진 말이다. 한 마디로 건축은 인간의 생존에 필요한 '근원적인 기술'이라는 뜻이다. 음식을 만들고 옷을 짓는 기술도 중요하지만, 비바람을 피하고 들짐승으로부터 신변의 안전을 확보하며 공동체 구성원 간 결속을 다지는 공간을 구성하는 기술만큼 생존에 필수적인 것도 없다. 스페인의 알타미라 동굴에서부터 터키의 괴베클리 테페에 이르기까지 인류는 집을 짓고 공간을 구획하며 사회를 구성했다. 예나 지금이나 변하지 않는 것, 변해서는 안 되는 것, 모든 기술 중에 가장 근원이 되고 으뜸이 되는 것이 바로 집을 짓는 기술이다. 당연히 어원상 건축가를 뜻하는 아키텍트architect는 '근원적인 기술자'라는 의미가 된다.

근원적인 기술이 만들어낼 수 있는 근원적인 변화는 육아와 교육에서 온다. 건축을 기껏해야 벽돌을 쌓아 올리는 공학적 작업에 불과하다고 여긴다면, 공간이 지니는 육아의 영향을 과소평가하는 것이다. 다시 한 번 말하지만, 건축은 인간의 삶을 바꿔놓을 수 있는 근원적인 기술이다. 일례로 '빛 1리터 프로젝트A Liter of Light Project'의 사례를 보자. 건축이 왜 인간의 삶을 바꿔놓는 근원적인 기술인지 다시금 깊이 생각해볼 기회를 가질 수 있을 것이다. 빛 1리터 프로젝트는 기초적인 것들도 갖추지 못한 필리핀 빈민가의 처참한 삶을 개선하기 위한 아주 단순한 건축적 시도이다. 그러나 결과적으로 커다란 사회적 변화를 향한 가능성을 보여주었다.

필리핀 마닐라 외곽, 담벼락으로 구획조차 제대로 되지 않은 가건물들이 슬레이트나 양철 지붕을 마구 얹은 채 위태롭게 서 있다. 언제 철거될지도 모르는 닭장 같이 촘촘한 불법 건물에 사는 도시 빈민은 대도시에서 쏟아져 나오는 쓰레기로 하루를 연명한다. 겨우 비를 피할 공간을 마련한 이들이 거주하는 공간은 비좁고 불결하기 일쑤다. 백열전구 하나 살 돈이 없어 실내로 들어가면 대낮인데도 한 치 앞도 볼 수 없을 만큼 어둡다. 운 좋게 전구를 사더라도 전기료를 감당할 수 없는 이들이 대부분이다. 이들에게 실내조명은 사치품이자 그림의 떡이며, 어둡고 음습한 환경은 전염병과 각종 범죄의 온상이 되곤 한다.

이런 도시 빈민들의 처지를 개선하기 위해 2011년 나의 피난처My Shelter Foundation라는 비영리재단이 생태적으로 지속가능하고 비용도 들지 않는 주거조명을 기획했다. 개발한 알프레도 모저Alfredo Moser의 이름을 따 '모저 램프'라고도 불리는 이 조명은 '태양이 모든 이에게 공평하게 빛을 비추듯, 가난한 이들에게도 실내에 일정한 빛이 필요하다.'는 취지에서 개발되었다. 제작 방법은 너무 간단해서 어린아이라도 만들 수 있을 정도다. 쉽게 구할 수 있는 1리터 플라스틱 음료수병에 물을 채우고 지붕에 적당한 구멍을 뚫어 병을 끼우고 접착제로 단단히 고정시킨다. 이렇게 설치된 병은 낮 동안 햇빛을 굴절시켜 어두웠던 실내를 40W짜리 백열전구에 맞먹는 조도로 밝힌다. 물병 안에 녹조류나 이끼가 끼는 걸 막기 위해 약간의 표백제를 물에다 섞으면 끝. 이렇게 만들어진 물병 조명은 별다른 유지·보수 없이 최대 5년 동안 지속되는 내구성을 갖는다. 물론 단 1W의 전기도 필요 없다. 전기조차 들어오지 않는 오지에서도 큰 기술 없이 누구나 10분 정도의 간단한 시공을 통해 자연광을 실내로 끌어들일 수 있다.

이 프로젝트는 필리핀에서만 백만 가구 이상 물병 전구를 시공하여 커다란 성공을 거두고 현재는 탄자니아와 우간다 같은 아프리카 여러 나라에 급속도로 확산되고 있다. 육아 문제도 마찬가지다. 각자의 방으로 문 닫고 들어가 버리면 끝인 요즘의 부모 자녀 관계는 공간에 약간의 변화만 줘도 훨씬 두터운 사이로 바뀔 수 있다.

빛 1리터 프로젝트가 버려지는 페트병 하나를 지붕에 끼워 한 가정에 광명을 찾아줬듯이, 소행주도 같은 지붕 아래 사는 세대의 모든 자녀들이 서로를 배려하고 서로를 아끼는 공동체 안에서 함께 길러지고 함께 양육되는 길을 모색했다. 게다가 민주적이고 합리적인 의사결정이 살아있는 모임, 서로의 욕구와 정서에

페트병을 이용한 빛 1리터 프로젝트

솔직한 사람들이 모인 공간, 더불어 함께 기쁨과 슬픔을 나누고 서로 기댈 수 있는 상대가 되어주는 이웃들이 있는 집에서 자란 아이들이라면 21세기 현대사회가 바라는 인재상으로 자라날 여지가 충분하지 않겠는가?

공간이 바뀌면 교육이 바뀐다

대한민국에서 교육은 가족이 주거를 결정하는 데 있어 무시할 수 없는 주요 잣대 중 으뜸이다. 필자 역시 교육 문제를 피해 갈 수 없었다. 내가 건축을 본격적으로 하겠다고 마음먹었을 때 첫째가 세 살, 둘째가 한 살이었다. 전북 무주 안성에 내려가 살면서 특성화 학교였던 푸른꿈 고등학교를 짓는 일에 참여했는데, 학교를 지으면서 아이들의 미래가 그려졌다. 그 후로부터 필자에게 건축과 교육은 서로 갈라낼 수 없을 만큼 뭉뚱그려진 주제가 되었다. 그 누구보다 아이들을 자연 속에서 키우고 싶었기에 아이들이 학교 다니기 전에는 마당이 있는 집에서 방목하듯 키웠다. 첫째가 초등학교에 갈 때가 되자 남한산 초등학교에 입학시켰고, 이후로 10여 년 동안 거기서 아이 셋을 모두 졸업시켰다. 필자가 학교를 정했었던 기준은 단순(?)했다. 남한산 초등학교는 무조건 아이들이 자연 속에서 맘 놓고 뛰어놀 수 있으면서 한 학년 한 반이 20명 내외인 작은 시골 학교였다. 당시 이 시골학교는 작은 작은 학교 살리기 차원에서 전교조 선생님들과 힘을 합쳐 성남 지역에서 폐교에 직면한 곳을 살린 학교였다. 자연스럽게 '내 아이'가 아닌 '우리 아이들'을 공동으로 키우자는 분위기가 만들어졌고, 산속 교육 공동체마을에는 웃음이 떠나지 않았다.

필자는 남한산 초등학교 운영위원장을 맡아 여러 가지 일을 했는데, 그중 하나가 교실을 리모델링 및 증축하는 것이었다. 필자는 예전부터 우리나라 학교 건물의 구조가 마음에 들지 않았다. 한현미의 말처럼, "우리의 학교는 군인들이 생활하는 병영과도 많이 닮았고, 일본 제국주의 통치기 학교의 모습과도 닮았다." 『공간의 인문학』 중에서 교육과 소통보다는 아이들을 통제하고 관리, 훈육하는 것에 초점을 맞춘 공간이었다. 필자는 운영위원장으로 있으면서 이 부분부터 뜯어고치기로 마음먹었다. 관리 중심의 기존 복도형 교실을 고쳐 외부 마당에서 바로 교실로 진입할 수 있도록 공간을 트고, 교실 곳곳에 포켓 공간을 만들어 아이들의 쉼터와 놀이터를 구성했다. 이 작업을 할 수 있는 노둣돌건축사사무소 이윤하 소장을 초빙하여 작업을 부탁했다. 이윤하 소장의 아이디어를 학교와 학부모가 상의하여 공사를 했다. 교실동과 도서관동의 연결 캐노피를 스테인리스 프레임에 녹색 렉산으로 한다는 교장 선생님의 계획을 듣고, 필자는 "같은 값으로 목재를 가지고 캐노피를 만들어 보겠다."라고 제안했다. 학교는 한옥식 건물이었는데, 한옥과 어울리는 목조 캐노피를 설치하니 분위기도 전보다 훨씬 따뜻해졌을

뿐더러 자연히 남한산다운 분위기가 만들어졌다.

시간이 지나 아이들이 중고등학교에 진학하게 되면서 필자는 새로운 원칙을 세웠다. 고등학교를 졸업할 때까지는 기숙사에 보내지 않고 한 집에 모여 살기로 했다. 둘째와 셋째까지 남한산 초등학교를 졸업할 무렵, 늦둥이 딸은 엄마와 함께 남한산 숲유치원을 3년 넘게 다녔다. 성남시 분당에 위치한 이우 고등학교에 첫째가 진학하면서 그 이듬해 가족 전체가 인근 마을인 동천동으로 이사해 지금까지 그곳에서 살고 있다. 이곳도 공동체성을 갖추고 있는 마을이었고 각종 행사로 부모들이 맘만 맞으면 행복하게 살 수 있는 곳이었다. 필자 또한 학부모 축구 동아리인 이우FC 회원으로 주말마다 공을 차며 동네 선후배들과 즐겁게 교류하고 있다. 이우 학교 또한 대입을 염두에 두지 않는 도심형 대안학교로 입학할 때 부모로부터 자녀들을 학원에 안 보내겠다는 서약서를 일괄적으로 받아두는 극성(?)을 부린다. 학생들 또한 자기 스스로 주체가 되는 각종 교과모임과 행사, 다양한 활동들을 통해 멋진 청소년기를 보낸다. 주변에는 '재수는 필수'인 학교처럼 인식되었지만, 대학 진학 여부를 떠나 씩씩하게 자기의 미래를 준비하는 청년들도 점점 많아지기 시작했다.

그러던 몇 년 전, 하루는 함께 공을 차던 선배가 만나자고 해서 학교에 갔더니 필자를 보자마자 한숨부터 내쉬는 것이었다. 자초지종을 들으니 초기에 학부모가 만들어놓은 들마루를 없앨 수밖에 없게 되었다면서 못내 아쉬워했다. 한정된 예산으로는 학교의 자랑인 한옥 지붕을 보수할 여력이 없어서 학교 이사회가 부득불 지붕을 철거하기로 결정했다는 것이다. 필자 또한 너무 안타까워 방법을 찾아보겠노라 했다. 상황을 살펴보니, 학교 옆으로 도로가 나면서 기와 모서리 일부가 잘려나가야 한다는 것인데, 지붕의 경사도가 급해 자칫 기와가 떨어질까 걱정이 앞섰다. 되도록 지붕을 가볍게 금속 기와로 대체하고 자중이 없어진 구조는 보강 철물로 잡으며, 지붕에서 나온 기와와 흙을 가지고 담을 쌓아 외관을 보

이우학교 들마루의 변경 전(상단)과 변경 후(하단) 모습

수하는 게 나름 최선의 선택처럼 보였다. 필자는 학부모 회의에서 '학교 들마루 기와가 철거되면 이를 재활용하고 아쉬움도 달랠 겸, 품앗이를 통해 흙담을 쌓는 공사를 함께 이뤄내자.'고 제안했다. 다들 조마조마하면서 지켜보았는데, 예상보다 각 학년 학부모들의 참여율이 좋아서 계획대로 잘 마무리되었다.

학생들의 야외 수업 장소로 아이들에게는 추억의 장소이기도 하고, 초창기 학부모들이 손수 들마루계를 만들어 3년 내내 주말을 이용하여 피땀의 정성으로 이뤄낸 학교 건물을 그 취지와 의미, 역사성과 장소성대로 잘 보존하는 것이 무엇보다 필요하다고 생각했다. 들마루의 핵심 대들보를 보존하여 학부모들의 덕과 열성을 기리고, 철물 보강과 진출입의 장소를 바꾸어 건물의 안전성을 강화하며, 학교가 요구하는 소방차 진입 시 걸리는 지붕은 현대미와 전통미를 살리는 차원에서 알맞게 절단하여 학교를 미관상 업그레이드하는 것이 최선의 방법이었다.

요즘 아이들은 학습은 잘하지만 잘 크는 일은 요원한 것 같다. 지성은 만들어지는데 인성이 자라지 않는 모습을 종종 본다. 아이 하나를 키우는 데는 마을 전체가 필요하다. 가정교육과 마을교육이 함께해줘야 한다. 필자는 아무리 바빠도 주말은 되도록 아이들과 함께 보내려고 한다. 아이들과 한 공간에 함께 있는 것이 수학 문제 열 개 푸는 것, 영어 단어 백 개 암기하는 것보다 훨씬 더 중요하다고 믿는다.

소행주에 사는 사람들을 길에서 만나면 하나같이 아이가 바뀌었다고 말한다. 전에는 그렇게 공부하라고 해도 말을 듣지 않더니 윗집 형이 공부하니까 자연스럽게 따라서 공부를 하게 되더라는 것이다. 외모 가꾸고 옷 사는 데 여념이 없던 딸, 연예인에 너무 빠져 공부는 뒷전이었던 아들이 공간을 바꿔주었더니 더디지만 더불어 변하는 모습을 보고 흡족하다고 고백한다. 여러 세대가 함께 살다 보니 부모만으로는 부족했던 역할 모델이 자연스럽게 다양해진다. 이 같은 환경은 아이들에게 자신의 삶을 스스로 선택할 기회를 준다. 아이들도 답을 알고 있다. 다만 환경이 되지 않고, 여건이 받쳐주지 않았을 뿐. 그래서 소행주에 사는 사람들의 육아는 이런 모습이다.

행복한 부모는 자식을 불안 속으로 몰아넣지 않는다. 성미산 소행주 1호는 아이들을 학원에 거의 보내지 않는다. 간혹 보낸다고 해도 국영수가 아니라 피아노 같은 악기나 취미 생활을 위한 것이다. … 이곳은 행복을 현재 누리기 때문에 아이들에게도 미래를 위해 현재를 희생하라고 강요하지 않는다. 박짱은 아들 민수가 공부 대신 축구를 하고 싶다고 해서 축구를 시켰다. 고1 때 브라질에도 1년간 보내줬다. 그 이후 축구를 포기하자 그 의사도 존중했다. 그 아들이 학교를 휴학하고, 지금은 반려견을 위한 수제 사료를 만들어 공급하는 사업을 창업했다. 이곳에서는 실패할 자유를 주고, 다시 일어날 자립심을 갖출 때까지 기다려준다. 아이들은 그 과정에서 늘 어른들과 상의한다. 애시당초 대화가 통하지 않으면 '꼰대와 대화한들'이라며 아예 어른들과는 대화조차 않는 세대 단절이 있겠지만, 이곳에서 그런 일은 거의 없다.

— 조현, 『우린 다르게 살기로 했다』 중에서

공간이 바뀌면 아이들 교육만 바뀌는 게 아니다. 더불어 소행주를 통해 여가 생활이 바뀌는 어른들도 많다. 전에는 직장동료들과 밤늦도록 술 마시고 고주망태가 돼 집에 기어들어오다시피 했었는데, 마음을 터놓는 이웃이 생기자 칼같이 퇴근하는 가장들이 늘었다. 때로 투덕투덕 부부싸움을 해도 억울한 마음, 답답한 속을 털어놓고 하소연할 수 있는 옆집 친구가 생긴 덕분에 다툼은 진짜 '칼로 물 베기' 수준으로 끝난다. 집에 들어오면 TV 리모컨을 서로 잡겠다고 쟁탈전을 벌이던 가족들이 이젠 하나둘 화제의 신간을 펴서 책을 읽는다. 소행주에 살면서 평소 배우고 싶었던 기타며 꽃꽂이며 서예며 생각할 수 있는 취미생활을 일년에 하나씩 도전할 수 있는 여유가 생겨서 즐겁다. 모두 집 안에 마을이 들어왔기 때문에 가능한 변화들이다.

공간이 바뀌면서 가장 몰라보게 달라진 점은 새로운 이웃사촌을 얻는 마음의 즐거움이다. 이웃이 생겼다고 생활이 몰라보게 윤택해지거나 잘 살게 되는 건 아니다. 어떻게 보면 내가 거주하는 공간, 내가 점유하는 영역은 더 줄어들었을지 모른다. 하지만 더불어 함께 나눌 공간이 늘어나고 '나'와 '너'가 부대끼고 어우러지면서 기존의 고립된 공간을 탁 트인 공간, '나누어 가진' 공간으로 더 의미 있고 풍요롭게 쓸 수 있는 마음자리가 형성되었다. 공간의 변화는 삶의 방향과 인간관계를 바꾸는 일상의 마법을 부린다. 우리는 '내 것'에서 '우리 것'으로 자연스레 관심을 옮겨가며 더불어 살아가는 삶의 지혜를 배운다. 다채로워진 삶의 모습은 덤이다. 일요일이면 아빠는 조기축구회로, 엄마는 계모임으로, 아이는 PC

방으로 각자 따로 공간이동을 했던 가족이 이제는 옆집 아랫집과 모여 삼겹살을 구우며 일주일의 스트레스를 함께 푼다. 뒷집에 누가 사는지 도통 관심도 생각도 없었던 고등학생 아들, 우연히 함께 엘리베이터라도 타는 날에는 세상없이 서먹해서 휴대폰 들여다보는 데 집중했던 중학생 딸이 옆집 젊은 부부가 시내에 일이 있어 나간다며 맡긴 세 살배기 아이랑 레고를 쌓으며 잘도 놀아준다. 윗집 사는 대학생 형과는 벌써 어려운 수학 문제를 물어보고 답을 찾는 사이가 되었다.

이처럼 소행주는, 좁게는 개인이 가지고 있던 공간의 개념을 재고하는 부분에서 출발하여, 넓게는 한 마을과 사회가 가지고 있던 공동체의 개념을 재건하는 방향으로 나아가는 건축운동이다. 최근 소행주를 요구하는 지역 주민들의 문의가 어느 때보다 뜨겁다. 소행주를 처음 시작하고 사람들이 갖고 있던 집에 대한 고정관념과 몰이해를 깨는 데 많은 시간을 소비하고 숱한 시행착오를 겪었던 때를 생각하면 그간 정말 많은 변화가 있었다. 현장이나 사업설명회에 나가보면, 소행주를 이해하고 마을 만들기를 긍정적으로 생각하는 사람들이 많아졌다. 공동체성을 찾는 현대인들이 늘어날수록 소행주의 미래는 밝다. 소행주 운동으로 대한민국이 헬조선이 아니라 즐겁게 함께 살아갈 수 있는 이웃, 아무 걱정 없이 아이를 키울 수 있는 동네, 공동체가 살아 있고 마을이 활기찬 세상이 된다면 OECD 국가 중 가장 살기 좋은 나라가 되는 날이 하루라도 빨리 오지 않을까? 아마도 필자의 과욕만은 아닐 것이다. 소통이 있어 행복한 주택이 주거공간의 개념을 확 바꾸어 한반도에서 현대를 살아가는 모든 가정에 행복이 넘치는 날이 오기를 고대한다.

마을을 담는 집,
사람의 온기를 닮은 집

함민복 시인의 「꽃」이라는 시가 있다.

모든 경계에는 꽃이 핀다.

달빛과 그림자의 경계로 서서
담장을 보았다.
집 안과 밖의 경계인 담장에
화분이 있고
꽃의 전생과 내생 사이에 국화가 피었다.

저 꽃은 왜 흙의 공중섬에 피었을까?

해안가 철책에 초병의 귀로 매달린 돌처럼
도둑의 침입을 경보하기 위한 장치인가.
내 것과 내 것 아님의 경계를 나눈 자가
행인들에게 시위하는 완곡한 깃발인가.
집의 안과 밖이 꽃의 향기를 흠향하려
건배하는 순간인가.

눈물이 메말라
달빛과 그림자의 경계로 서지 못하는 날
꽃철쭉이 시들고
나와 세계의 모든 경계가 무너지지라.

현대인들은 경계인들이다. 여기에도 저기에도 속하지 못한 이들이 공간을 부유浮游하고 있다. 그 틈 사이로 꽃을 하나 피우고 싶었다. 더불어 함께라는 꽃, 소행주라는 꽃을 사람과 사람 사이에 심고 싶었다. 현대인들은 모두 낯선 공간에서 낯익은 대상을 찾아 배회하고 있다. 아파트에서 가장 낯선 공간이 어딜까? 열이면 여덟아홉은 계단이나 엘리베이터를 꼽을 것이다. 대부분 아파트 각 세대의 평수에는 계단과 엘리베이터 같은 공용 면적이 포함되어 있다. 그 공간도 자신의 공간이라는 뜻이다. 하지만 내가 소유하고 있다는 느낌을 전혀 받지 못하는 공간이 계단과 엘리베이터다. 모두의 것은 누구의 것도 아니다. 이 공간, 이 틈새를 사람들에게 돌려줄 수는 없을까?

그 틈새를, 그 경계를 골목으로 바꿔주는 것이다. 골목길의 삶은 복합적이다. 골목은 결코 합리적으로 구획된 공간이 아니다. 골목은 누구네 마당이었다가 누구에게는 길이 된다. 복합적인 지층이 숨어 있는 공간이다. 펼치면 부채가 되고 접으면 막대기가 되는 것처럼 골목은 다양한 군상들이 모여 저마다의 색채와 무늬로 점유하는 풍성한 공간이다. 공간은 사람의 사고를 지배한다. 건축을 통해 공간을 재구성하고, 그곳에 사는 사람들의 생각을 바꿀 수 있다.

소행주는 마당을 만들고자 한다. 더 정확히 말하면 흙마당을 만들고 싶다. 우리는 어렸을 적 흙마당에서 공기놀이도 하고 사방치기도 하면서 마구 뒹굴고 놀았다. 온몸으로 사계절을 느끼고 체험하며 땅의 기운을 맞았다. 겨우내 동장군을 이겨내고 새 봄을 맞이하는 어린 새싹들을 한 평도 안 되는 마당에서도 느낄 수 있었다. 자그마한 생명이 움트는 광경을 신비롭게 관찰하며 살았다. 그 속에서 우리도 더불어 자랐다. 그런데 언제부턴가 도시에서는 아이들에게 단 한 평의 양지바른 마당도 허용하지 않는다. 사방을 둘러보아도 온통 시멘트로 바른 공간과 삭막한 철제 울타리뿐이다. 인위적으로 만들어진 모래 놀이터는 아이들이 찾지 않아서 흉물스런 기념비처럼 주변에 덩그러니 버려져 있다. 점차 아이들은 흙이 아닌 스마트폰과 컴퓨터를 장난감 삼아 놀게 되었다. 어른도 마찬가지다. 모든 게 말끔하게 정돈된 아파트 단지 안에서 이유를 알 수 없는 더 깊은 좌절감과 상실감에 허우적댄다. 소행주가 옥상에 흙마당을 고집하는 이유이기도 하다. 1층에 마당을 만들 수 없을 때에는 꼭 옥상에 흙을 깔아 정원으로 꾸밀 것을 건축주들에게 권하고 있다. 하루에 잠깐 동안이라도 흙을 만지고 흙을 밟는 사람이 더 행복하고 건강하다. 행복은 일상의 소소함에 있다. 야생화와 새싹, 상추와 토마토의 왕성한 성장에 행복은 하나씩 수확된다.

필자는 집을 짓는 사람이다. 처음 만나는 사람에게 명함을 주면 많은 사람들이 "회사 이름이 참 예쁘네요."라고 말한다. 그러고는 꼭 "자연을 담은 집은 대체 어떤 집입니까?"라고 물어온다. 자연을 담고, 자연을 닮은 집은 무엇일까? 그 틈새를, 그 경계를 꽃으로 채우는 집일 것이다. 그 꽃은 누구의 꽃도 아니다. 피곤한 이에게는 쉼을, 상처 받은 이에게는 위로를, 애정이 고픈 이에게는 사랑을 주는 만인의 선물이다. 어디선가 벌과 나비가 날아들어 꿀을 따가도 싫은 내색을 하지 않는 모두의 꽃이다. 자연에는 가르고 나누는 경계가 없다.

위대한 건축가 르 코르뷔지에는 근대 건축의 5가지 원칙을 세웠다. 필로티 pilotis, 자유로운 평면, 자유로운 입면, 연속적인 수평창, 그리고 옥상정원이다. 그는 필로티를 세워 공간의 확장을 꾀했다. 입구가 있는 1층에는 벽이 없어 입면과 평면을 자유롭게 설계할 수 있었다. 옥상에는 정원이 심어져 시멘트 건물의 투박한 무생물성을 지우려고 했다. 그렇게 만들어진 공간은 모두의 것이 되었다. 어쩌면 소행주의 건물 역시 이런 필로티와 옥상정원의 철학을 따르고 있는지 모르겠다. 르 코르뷔지에 이후, 경사지붕이 없어지고 평 슬라브 옥상이 만들어졌다. 방수공법도 발전하여 전보다 옥상이 훨씬 다채로워졌다. 소행주는 이런 옥상 공간을 다양하게 활용한다. 도시에서 마당을 회복하는 유일한 선택이다. 다섯 번째 입면이라고도 할 정도의 의미를 담아 옥상에 특히 신경을 많이 쓴다.

간혹 "비싼 집이 좋은 집이다."라고 노골적으로 말하는 사람을 만난다. 집이 투기나 투자의 대상으로 전락하는 현상은 인간성 타락에 가깝다고 생각한다. 이는 가장 심각하게 왜곡된 주거문화이다. 집이 본유적으로 띠고 있는 성질에서 가치 있는 많은 것을 희석화시키고 오히려 몰가치적인 자본 중심의 대상을 희구하는 꼴이다. 어느새 아파트가 보편적인 주거환경이 되면서 '좋은 집'의 개념도 많이 변했다.

소행주는 비싼 집보다 좋은 집을 추구한다. 소행주가 생각하는 좋은 집은 이웃이 있고 마을이 숨 쉬는 집이다. 원래 집은 자연과 사람을 이어주는 유익한 공간이다. 사람은 주변에서 흔히 찾을 수 있는 재료를 가지고 집을 지었다. 그래서 집은 주변에 흔히 있는 사람들로 채워져야 한다. 집은 사람의 옷밥집, 즉 모든 행위가 이루어지는 총체적 개념이다. 외형적으로 보이는 건물만이 아니라, 건물을 포함하여 그 속에서 사는 사람의 가치가 표현된 것이 곧 집이라 할 수 있다. 주거환경이 사람을 바꾼다. 소통이 있어서 행복해지는 주택이 좋은 집이다.

고야베 이쿠코, 『컬렉티브하우스 : 언제나 함께하고 언제든 혼자일 수 있는 집』, 지비원 역, 클, 2013

김미애 외, 『유쾌한 셰어하우스 : 싱글녀 다섯과 고양이 두 마리의』, 올댓북스, 2014

박재동 외, 『마을을 상상하는 20가지 방법 : 우리가 꿈꾸던 마을이 펼쳐지고 있다』, 샨티, 2015

박종숙 외, 『우리는 다른 집에 산다 : 남다른 집을 짓다 색다른 삶을 열다』, 현암사, 2013

신영복, 『감옥으로부터의 사색』, 30주년 기념판, 돌베개, 2018

아구스틴 푸엔테스, 『크리에이티브 : 돌에서 칼날을 떠올린 순간』, 박혜원 역, 추수밭, 2018

애덤 하트데이비스, 『파블로프의 개 : 심리학의 역사를 관통하는 50가지 실험』, 이현정 역, 시그마북스, 2016

위남성, 『마을은 처음이라서』, 책숲, 2018

윤태근, 『성미산마을 사람들 : 우리가 꿈꾸는 마을 내 아이를 키우고 싶은 마을』, 북노마드, 2011

이하연 외, 『컬렉티브하우스의 세대 간 교류를 위한 물리적 환경 및 프로그램 연구 : 일본 도쿄사례를 중심으로』, 한국디자인문화학회지, 2015, vol.21, no.3

전명산, 『국가에서 마을로』, 갈무리, 2012

전병국, 『고전 읽는 가족』, 궁리, 2017

조현, 『우린 다르게 살기로 했다 : 혼자는 외롭고 함께는 괴로운 사람들을 위한 마을공동체 탐사기』, 휴, 2018

한민정 외, 『덴마크와 스웨덴 코하우징의 물리적 특성에 대한 연구』, 2005

한병철, 『피로사회』, 김태환 역, 문학과지성사, 2012

Dick Urban Vestbro, 「Cohousing in Sweden, History and Present Situation」, 2014

소행주 입주 테스트 수유리 '재미난 소행주' 실제 사례

다음 질문에 대답하며 소행주가 과연 당신에게 맞는 주거 시스템인지 알아보세요.

① 부모나 자식들에게 형제나 자매가 더 필요하다.　　　　□ Yes □ No

② 아이들에게 편한 놀이공간이 필요하다.　　　　□ Yes □ No

③ 구조상 층간 소음이 적고, 이웃 간 이해해주는 환경이 필요하다.　□ Yes □ No

④ 급할 때 옆집 아이를 맡아줄 수 있다.　　　　□ Yes □ No

⑤ 이웃과 편안하게 즐길 휴식공간이 필요하다.　　　□ Yes □ No

⑥ 월드컵은 빨간 티 입고, 최소 10인 이상 봐야 '월드컵 좀 봤네.'라고 할 수 있다.

　　　　□ Yes □ No

⑦ 퇴근 후, 이웃집 아저씨나 아줌마와 한잔 하고 싶다.　　□ Yes □ No

⑧ 이웃들과 재미있는 일을 도모하고 싶다.　　　　□ Yes □ No

⑨ 소싯적처럼 합법적으로 밤새 놀아보고 싶다.　　　□ Yes □ No

⑩ 재미난카페, 재미난학교, 스튜디오웨이브, 싸롱드비 등 마을기업 근처에 살고

　싶다.　　　　□ Yes □ No

⑪ 남편 혹 아내의 빠른 퇴근을 자연스럽게 유도하고 싶다.　□ Yes □ No

⑫ 부부싸움 후 혼자 있을 공간이 필요하다.　　　　□ Yes □ No

⑬ 단독주택은 아니지만 마당을 갖고 싶다.　　　　□ Yes □ No

⑭ 공기 좋고, 경치가 좋은 곳에서 살아보고 싶다.　　　□ Yes □ No

⑮ 집은 투자를 위한 공간이 아니라 가족의 행복을 위한 공간이라고 생각한다.

　　　　□ Yes □ No

⑯ 세상에는 돈으로 살 수 없는 행복이 있다.　　　　□ Yes □ No

자신이 몇 개의 항목에 Yes를 체크했는지 세어보고 아래의 내용을 확인하세요!

● Yes가 5개 이하인 분

소행주에 입주하면 고난이 예상됩니다. 다른 집을 알아보는 게 좋을 듯 합니다.

● Yes가 8개 이상인 분

소행주에 거주하면 행복할 수 있습니다. 입주를 적극 고려해보기 바랍니다.

● Yes가 12개 이상인 분

지금 소행주에 입주하지 않으면 다시 올 기회를 하염없이 기다려야 할지 모릅니다! 얼

른 서두르세요.

세계의 공동체마을

소행주는 세계 여러 나라에서 실험적으로 만들어졌던 다양한 코하우징이나 컬렉티브하우스, 생태주택, 공동체주택들을 모델로 삼았다. 선진국들은 이미 50여 년 앞서 건축에 공동체성을 의식하고 다각도의 시도를 해왔다. 개중에는 실패한 실험도 있었으며, 일부는 지금도 여전히 진행 중인 건축도 있다. 어떤 시도들은 우리나라에 적용하기 힘들 수 있으나, 또 어떤 부분들은 환경과 여건에 있어 충분히 한국에서도 실현 가능한 것들이다. 여기에서는 세계의 공동체주택들을 나라별로 살펴보고 각기 특징들을 이해하고자 한다.

1. 스칸디나비아

건축사에서 덴마크를 빼놓고는 코하우징을 논할 수 없다. 코하우징이라는 개념이 시작된 나라가 바로 스칸디나비아의 터줏대감이자 복지국가인 덴마크이기 때문이다. 코하우징은 지금으로부터 50여 년 전에 본격적으로 시작되었는데, 1964년, 덴마크의 건축가 얀 굿맨 호이어Jan Gudmand Høyer가 가사와 식사, 및 육아 등을 이웃과 함께 협력하여 생활할 수 있는 도시 주거 형태를 고안해내면서부터다. 1967년에는 보딜 그라에Bodil Graae가 이러한 코하우징 개념을 설명하며 「한 아이에게 백 명의 부모가 필요하다」는 논문을 내놓았고, 이는 1968년에 최초로 지어진 코하우징의 성지聖地 새트담멘Sættedammen을 비롯한 이후 숱한 코하우징과 공동체주택의 사상적 주춧돌을 놓았다.

이후 1970년대 코하우징은 덴마크와 스웨덴을 중심으로 활발히 실험되었다. 1974년부터 코펜하겐 남쪽에 하나씩 지어진 팅고든Tinggården은 덴마크 정부가 나서서 조성한 대표적인 대규모 공동체주택 단지다. 이 시기 유럽을 휩쓴 에너지 위기의 여파로 대안적이면서 보다 적은 산업 개발에 대한 필요가 대두되었고, 자연스럽게 정부는 코하우징에 눈을 돌렸다. 1977년 완공된 팅고든은 종래의 고밀도 주택에서 벗어나 공동식사를 실현할 수 있는 자유로운 공동체를 꿈꿨다. 건축가이자 덴마크 주택장관이었던 반트콘스텐Vandkunsten은 팅고든을 만들면서 여섯 가구 당 하나의 공동거실을 두었다. 소행주의 커뮤니티실에 해당하는 이 공동거실에서 각 가구는 서로에게 필요한 다양한 활동과 관계를 이어갈 수 있게 했다.

특히 덴마크의 코하우징은 다른 나라와 비교해서 생태적인 관점에 초점을 맞추고 있다. 코펜하겐 근처에 위치한 뭉크세가르드Munksoegaard는 환경을 존중하는 방식으로 지어진 건물에 백여 가구가 사는 코하우징 주택이다. 건축 자재로는 볏짚이 쓰였는데, 의외로 견고하며 방음과 방열이 뛰어나다고 한다. 비교적 근래에 지어진 자유와 행복Fri og Fro 역시 이와 유사한 실험적인 건축이다. 닐스 닐센Niels Nielsen은 2004년 에게베르그Egebjerg에 자유와 행복마을이라는 공동주거 개념을 실험했다. 공동 건물을 중심으로 16개의 개별적인 주택들을 재활용 목재와 볏짚, 진흙, 조개 껍질과 같은 생태적인 자재를 이용해서 지었다. 건물 내에는 버드나무를 이용한 정수장치도 들어가 있다. 이외에도 덴마크에는 여러 코하우징 단지들이 형성되어 있다. 여섯 가구로 이루어진 소규모 코하우징 토네방스고든Tornevangsgarden, 노인과 젊은이가 함께 사는 깅에모스고어 코하우징, 공장 건물을 개조하여 만든 예른스토베리에, 스카우트 단원들이 모여서 만든 노인용 코하우징 게오르그스 리스트후스, 활동적인 노인들의 주거 공동체 샤프테넨 코하우징 등이 있다. 오늘날 덴마크 인구의 무려 1%인 약 5만 명이 코하우징에 산다. 가히 코하우징의 발상지답다.

스웨덴식 코하우징의 원형인 콜렉티브후스는 오랜 역사를 가지고 발전해 온 스웨덴의 집합주택 개념으로서 실제적인 요구에 의해 출발했다. 1960년대 이후로 콜렉티브후스Kollektivhus 개념이 정착하면서 코하우징의 토양이 만들어졌는데, 오늘날 스웨덴에는 아예 콜렉티브후스누 Kollektivhus Nu 라는 코하우징 단체가 조직되어 있다. 초기 콜렉티브후스의 원형은 1907년 중앙집중식 부엌을 가진 건물인 **헴고든** Hemgarden 으로 거슬러 올라간다. **헴고든**은 중앙부엌이 있는 60세대로 구성된 아파트형 건물로 거주자들은 모두 중산층으로 구성되었고 식사는 세 끼가 모두 배달되었으며 모든 가사 서비스가 제공되었다. 사회적 민주운동과 여성운동의 영향으로 여성을 위한 가사 경감의 문제가 사회적인 공감을 얻으면서 본격적인 최초의 콜렉티브후스가 1935년에 완성되었다. 이 콜렉티브후스는 공동식당, 탁아시설, 세탁실 등의 공유공간으로 구성된 44세대의 아파트 형태의 건물이었다. 이러한 주택 형태가 중산층의 폭발적인 지지를 얻으면서 1955년까지 8개의 또 다른 콜렉티브후스가 건설되었다. 이곳에 사는 거주자들은 주로 맞벌이 부부, 자녀가 없는 부부, 독신여성, 전문 직업을 가진 부부들로서 어느 정도 경제적 여유를 가진 중산층들이었다.

덴마크와 달리 스웨덴에서는 여성해방운동이 코하우징에 많은 영향을 미쳤다. 대부분 개인적인 주도권을 갖고 코하우징 개념을 구현했던 덴마크와 달리 스웨덴에서는 국가가 소유한 토지에서 관 주도의 주거정책의 일환으로 주택 공급이 이뤄졌다. 스웨덴에서는 직업을 가진 기혼여성의 조리 작업과 가사노동의 경감을 위하여 유료로 서비스를 공급받는 위탁관리의 서비스 모델로 출발했으나, 이후에는 차츰 주민들이 공동부엌을 이용하여 스스로 공동식사 준비, 주거관리와 가사노동을 분담하는 자치관리 모델 코하우징으로 개발되었다. 1970년대에 들어오면서 장애인과 노인을 위한 사회적 복지에 대한 새로운 철학이 대두되었는데, 그것은 그들에 대한 복지 혜택을 커뮤니티를 통해 제공하는 것이었다. 이러한 서비스 모델의 최초 프로젝트는 1979년 린셰핑에 건설된 **스콜플리칸**으로 복지 정책을 경제적이고 효과적으로 진행하고자 시도된 사례였다. **스톨플리칸**은 186세대로 구성되었는데, 그중 35세대가 노인을 위한 주거이고 9세대가 장애인을 위한 주거로 조성되었다. 이 사실만 보더라도 코하우징이 어떻게 사회정책과 연계되어 사회적 소수들을 관리했는지 쉽게 알 수 있다.

정책뿐 아니라 건물 구조에 있어서도 양국은 차이가 난다. 수평적으로 건물을 짓는 덴마크와 달리 **스톨플리칸**을 비롯한 스웨덴의 코하우징은 수직적인 구조를 띤다. 그럴 수밖에 없는 것이 스웨덴의 코하우징은 도심지 중앙에 위치하고 있기 때문에 층고를 올려 대지를 최대한 활용해야 하기 때문이다. 미국의 경우, 코하우징으로 지어진 대부분의 단지는 도심 외곽에 자리한 전원 배경에 단층으로 이루어져 있는 것과 대조적이다. 물론 여기에는 장단점이 공존한다. 비록 도시의 번잡함은 있으나 도시에서 얻을 수 있는 여러 유익한 혜택이 존재한다.

덴마크 코하우징의 성공요인은 민주적인 원칙에 기초를 둔 대중운동으로 주도되었다는 점이다. 주거에 대한 정부의 깊은 관심은 오랜 역사 속에 잘 나타나고 있으며, 기본적으로 주거와 도시는 그 속에서 살아가는 거주자에 의해 관리되어야 한다는 입장을 취했다. 거주자들은 자신들의 환경을 직접 디자인하고 책임, 관리하려는 높은 참여의식과 새로운 태도를 가지고 고층 아파트 타워에 반대했다. 그에 따라 코하우징의 주택 형태는 덴마크의 전통적인 저층, 고밀의 연립주택 방식을 취했으며 휴먼 스케일에 입각하여 소규모 단지로서 사회적 접촉을 강조한 외부공간과 단지 중앙에 공동체 활동을 위한 공동시설인 커먼 하우스를 계획했다. 1980년대 초까지는 대부분의 코하우징 단지가 주민들 개인 소유였고 최초로 지어진 비영리 조합의 임대주택단지는 1978년에 지어진 **팅고든**과 **드레에반켄**Drejerbanken이었다. 1970년대에 지어진 코하우징의 거주자는 대부분 전문직 종사가나 수입이 좋은 맞벌이 가정으로 개별주택의 면적도 비교적 넓은 편이었다. 이후 1982년에 저소득층이 국가의 융자금을 받아 공동소유로 주택을 건설할 수 있게 됨에 따라 공동소유와 임대형의 코하우징 단지가 많이 건설되기 시작했다. 이러한 코하우징은 개별주택의 규모도 엄격한 제한을 받아 그 면적이 줄어들고 공유공간의 면적은 증가되었다. 거주자의 나이, 배경, 직업 등이 다양해졌으며 독신가정이나 편부모 가정 등이 일반 가정과 통합되어 결속력 강한 커뮤니티를 형성함으로써 공동체와 협력하고 프라이버시와 가족의 안전을 동시에 누리고 있다. 현대 덴마크의 코하우징은 개발된 지 30년을 훨씬 넘기고 있으며 1993년 기준 140여 개 이상의 단지가 이미 건설되었거나 계획 중에 있다.

덴마크의 코하우징이 거주자가 직접 주체가 되어 개발된 것에 비해 스웨덴의 콜렉티브후스는 국가나 지방정부가 주체가 되어 좀 더 제도적인 접근으로 개발되었으며 주택유형도 대부분 고층건물의 형태를 가지나 최근에는 덴마크식 저층 고밀의 자치관리 모델이 개발되고 있다. 스웨덴에서는 1980년대까지 60여 개의 코하우징 단지가 개발되었고 2001년 기준 코하우징은 전체 주택의 16%를 차지하고 있다.

2. 네덜란드

스칸디나비아 반도의 국가들과 비슷한 시기에 유럽 대륙 네덜란드에서도 코하우징 개념이 논의되었다. 이미 1970년대부터 전통적인 가정의 울타리를 넘어서 거주민들이 함께 식사를 하고 공동체성을 이룰 수 있는 각종 모임을 위해 부엌과 정원 같은 공공시설을 중심으로 여러 주택이 자리하는 센트랄 보넨centraal wonen이라는 개념이 활발히 논의되었다. 1969년, '전문직종에 종사하며 가사와 육아를 함께 감당하는 생활'에 관하여 지역신문에 광고를 낸 리에스 반 두레말Lies van Dooremaal이라는 여성은 코하우징과 유사한 개념을 요청했다. 그녀는 다른 부모들 역시 자신과 유사한 문제를 겪고 있을 것이라고 판단했고 서로 독립적으로 생활하는 대신 주거구조를 바꿔 서로 도울 방안을 모색하자고 했다. 1970년, 25가구가 암스테르담 근처 소도시 힐베르쉼에서 코하우징 개념의 첫 번째 주택을 구성했다. 이후 네덜란드 전역에 코하우징 주택이 들어섰고, 1992년에는 대도시를 중심으로 63여 개의 센트랄 보넨이 만들어졌다. 이들 중 절반은 40가구 정도 되는 규모로 꽤 큰 단지를 구성하고 있다.

　네덜란드 코하우징은 덴마크나 스웨덴과 달리 1인 가구나 미혼가구, 노인가구가 주를 이루었다. 센트랄 보넨에 거주하는 가구 절반 이상이 1인 가정이며, 3분의 1 정도가 싱글맘이었다. 센트랄 보넨의 건축적 형태는 수직적인 스웨덴 코하우징 단지보다는 덴마크 단지에 더 가깝다. 반면 대지를 구매하는 형식은 정부로부터 일정 부분 펀드를 받거나 임대하는 스웨덴 형식에 더 가깝다. 현재 10,000개 이상의 커뮤니티가 다양한 형태로 존재하고 있으며, 주로 가족 중심으로 단지가 구성된 스칸디나비아식 코하우징과 달리 네덜란드는 클러스터clusters를 중심으로 1인 가구 세대가 집중적으로 구성되었다.

　암스테르담에 세워진 **프리에부르크트**Vrijburcht의 경우 다양한 연령층의 세대주가 입주해 있으나, **조쿠**Zoku에는 스스로를 유목민이라고 생각하는 젊은층들이 주로 살고 있다. 한편 건축가 하인 데 한Hein De Hann은 도심지에서 벗어난 교외 강가를 사이에 두고 소위 '자유의 성'을 지었다. 이곳에서는 네덜란드만의 새로운 공동주택 실험이 이어지고 있다. 스웨덴에 콜렉티브후스누가 있듯이, 네덜란드에는 1977년 설립된 LVCWLandelijke Vereniging Centraal Wonen라는 코하우징 연합이 존재한다. LVCW는 센트랄 보넨이 "남성과 여성, 아이의 해방을 위하여"라는 모토로 구축되었다고 선언하며 사회 개혁운동의 도구로 컬렉티브하우스를 바라보고 세웠다. 스칸디나비아 반도에서 넘어온 코하우징 현상은 네덜란드를 거쳐 독일과 프랑스, 스페인, 벨기에, 영국 및 이탈리아로 확산되고 있다.

3. 미국

본래 덴마크어로 '함께 산다'는 보팰레스카버bofællesskaber라는 개념을 건축가인 캐트린 맥커맨트Kathryn McCamant와 찰스 듀렛Charles Durrett이 1988년 미국에 소개하면서 '코하우징'이라는 용어가 대중적으로 사용되기 시작했다. 그들이 공저한 『코하우징Cohousing: A Contemporary Approach to Housing Ourselves』이라는 저서는 이 분야의 바이블로 불릴 만큼 지대한 영향력을 미쳤다. 기존에 존재하던 워싱턴주 소재의 셰어링우드Sharingwood나 캘리포니아주에 소재한 엔스트리스마을N Street Village 같은 공동체는 코하우징 개념을 수용하기에 이르렀다. 미국에서 최초로 세워진 코하우징 주택은 캘리포니아에 세워진 뮈어 커먼스Muir Commons다. 뮈어 커먼스의 설계와 구현 과정은 맥커맨트와 듀렛의 주도로 이뤄졌다. 설계와 개발, 재무 프로세스를 망라한 요구를 평가하기 위해 지역사회 내에서 워크숍을 실시하면서 주민들이 제안한 여러 가지 의견들을 반영했다. 흥미로운 점은 모든 장치를 휠체어에 접근할 수 있도록 설계한 것이다. 뮈어 커먼스가 얼마나 친장애인적인 공동체인지 쉽게 알 수 있는 대목이다. 공동체 중심의 생활환경을 조성하기 위해 모든 집은 중앙 산책로 주변에 모여 있으며 주차장은 외부에 배치해 단지 내에서는 자전거 이외에 차량이 진입할 수 없게 했다. 이로써 뛰어노는 어린아이들에게 더 안전한 환경을 제공하면서 공동체성을 강화하는 방향으로 커뮤니티를 구성할 수 있게 되었다.

4. 일본

일본에서는 1995년 대지진 이후 부흥공영주택復興公營住宅이 도입되면서 본격적으로 코하우징이 사회 저변에 퍼지게 되었다. 흔히 '친밀한 교제'를 뜻하는 후레아이ふれあい주택으로 불리는 일본의 코하우징은 코퍼레이티브cooperative나 컬렉티브하우징이라는 개념으로 세분화된다. 코퍼레이티브하우스는 1960년대 후반 일본의 고도성장기 때부터 건설되기 시작했다. 전후 급격한 난개발과 산업화로 인해 공동체가 파괴되는 각종 현상들로 사회가 몸살을 앓게 되자 공동체성을 강조하는 주거 개념이 논의되기 시작했고, 1980년대부터는 주택도시정비공단이나 주택공급사가 개발에 참여하면서 활성화되었다. 코퍼레이티브하우스는 토지 취득과 주택 설계, 공

사 발주 등 주택공급 과정의 각 단계에 조합이 협동으로 참가하는 것을 원칙으로 하며 필요에 따라 외부 전문가의 협력을 구하는 방식을 취한다. 초기에는 민간의 소규모 건축으로 시작했지만, 코디네이터 그룹이 주체가 된 전국 조직 '코프주택추진협의회'가 설립되면서 개발이 가속화되었으며 도시정비공단이나 대도시의 주택공급회사가 이 방식을 채택함으로써 건설량이 증대되었다. 코퍼레이티브하우스는 자발적으로 단지를 계획하고 공동으로 관리하는 측면에서 코하우징과 같은 의미를 가지고 있지만, 공동생활공간의 유무가 선택적이고, 코하우징 커뮤니티의 핵심인 공동식사를 하지 않는 등 완전한 코하우징의 개념이라 보기는 힘들다. 이하연, 「컬렉티브하우스의 세대 간 교류를 위한 물리적 환경 및 프로그램 연구」

반면 컬렉티브하우징은 커먼룸common room이라 불리는 공용주방 및 공용식당이 특징인 전형적인 코하우징 주택으로 일본의 저력을 유감없이 보여준다. 대표적인 컬렉티브하우징은 원단 및 부자재를 파는 직물거리로 유명한 일본 닛포리에 위치한 칸칸모리かんかん森다. 2003년 6월부터 입주를 시작한 거주자들이 독립적으로 운영과 관리를 도맡아하는 일본 최초의 임대형 컬렉티브하우스로 임대주택 외에도 공공성을 살리는 고령자시설과 어린이집 및 의료시설이 들어서 있다. 입주 2년 전부터 NPO비영리단체(Non-Profit Organization)의 약자로 영리를 목적으로 하지 않으며 사회 각 분야에서 자발적으로 활동하는 각종 시민단체 컬렉티브하우징사의 기획을 바탕으로 총 32회의 워크숍이 진행되었다. 전체 가구수는 28가구로 폭넓은 연령대가 원룸과 셰어룸에 나누어 입주해 있다. 고야베 이쿠코, 「컬렉티브하우스」

서울시 공동체주택 활성화 방안

서울시는 공동체주택의 확산을 효율적으로 지원하기 위해 2017년 「서울특별시 공동체주택 활성화 기본계획」을 수립했다. 이 공동체주택 사업의 추진배경 및 방향은 첫째, 저출산·고령화·청년문제 등 사회적 과제를 거주자와 함께 해결하는 새로운 주거모델을 마련하는 것이며 둘째, 공공성 기반의 다양한 커뮤니티 활동을 지속하며 입주민뿐 아니라 지역사회에서 공동체의 구심점으로 발전 가능한 공동체 주거모델을 만드는 것이다. 셋째, 소규모 공공주택의 건축·주택관리·공동체의 최소 종합기준을 제시하며 지역건축 문화개선에 기여하는 것이다.

소행주는 중랑구 신내동 243-14번지에 토지임대부사업에 따른 여성안심주택과 성미산 소행주 7호 '오르막'과 화곡동 소행주 2호 '삶을 잇는 공간 309' 등 3개의 프로젝트를 인증을 받으면서 이러한 서울시의 공동체주택 정책을 직접 경험해보았다. 서울시는 성미산마을의 소행주 사례를 통해 지속가능한 마을 만들기 사업을 이해하고 공동체주택을 10년 이내에 지금의 열 배 이상으로 확산시키겠다는 목표로 민관 협력체계를 구축하여 사업을 설계했다.

필자 역시 서울시가 주택정책의 전문적 도움을 요청한 인연으로 이 사업에 관여하게 되었다. 그러면서 필자가 소행주에서 실현했던 콘셉트와 방향이 서울시 공동체주택 사업의 밑그림이 되었다. 기본 방향은 공동 목적을 실현하고 공유경제를 실천하는 공동체주택을 공급하는 것이 골자이며, 공동체 의지가 있는 입주자들의 자체규약 마련 및 실행을 입주조건으로 하며 지역공동체 활성화를 고려하여 입주자가 형성되는 것을 중요하게 보고 있다. 또한 공동체공간을 입주민만이 아닌 지역주민에게 개방하여 지역 거점 공간으로의 역할도 기대한다. 서울시는 공동체주택의 활성화를 위해 예산을 따로 설정하여 공동체주택을 짓겠다는 건축주에게 건설 택지를 임대하거나 건설과 매입 또는 리모델링 비용을 저리로 융자 및 보조해주는 공동체주택 인증제도를 실시하고 있다. 공동체주택을 확산하고 건축주를 체계적으로 지원하기 위해 서울시는 공동체주택지원센터를 별도로 두고 있다. 2019년에 서울시에서 서울주택도시공사(SH)로 업무를 이관하여 담당 인원수를 늘려서 활성화 하려 한다. 공동체주택에 관심이 있는 건축주라면 귀가 솔깃할 만한 내용이다.

시로부터 서울형공동체주택으로 인증을 받으려면 구체적으로 어떤 부분을 준비해야 할까? 우선 입주예정자나 사업자는 SH공동체사업부가 주관하는 '서울형 공동체주택 인증제 사전 필수 교육'을 반드시 들어야 한다. 교육을 이수해야 예비인증 신청 자격이 부여되기 때문이다. 공동체주택을 위한 공간 계획과 공간 운영 계획 및 공간 관리 계획이 나와야 하며, 정해진 신청서와 사업계획서를 작성해서 제출해야 한다. 건축주는 예비인증서를 지정된 관할 부서에 제출해야 하는데 신청서 양식은 서울시 공동체주택 플랫폼 http://soco.seoul.go.kr/cohouse/index.do을 참고하길 바란다. 보통 소행주가 건축주로부터 위임장을 받아 진행하기 때문에 부지를 매입하고 전체적인 과정을 소행주와 협의하면 된다. 융자를 받는 입장에서 주의해야 할 사항이 몇 가지 있다. 특히 주의할 것은 동일 사업으로 중복하여 융자 추천을 받을 수 없다는 점이다. 서울시는 되도록 많은 가구수가 공동체주택으로 선정되어 금융 혜택을 받을 수 있도록 사업 정책을 설계했기 때문에 한번 공동체주택으로 선정된 건축 사업은 차후 선정 대상에서 제외된다. 또한 융자대상자를 추천한 후에 은행이나 금융기관에서 대출을 이행하지 않았을 때 이후 사업에서 융자 추천을 받을 수 없다는 점도 꼭 알아두자.

건축 허가(신축, 리모델링) → 예비 인증(서면심사) → 준공 및 등기

→ 본 인증(현장점검) → 모니터링(운영상태 정기점검)

예비 인증에서는 설계도면과 주택 관리, 프로그램 계획안 등 주로 서면을 가지고 심사를 진행하며, 본 인증단계에 가서야 완공된 주택을 직접 방문하여 공동체주택 인증지표에 따라 적합하게 건설되었는지 심사하게 된다. 이후 모니터링을 통해 공동체주택이 본 사업에 맞게 운영되는지 차후 점검하여 관리한다. 평가는 크게 정량적 평가와 정성적 평가로 나뉘는데, 정량적 평가에는 최소 주거 면적이 확보되었는지, 공동체 공간이 조성되었는지, 실내 공용공간이 잘 만들어졌는지, 옥외공간이 제대로 확보되었는지, 공동체 공간의 설비 수준은 어떤지 등등의 항목이 있다. 반면 정성적 평가에는 공유시설의 개수, 주택의 효율적이고 안전한 운영 및 관리, 공동체 프로그램 계획, 공동체규약 계획, 사회적 경제 형태의 법인 설립과 운영 여부, 입주자 선정기준 및 선정방법 평가, 공동체 공간의 지역사회 개방성 등의 항목이 있다.

예비인증 심사는 매월 1회 개최되니 준비를 잘 해야 한다. 유념해야 할 지점은 토지 계약과 입주자 모집 그리고 예비인증이 까다로워졌다는 점이다. 그러므로 최소 1회 재심사를 생각하면 (토지구입비 포함 사업비의 90%를 지원해주긴 하지만) 토지 구입 시 잔금은 시중은행에서 처리하는 편이 리스크가 없기 때문에 최소한 토지비의 40% 정도는 자부담으로 가지고 있는 것이 유리하다.

참고 _ 토지임대부 공동체주택 사업자 공모요강(2019년, 부분 발췌)

참가자격	선정된 사업자는 당해 공동체주택에 대하여 준공 후 6개월 이내에 해당 공동체주택 건물을 장기 민간임대사업자로 등록하여야 한다.
토지임대조건	● 계약일로부터 30년(30년 사용 후 10년 연장가능) ● 월 토지임대료 감정평가액×계약 전전월 3년만기 정기예금 평균금리×95%÷12월 ● 토지임대보증금 : 월 임대료의 30개월 분 ● 건축계획 및 공동체공간 기준 단위세대 면적 : 14㎡~85㎡ 미만 최소 커뮤니티실 면적 : 16㎡ ● 금융지원 : 총 사업자금의 90% ● 이자지원 : 2% ● 기타 30호 미만 대출한도는 32억 원이다. 대출기간은 민간임대형의 경우 준공 후 최대 8년 시점까지이다.

마을을 품은 집, 공동체를 짓다

초판 1쇄 발행일 2019년 6월 24일 ● 초판 2쇄 발행일 2019년 12월 15일
지은이 류현수 ● 일러스트 박금옥
펴낸곳 (주)도서출판 예문 ● 펴낸이 이주현
등록번호 제307-2009-48호 ● 등록일 1995년 3월 22일 ● 전화 02-765-2306
팩스 02-765-9306 ● 홈페이지 www.yemun.co.kr

주소 서울시 강북구 솔샘로67길 62 코리아나빌딩 904호